用年表读通
世界史

马世力 主编　武鹏 刘英奇 副主编

中华书局

图书在版编目(CIP)数据

用年表读通世界史/马世力主编. —北京:中华书局,2017.7
(2024.12 重印)
ISBN 978-7-101-12585-6

Ⅰ.用… Ⅱ.马… Ⅲ.世界史-历史年表 Ⅳ.K108

中国版本图书馆 CIP 数据核字(2017)第 110579 号

书　　名	用年表读通世界史	
主　　编	马世力	
责任编辑	李洪超	
文字编辑	徐卫东	
封面设计	毛　淳	
责任印制	管　斌	
出版发行	中华书局	
	(北京市丰台区太平桥西里 38 号　100073)	
	http://www.zhbc.com.cn	
	E-mail:zhbc@zhbc.com.cn	
印　　刷	河北新华第一印刷有限责任公司	
版　　次	2017 年 7 月第 1 版	
	2024 年 12 月第 6 次印刷	
规　　格	开本/710×900 毫米　1/16	
	印张 19½　插页 2　字数 300 千字	
印　　数	23001-25000 册	
国际书号	ISBN 978-7-101-12585-6	
定　　价	56.00 元	

前　言

　　历史学是一门学问。它有什么用？是人们经常会问到的一个问题。答案大致有两种：一种是从最为世俗的实用角度出发，认为历史学一点用也没有，它不能帮人发财，不能助人为官，更不能把人送上各种神圣的祭坛，而且还有极大的风险，历史上因作史而丧命者绝非罕见；另一种是从人类文明角度出发，认为历史学具有大大超出"用"这一浅表层面的"本"能，即"立人"与"立国"之功能，"大用若无"。笔者持后一种观点。

　　简而言之，历史学可以用经过浓缩的文明精华和惨痛的野蛮记录，大大缩短"动物人"向"社会人"的进化时间，提高社会的自净功能，改善国家与人为恶的形象。历史学要完成这三项重要的历史使命，必须在完成文化（或学术）使命的同时，从象牙塔中走向大众。这是一次历史学本我的复归。"年表"本是治史的一种手段，读史的一种工具，但现在也可以用来编写史书，成为编史的一种体例，这不能不说是一种创意。

　　为什么要用"年表"这种体例来编史呢？

　　"编年"和"纪传"是编史的两种常用体例，各有长短。"复原"和"评价"是治史的两项主要任务，各有所难。"编年"和"纪传"这两种体例的最大长处就是能把作者对历史的"复原"与"评价"任务合为一体，使读者在阅读过程中了解历史发展的概貌和作者对历史的臧否。但这种结合的长处，也正是以这种体例作史与读史方法中的短板，即以剪裁历史素材和重组历史片段为主要手段的"复原"作品，注定要与历史"真实"具有不同程度的脱离，从而产生复原过程中的"失真"，而不同程度的复原"失真"又会导致评价的某种"偏颇"与"失信"。近年来，撰史者为了规避这种弊端，努力在"复原"过程中尽量减少对以时间为中轴的历史片断的剪裁，同时尽可能地把对历史事件、历史人物和历史现象的评价权还给读者，于是"年表史"出现了。

　　为了更好地体现年表史的长处，我们在编写过程中，尝试了多种体例，最后采用了四层次撰写体系：第一层次是按世界史学界通例，把远古至 20 世纪 90 年代初的世界历史，划分为四个历史时代，即世界上古史、世界中古史、世界近代史和世界现代史，具体分期不在这里赘述。每个历史时代前均有关于这一历史时代主要特征、重大历史事件和历史发展规律的概述，以利于读者把握历史的阶段性与规律性；第二层次是以时间为经线，把各个历史时代中有典型意义的时期划分为不同的"阅读时段"，全书统一编排"阅读时段"序号，共划分为十四个"阅读时段"，每一"阅读时段"前也有关于这一历史时期的主要特点、重大事件、重要文献典籍和制度等内容的简要描述；第三层次是本书的重点——年表。年表对相应事件、人物、现象和典籍等的选择，以具有重大历史转折意义和历史衔接作用为标准，以使读者能在有限的文字空间内更全面地把握历史的基本脉络；第四层次是以事件、人物、典籍、现象为主要内容的历史"结点"。它们不同于历史名词的地方在于，更加突出历史的整体性、关联性、规律性和内在的逻辑性，从而尽可能完整和真实地再现历史过程的网状结构。希望它们能对读者全面理解历史，树立正确的历史观和形成厚重的历史意识有所助益。

由于以这种方式写作的史著还不多，尤其是年表世界史的编写在我国还是一个尝试，我们面临着许多具体问题。但在李洪超编辑的推动和鼓励下，我们还是开始了这一艰难的编写和探索过程。我们深知这一尝试的难度，加之我们能力有限，本书不可避免地存在错漏和悖谬之处，恳请读者和同仁们批评指正。

参加本书编写的还有余琛瑱和郝玉琴。

马世力

2016 年 10 月于天津

编写说明

1. 本书结合"大事年表"与"历史叙事"，兼顾工具性与趣味性，可查询，可阅读。

2. 全书上起远古，下迄 20 世纪末，依时序分为四大篇章、十四个阅读主题，并有简要概述。

3. 版面左右两栏以编年方式呈现世界史的发展历程，用年表贯穿全书，标示公元、地域、国别等三大类目，其后的大事记以朝代兴衰、政权更替、战役、改革、文化成就和重要人物的概述作为主要内容。

4. 版面中间两栏以纪事本末的形式，介绍各个时期不同地域的重要史实，对事件的发展脉络、人物的生平贡献等作较为完整的叙述。标题醒目，叙事清晰，并可在年表中找到其位置。

5. 中国历史重大史实在年表中以楷体字呈现，以便对照。

6. 国别与地域的确定，以年表中事件所发生的地点来标注，因此一国所发生的事件可能被标注在其他地域和国别；有些无法确定其具体发生地点的事件，只好留白；若连续几条大事均发生在同一国家或地区，地域、国别一栏则予以省略。

7. 上古、中古和近现代史的国别归属变化巨大，名称各异，本年表一般以现代国别归属来标注，以便读者确立明确的空间概念。

8. 全书以时间为经，事件、人物为纬，是一本方便查询、适合学生与一般大众阅读的世界历史工具书。

目　录

世界中古史

阅读三　中古史的开端 ————————————073

世界近代史

阅读九　进步与危机的时代 ————————————203

世界现代史

阅读十　走向衰落的欧洲 ————————————225

世界上古史

上古史是人类以及人类文明诞生的初始阶段。

在这一过程中，人类首先完成了从猿到人的进化，并逐渐实现了由采集食物到农耕，及由迁徙到定居的过渡。大约 6000 年前，世界上出现了最早的城市，也慢慢形成了大规模的社会组织形态。

由于河流能提供肥沃的耕种土壤，还能为农耕文明提供灌溉等便利，所以在许多大河边出现了独立发展起来的原生文明。比如亚非大陆上著名的四大文明古国，便出现在幼发拉底河和底格里斯河、尼罗河、印度河和恒河，以及黄河和长江流域。它们分别为美索不达米亚文明、古埃及文明、古印度文明以及古代中国华夏文明。

由农业活动所产生的大量剩余产品也导致了社会分化，出现了从剩余产品中收取贡赋的特权阶级和生产剩余产品的下层阶级。由于生产更多的剩余产品需要新的劳动力，人们不断通过战争，把俘虏变为奴隶，于是古代各国从原始公社制发展出奴隶制。这一制度需要通过制定规范来加以巩固，保护私有财产、维护奴隶主利益的法律应运而生。美索不达米亚地区早在约公元前 2000 年就出现了成文法典，此后出现的《汉谟拉比法典》则为美索不达米亚地区各法典中的佼佼者。法律的出现是人类社会文明发展成熟的重要标志之一。

人类文明发展的另一标志是文字的出现，如埃及和中国的象形文字、美索不达米亚地区的楔形文字。文字本为记录政治、商业活动的工具，但它通过不断的完善和应用，也逐渐成为人类精神文化和心灵活动的载体。

宗教在人类文明演进中同样扮演着重要角色。由于生产活动与气象变化息息相关，所以各大文明出现了以自然神为原型的多神教崇拜。随着宗教祭祀体系的演进，宗教仪式很大程度上由个别家庭或团体把持，他们成为拥有特权的祭司阶层。有些统治者甚至被奉若神灵，如埃及的"法老"，自称为活于人间之神；中国的周"天子"则自诩为天神在人间的代言人。

美索不达米亚的君主有所不同，各国国王起初多为军事长官，他们往往在国家危机时刻篡夺国家议事会的主导权，进而成为拥有绝对权力的君主。

人民对神灵和君权的敬畏，及专制君主的好大喜功，也催生了一批建筑上的奇迹。

这些专制君主制被统称为"东方君主制"。"四大文明"也被欧洲人悉数划归"东方文明"范畴，区别于以希腊、罗马为源头的"西方古典文明"。

古希腊地处地中海文化圈，其文明在宗教、文化、艺术等方面吸收了许多东方"养分"，其早期的米诺斯及迈锡尼文明也采用了君主制。然而，从公元前 8 世纪开始，希腊的民主制经历了几个世纪的完善，臻于成熟。希腊的民主制在地中海周边各国君主制的重重包围下，顽强地萌生出来，不可不谓政治文明中的一朵奇葩。民主制度也为希腊的哲学和艺术的繁荣发展创造了空间，出现了众多划时代的思想家、文学家和艺术家。

罗马本是意大利半岛上的一个小邦。一如希腊，它通过自己的方式经历了平民与贵族的斗争，最终使共和政体达到强盛，并在军事扩张上取得骄人的战绩，为向帝国的跃进奠定了基础。罗马在文化、政治等诸多方面以希腊为师，许多罗马思想家继续了希腊人对国家权力起源等问题的思索，而《罗马法》也流芳百世，成为后世多国法律的基础。

由于地中海地区文明密布，而且长久以来邦国林立，故为交战频仍之地，几大帝国曾轮番在这一地区进行征伐。公元前 5 世纪波斯帝国与希腊的战争则被视为东西方世界的第一次大碰撞。

除了地中海地区，由于当时人们对世界认知的局限、交通不便等因素，各大文明之间的交流稀少，但人类渴望交流的欲望强烈。公元前 6 世纪的波斯帝国和公元前 4 世纪的亚历山大帝国都曾一度东至印度河流域。由于沙漠和山脉的阻隔，西方世界与中华文明之间的接触更少。亚历山大东征把一些希腊元素带到了中亚，并进而传入中国。中国亦曾遣使西去罗马，最终壮志未遂。尽管如此，波斯帝国、亚历山大帝国和罗马帝国，都对文化和宗教采取了兼收并蓄的政策，为文明的交流和传播起到了不可磨灭的作用。

人类三大宗教中的佛教和基督教也产生于上古时期。在整个上古史进程中，许多地区的宗教出现了多神教向一神教转变的趋势。公元前 14 世纪，埃及法老埃赫纳吞的宗教改革便是一次早期尝试。公元 4 世纪，原本崇尚众神的罗马帝国终将信奉一神论的基督教定为国教。

农耕文明与游牧文明是历史上一对永恒的矛盾体。罗马帝国长期深受游牧民族冲击之苦，并最终为其所灭。这些游牧民族定居罗马帝国后，也逐渐成为农耕世界的一部分，并拉开了西欧中古史的序幕。

阅读一　文明的曙光

人类祖先经历了漫长的由猿到人的进化，逐渐实现了由渔猎采集到畜牧农耕，由迁徙到定居的过渡。由于河流能够提供适宜农业生产的肥沃土壤和灌溉等便利，早期人类文明主要出现在大河流域。亚非大陆著名的四大文明古国，分别出现在幼发拉底河和底格里斯河、尼罗河、印度河和恒河，以及黄河和长江流域。这些最初的文明曙光，揭开了人类漫长历史进程的序幕。

距今约 单位：年	地域	国别	大　事
258万至1万			旧石器时代。

人类的起源

人类从何而来？"神创论"是 19 世纪前的主流观点，如基督徒，笃信"上帝造人"说。

19 世纪中叶，达尔文的进化论诞生。他的"从猿到人"理论曾被视为无稽之谈，甚至被有神论者视为对人类的侮辱。然而，随着考古学界不断发现古人类遗骸，进化论的证据不断出现，接受这一观点的人也越来越多。但从猿猴到人的过程并非一蹴而就，在漫长而悲壮的演化过程中，诸多人类物种相继灭绝，而现代人类则是其中的幸存者。

说到人类进化，不能不说到古猿类。约 2000 万至 800 万年前，埃及古猿，森林古猿，腊玛古猿等是最具代表性的古猿，他们已有与现代人类的相似之处，而现代人与现代类人猿极可能是某种古猿不同的进化分支。

约 400 万至 300 万年前，南方古猿登上历史舞台，这一物种是从猿过渡到人的重要标志，其中的一支已为人类直系祖先。他们已能直立行走，平均脑容量高达 500 毫升，可能已具备语言能力。

约 300 万至 200 万年前，人类开始进入猿人的初期阶段。迄今所知的最早猿人是在非洲发现的"能人"，其平均脑容量已达 680—800 毫升，并能用砾石打制工具。这些迹象表明他们已属于人类，不再是猿。

猿人使用石器标志着旧石器时代的开始，旧石器时代一直延续至距今约 1 万年前。著名的"北京猿人"就出现在这一时期的后半段，其平均脑容量已达 1075 毫升。在"北京人"遗址中发现 10 万多件用于砍砸、刮削和钻眼的石器，以及用火痕迹和动物骨骸化石，说明北京人已学会了较为复杂的石器制作、用火和猎取大型动物。

从猿人向现代人的进化过程中，还经历了"早期智人阶段"。

存在于 13 万年前至 3.5 万年前的尼安德特人，拥有比现代人类更强劲的体格，甚至更大的脑容量（约 1600 毫升），但由于大脑缺乏额叶，故不具有心智能力。他们已初步具备了绘画和音乐艺术的能力，甚至还产生了宗教观。更新世晚期尼安德特人突然销声匿迹，而现代人类所属的晚期智人却发展壮大。晚期智人与尼安德特人共存过 1 万年以上，后者的消失很可能是因为竞争不过晚期智人或被同化。

克罗马农人是晚期智人中颇具代表性的一支。他们男性身高平均 1.80 米，长腿短臂，脸部有些不匀称，脑容量达 1650 毫升。他们也已具备织衣能力和均衡的饮食观，并于约 1.5 万年前创造了最早的历法。

这些距今 5 万年到 1 万年的晚期智人虽然还留有原始的痕迹，但是和现代人已无多大区别。然而，科学家最新研究认为，这些智人并非我们的祖先，也许只是进化过程中灭绝的一支。时至今日，人类起源问题依然是一个未解之谜。

泥板文书上的楔形文字

1900 年，梁启超在其所著的《二十世

大　事	国别	地域	距今约　单位：年
更新世结束。			11700

约公元前 单位：年	地域	国别	大　事
9500	西亚	古希腊	中东地区进入新石器时代。
7000至6500	东南欧		希腊地区进入新石器时代。
5500	中欧		欧洲中部地区进入新石器时代。
4300	西亚	美索不达米亚文明	美索不达米亚地区的欧贝德文化出现。该遗址位于今伊拉克南部，是美索不达米亚南部最早的人类定居点之一。
3500至800			青铜时代。
3500	西亚	美索不达米亚文明	美索不达米亚地区的欧贝德文化结束。
			美索不达米亚地区的苏美尔人创建乌鲁克文化。
			苏美尔城邦开始形成。

纪太平洋歌》中最早提出了"四大文明古国"的概念。"四大文明"是指人类进入文明阶段后，最早的几个文明发源地。美索不达米亚文明是四大文明之一，它存在于幼发拉底河和底格里斯河之间的平原地带。"美索不达米亚"一词源自古希腊语，意即"（两条）河之间的地方"，故"美索不达米亚文明"亦称"两河流域文明"。文字和国家的出现是人类进入文明阶段的重要标志。而在美索不达米亚，便曾建立起众多城邦，并很早进入了书写历史。

约公元前3400年，古代美索不达米亚的第一批居民——苏美尔人创造了"楔形文字"，这是由其最早使用的象形文字发展而来的。楔形文字由特殊标志或短小的字形组成，通常为金字塔形，呈尖角，笔划形状似楔子，需用特殊的笔在泥板上刻写。1700年，牛津大学的希伯来文教授托马斯·海德最早使用"楔形文字"这个名称。"楔形文字"也被叫做"钉头文字"或"箭头文字"。

最初的楔形文字的符号非常多，大约有1000个。随着时间的推移，它们的数量大大精简，通常使用的仅余几百个。书写方向，也由最初的纵向型发展为从左到右的横向型。楔形文字结构，结合了一组字符（有点类似古象形文字）和词素符号，并对音节和元音进行标识。

公元前2000年早期，随着苏美尔文明的衰落，阿卡德人、勒迦底人和亚述人相继成为美索不达米亚的主角，他们分别建立起阿卡德王国、新巴比伦王国和亚述帝国。由于他们都属于闪米特人，楔形文字成了闪族的文化专属。

我们常见的楔形文字文本多为泥板上的记录，也有刻于硬质材料，如石头上的纪念性碑铭和雕像上的铭文。

在古代美索不达米亚，书写是书吏独有的特权，他们就读于一种特殊的学校以学习书写。而且书写还被当作难以掌握的技艺，通过父传子受流传下来。鉴于书写在社会中的重要性，书吏经常能够官居要职。

楔形文字使用时间为公元前 34 世纪到公元 1 世纪，超过 35 个世纪。到公元前 331 年，楔形文字随波斯灭亡才慢慢趋于衰亡。

埃及：尼罗河的馈赠

位于非洲的尼罗河是世界第一大河，在古埃及史中扮演了重要角色。在尼罗河哺育下，埃及成为北非文化的摇篮。古希腊历史学家希罗多德说，"埃及是尼罗河的馈赠"。

尼罗河贯穿于古埃及，从苏丹边境一直延伸到地中海口。埃及也因尼罗河的走势分为两部分。位于南部的上埃及地形主要为狭窄山谷，尼罗河在其中穿行。上埃及又分两部分，第一部分是阿斯旺到埃斯尤特间的地段，另一部分则是从埃斯尤特到孟菲斯。而下埃及始于孟菲斯，尼罗河流经这块土地时形成无数支流，呈三角形，又被称为"尼罗河三角洲"，即下埃及的冲积平原。尼罗河最终汇入地中海。

由于尼罗河从南向北流，有异于其他主要河流，古埃及人和希腊人一直困惑不

大 事	国别	地域	约公元前（单位：年）
苏美尔人创造了楔形文字。	美索不达米亚文明	西亚	3400
迄今发现最早的象形文字铭文可追溯到这一时期。	古埃及	北非	
古埃及、美索不达米亚等地的文明进入青铜时代。	古埃及美索不达米亚文明	近东	3300
美索不达米亚地区的乌鲁克文化结束。	美索不达米亚文明	西亚	3100
美索不达米亚地区的捷姆迭特·那色文化开始，取代乌鲁克文化。			

单位：年 约公元前	地域	国别	大　事
3100 至 2686	北非	古埃及	早王国时期。一般认为，早王国时期始于美尼斯对上、下埃及的统一。
3000	东南欧	爱琴文明	爱琴文明进入青铜时代。

解。"尼罗河"这一名称来自希腊语，意为"河谷"。由于人们始终找不到这条大河的源头，它还一度被称为"Aur"，即"迷幻"或"隐秘"之意。

在荷马史诗《奥德赛》中，尼罗河曾用"埃及"之名提及，而它流经的各国也被统称为"埃及"。在古希腊人心目中，尼罗河和埃及文明的关系密不可分。尼罗河孕育了埃及文明。

尽管尼罗河也会洪水泛滥，但它不像两河流域（即美索不达米亚地区）那样，河水泛滥时间充满不确定性，而是发生在每年的7—12月间，几乎一成不变。这一特点使埃及人能掌握规律，变害为利。

每年炎热的季节，尼罗河水冲出河床，携带黑色泥土涌出山谷低地，洪水退后，田野上留下厚厚的沃土，利于粮食作物（小麦、大麦）和亚麻的生长。人们从运河、水塘打水浇灌那些洪水不能淹没的高地，在那里种植蔬菜。上埃及尼罗河两岸遍布可以耕作的肥田沃土。

尼罗河还为埃及人提供了丰富的鱼类和便利的河运交通。

哈拉巴文化

20世纪初，当印度还处于英帝国统治之时，自负的殖民者曾普遍认为印度是个落后的民族。在《剑桥印度史》的初版中，古印度文明被认为是从公元前1000年代才开始。没人想到印度会有光辉的史前时代。

1921年，英印考古学者在今巴基斯坦旁遮普省境内的哈拉巴，发现了一个被遗忘的文明，证明印度文明比希腊、罗马文明早得多。

　　哈拉巴是印度河流域的最古老城市之一，并成为印度最早文明——印度河流域文明的代表。印度河流域文明因此也被称为"哈拉巴文化"，它最早出现于约公元前3500年，和四大文明中的其他文明一样，也是依河而建。

　　哈拉巴城横亘于一条印度河支流干涸的河床上，它由卫城和下城两部分组成，卫城围以高厚的巨大砖墙，是统治者居住的城堡；下城为居民区。城区规模宏大，内有庞大的建筑，由此可知当时这里已有高度发达的社会组织，开始出现阶级和国家。

　　哈拉巴文化全盛期为公元前2900—前1900年。在哈拉巴城鼎盛时，估计城中有20万人，俨然是一座大都市。

　　"哈拉巴文化"是一种独特的青铜时代文化，至今已发掘出建筑、工具、烧制陶器、艺术品等遗址、遗迹和文物。值得一提的是一些刻有文字的印章。它们的文字有象形的，也有表音的。由于在美索不达米亚地区遗址也发现类似印章，因此有学者推测，约公元前2350—前1770年间，两大文明之间曾有商业交往。

　　一般认为，达罗毗荼人是哈拉巴文化的创始者。这是一种类似澳大利亚原住民的棕色人种，曾遍布印度半岛，此观点得到了文化和语言学的佐证。

　　经过几世纪的繁荣后，约公元前1500年，哈拉巴文化的城邦开始败落，贸易萎缩，人们返回农村。

大　　事	国别	地域	约公元前　单位：年
哈拉巴文化进入全盛时期。	古印度	南亚	2900

约公元前 单位：年	地域	国别	大　事
2700	西亚	美索不达米亚文明	美索不达米亚地区的捷姆迭特·那色文化结束。

这些城市的消失是考古界一大谜团，原因众说不一。有人认为是外族入侵，如考古学家惠勒（1890—1976）断定哈拉巴文化的衰落期正值北方的印度雅利安人入侵该地区。此外有地震说、洪水说。

最近有学者提出一种"气候说"。约1.8亿年前，印度还是浮在大洋中的一座大岛，而约5000万年前，它与亚洲板块相撞，产生喜马拉雅山。喜马拉雅山阻挡了南来的温暖空气，造就了印度的季风，而季风造就了哈拉巴。但过去1万年间，印度夏季季风逐渐衰减，特别在约公元前1500年。当季风消失，河流改道和干涸，文明也跟着消亡。印度文明也很快东移到恒河流域。但这一古文明的某些因素却保留下来，同后来使用雅利安语的雅利安文明结合，成为印度文明的基础。而雅利安语所属的印欧语言则演变成英语、德语、法语、拉丁语、希腊语、波斯语和后来印度的梵语，等等。

金字塔的奇迹

金字塔是一种角锥体建筑物，它的各侧外表面呈三角形（底面不一定，可以是其他多边形），这些侧面的三角形向上汇合于一个共同的点。金字塔结构形制的建筑被许多古老民族都采用过，主要出于宗教目的。

古埃及金字塔是世界上各种金字塔中最具典型性的一种。

古埃及金字塔是指埃及古王国及中王国时代国王的墓。"金字塔"一词来自希腊语，本意是锥形糕点。起初，坟墓是简单地用土堆起来，后来改成用砖砌成四方形，叫"玛斯塔巴"。再后来，埃及人想到把许多体积不太大的玛斯塔巴叠加起来。约公元前 2700 年，左赛国王的锥形墓采用了岩石堆砌工艺，高达 6 层，其顶部用研碎的石灰石遮盖起来，从而形成现在的金字塔。

古埃及最出名的金字塔区有吉萨、塞加拉、代赫舒尔，它们各有金字塔群。金字塔中比较有代表性的有：代赫舒尔墓地的红色金字塔、海夫拉金字塔和门卡乌拉金字塔，以及胡夫金字塔，其中胡夫金字塔最具代表性。

完全用石灰石建造的胡夫金字塔，堪称人类建筑史上最高成就之一。胡夫金字塔约于公元前 2570 年建成，在此后约 3800 年间是世界上最高的建筑。它用了约 230 万块石块，每块平均重 2.5 吨，大的甚至超过 15 吨。令人啧啧称奇的是胡夫金字塔的接合技术：每块巨石都磨得很平，人们很难用刀刃插入石块间的缝隙，其正方形底座边长 230 米，占地面积超过 4 公顷。它最初的高度是 146.5 米。金字塔入口位于塔北壁，距地高约 16.5 米。进去后，沿一条甬道先往下走，继而往上，就到达金字塔中心墓室。那里放着胡夫法老的石棺。胡夫金字塔由于自然和人为原因，现在已经降至 137 米。

在胡夫金字塔以后，再没修建过如此宏伟的金字塔，后来的金字塔无论从体积，还是整体设计上，都无法同这座金字塔相媲美。

埃及金字塔一直被视为奴隶主好大喜

大事	国别	地域	约公元前 单位：年
古王国时期。	古埃及	北非	2686 至 2181
胡夫金字塔建成。			2570

约公元前 单位：年	地域	国别	大　事
2500	东亚	中国	中国进入青铜时代。
2378	西亚	美索不达米亚文明	乌鲁卡基那成为苏美尔城邦拉格什的统治者。他推行了迄今所知历史上最早的改革——乌鲁卡基那改革。
2371			乌鲁卡基那被推翻，乌鲁卡基那改革终止。

功、压迫奴隶的象征，据希罗多德记述，他们为此动用了上万人力。然而最近的考古发现却揭示，修建埃及金字塔的不是奴隶，而是工作条件相对来说不错的自由工人。这些专业工匠在工作期间有良好的医疗待遇，且可以领到牛、羊作为犒赏。

金字塔是古代世界七大奇迹中唯一大部分留存至今的遗址。

萨尔贡一世：天下四方之王

美索不达米亚地区长期城邦林立，战事频仍，很少出现大一统局面。公元前2334年创立的阿卡德王国曾实现过短暂的统一和辉煌。他的创建者是阿卡德的萨尔贡，也被称为萨尔贡大帝。

据说萨尔贡是个非婚生的弃婴，后为一名园丁抚养成人。史料记载："在 Agade（即阿卡德）的萨尔贡，他的父亲是一个园丁，他本人是乌尔扎巴巴（基什王）的斟酒者。"尽管其出身并不高贵，但是这位基什王的侍童却难掩王者之气，成年之后取代了基什王。有趣的是"萨尔贡"这个名字，意为"真正的王者"。后来也有史学家指出，"萨尔贡"并非人名，其实只是国王的头衔。

萨尔贡即位后的第一项功绩就是对乌鲁克的征服。

当时统治乌鲁克的是乌玛王卢伽尔·扎吉西，他统领着50支联军，但还是被萨尔贡击败。随后，萨尔贡击败了东部苏美尔人的城邦乌尔、拉伽什和乌玛，最后使苏美尔地区成为阿卡德的附庸，造成苏美尔人的逐渐消亡。

在向西的战事中，萨尔贡打通了供应木材及贵重金属的贸易路线，并保证了幼发拉底河到阿卡德之间航线的安全。

萨尔贡选择的管理苏美尔主要城市的地方行政长官是阿卡德人，而不是苏美尔人。闪米特的阿卡德语成为整个美索不达米亚商业语言和碑文的官方语言，从此阿卡德语开始产生深远影响。

萨尔贡晚年各地都有反叛，而且群起围攻阿卡德。萨尔贡在迎战中虽然获胜，但却涉嫌犯下对巴比伦的渎神之罪。他死后，其坟墓也遭亵渎。

汉谟拉比法典：刻在石柱上的法律

汉谟拉比（前 1792—前 1750 年在位）是古巴比伦王国第六王，伟大的军事征服者、改革者。

汉谟拉比即位之初，古巴比伦只是美索不达米亚众多城邦中的一员。但是巴比伦大军在汉谟拉比的指挥下，屡次击败美索不达米亚另一著名城邦亚述及其联盟。古巴比伦从一隅之地变为大国，使美索不达米亚地区基本实现统一。

汉谟拉比虽有 30 多年在戎马倥偬中度过，但他并未荒废内政，而是以立法者闻名于史。

汉谟拉比颁布的法典以精准和事无巨细著称，其条文监管范围无所不包，比如"旅店酒店"规范运作；商队受到任何损害，都要落实责任。法典也以严苛而著称，其刑法的基本原则是以牙还牙，以眼还眼。

法典共有 282 项条例，其中第 6—

大 事	国别	地域	约公元前 单位：年
阿卡德的萨尔贡去世。	美索不达米亚文明	西亚	2315
萨尔贡之孙纳拉姆·辛成为阿卡德的第四任统治者。他扩展了阿卡德版图，令国势达至顶峰。			2291 或 2289
阿卡德帝国灭亡之后，亚述形成了以亚述古城为中心的国家，开始了早亚述时期（约公元前 3000 年代末至前 2000 年代中叶）。			2193
第一中间期。	古埃及	北非	2181 至 2055
乌尔纳姆建立乌尔第三王朝。他在位期间统一美索不达米亚南部诸邦，并颁行《乌尔纳姆法典》。	美索不达米亚文明	西亚	2113

单位：年 约公元前	地域	国别	大事
2055至1650	北非	古埃及	中王国时期。
2025	西亚	美索不达米亚文明	那普兰努姆在美索不达米亚南部建立拉尔萨王国。美索不达米亚南部之伊辛—拉尔萨时代开始。
2017			伊什比—厄拉反叛乌尔，在美索不达米亚南部建立伊辛王国（俗称伊辛第一王朝）。
2006			埃兰进兵乌尔。乌尔第三王朝灭亡。
1950	西亚	以色列	亚伯拉罕家族从吾珥出发去哈兰，后到巴勒斯坦。
1894	西亚	美索不达米亚文明	阿摩利人建立以幼发拉底河河畔的巴比伦城为首都的古巴比伦王国，也称"巴比伦第一王朝"。
1794			伊辛第一王朝结束。这一时期书写的《苏美尔王表》把传说中的吉尔伽美什列入其中。
1772	西亚	巴比伦王国	古巴比伦王颁布《汉谟拉比法典》。
1750			古巴比伦国王汉谟拉比逝世。

126 项涉及私有财产，第 127—195 项关于婚姻家庭和财产继承。保护私有财产是法典的核心内容；处罚的根据之一是肇事者和受害者的阶层等级，如第 6 条规定"自由民窃取神或宫廷之财产者应处死；收其赃物者亦处死刑"；第 25 条规定"任何房屋失火，前来救火之自由民觊觎屋主之财产而取其任何财物者，应投入火中"。在保护奴隶主阶级利益的同时，法典也保护自由民利益。如第 21 条规定"如有人试图破壁入宅抢劫而被抓获，作为惩罚，他将被填入他打的洞中，并被封死在墙内"；第 22 条规定"如一抢匪在作案时被捕，将被处死"。法典以最严酷的手段保护私有财产，对以后的法律有关财产的条款影响很大，使人们形成了对他人财产不可有贪欲的意识。

此外，法典所包含的某些法律条文还彰显了人性化色彩，比如保护无家可归者。

法律规定任何罪行不能以对法典误读或误解为借口而得到宽恕，因为法典是当众公布，供所有臣民参看的。

这些法律条例都用阿卡德语书于一根黑色玄武岩圆柱上，该圆柱至今保存完好，被收藏于法国巴黎卢浮宫。汉谟拉比撰写这部法律的初衷是为了取悦神灵，在石柱顶部，雕刻着站在太阳神沙马什宝座前的汉谟拉比。

古代美索不达米亚出过几部历史悠久的法典，其中脱颖而出的有《乌尔纳姆法典》和《埃什嫩那法典》。而《汉谟拉比法典》则是现存第一部比较系统的法律。之后的《摩西律法》与《汉谟拉比法典》相比，都有颇多相似之处。

克里特的米诺斯文明

地中海周边是一个盛产文明的地区。在上古时代，这里就兴起过众多文明，如古埃及文明、美索不达米亚文明，以及腓尼基文明等。这些文明形成了地中海文明圈，其中绝大多数文明被学者归类为东方文明。在这些文明簇拥下也产生了西方文明的源头——古希腊文明。

古希腊在青铜时代的文明包括爱琴海岛上的基克拉迪文明、在希腊大陆发展的史前青铜文明和以克里特岛为中心的米诺斯文明。"米诺斯"之名来自神话中的米诺斯国王，由发掘了克里特岛上的克诺索斯宫的考古学家埃文斯爵士命名。

由于克里特位于东地中海的有利位置，使其能够吸收来自埃及、中东和欧洲的文明成果。克里特多山，遍布小而肥沃的农田，拥有典型的地中海生态环境，农业主要是种植谷物、橄榄、葡萄。

考古发现，在前陶新石器时代，克里特就有人居住。约公元前 7000 年，中东西南一带的民族来到克里特拓殖。

在克诺索斯新石器时代晚期便出现了冶炼铜器的技术（铜石并用），但直到约公元前 2500 年，铜器才被广泛传播和使用。

约公元前 2000 年至约公元前 1470 年为克里特的王宫时期。第一批被称为"宫殿"的建筑物遗址存在于米诺斯文明中期的克诺索斯、马利亚和法伊斯托斯。

前王宫时期后期，在社会和经济组织结构上的创新，为第一批宫殿建筑的出现

大　　事	国别	地域	约公元前（单位：年）
伊鲁马·伊鲁姆于南部苏美尔的沼泽地建立一个独立城邦名曰"海国王朝"，亦名"巴比伦第二王朝"。	美索不达米亚文明	西亚	1732
约瑟、希伯来一些支派入埃及。	以色列、古埃及	西亚、北非	1700
赫梯诸部兴起。赫梯人建立了自己的国家，此后开始不断地向外扩张。	美索不达米亚文明	西亚	
赫梯国王拉巴尔那二世征服小亚细亚东部。			1640
第二中间期。	古埃及	北非	1650至1550
赫梯国王穆尔西里一世拔除了喜克索斯人在叙利亚北部的主要据点哈尔帕（今阿勒颇），将其洗劫一空。赫梯开始对叙利亚的控制。	美索不达米亚文明	西亚	1600
汤创建商朝。	中国	东亚	1600至1556
古巴比伦王国亡于赫梯人之手。同年，海国王朝开始对巴比伦城的短暂统治。	美索不达米亚文明	西亚	1595

约公元前 单位：年	地域	国别	大　事
1550 或 1539	北非	古埃及	第二中间期第十七王朝的法老卡摩斯去世。他致力于使埃及从喜克索斯人的统治下摆脱出来。
1550 至 1069			新王国时期。
16世纪	西亚	美索不达米亚文明	加喜特人打败海国王朝，确立了对巴比伦的统治，建立加喜特巴比伦王朝，又称"巴比伦第三王朝"。
1500	东南欧	爱琴文明	锡拉岛经历火山爆发，岛上古城全被火山灰掩埋。
1490	北非	古埃及	以色列人在埃及被奴役。
1479 至 1473			第十八王朝法老图特摩斯二世去世，幼子图特摩斯三世即位，其妻哈特谢普苏特掌握实权，成为女法老（前1479/前1473—前1458年）
1470	东南欧	爱琴文明	克里特的米诺斯文明消亡。
1460	西亚	美索不达米亚文明	海国王朝灭亡。

营造了环境。宫殿内有保存农业产品的大型存储空间，可能也是祭祀庆祝活动的场所。

当时克里特的文字主要用于记录库存和其他事项，其书写体系主要有两种：一是所谓的克里特象形文字，主要在克诺索斯和马利亚使用；二是线性文字，线性文字 A 和线性文字 B 主要在法伊斯托斯被发现。

在卡马瑞斯发现的彩陶，反映了古王宫时期（约前 2000—约前 1700 年）流行在地中海东部和埃及一些地方的陶器特征，也显示当时的克里特作为地中海列强的一员，与其他地中海周边政权进行着广泛的贸易。古王宫时期，米诺斯文明与希腊大陆、爱琴海岛屿（尤其是基克拉迪群岛）接触频繁，这种关系延续到新王宫时期（约前 1700—约前 1470 年）。

王宫时期，顾名思义，宫殿为当时城市的重点建筑。随着时间推进，王宫设施逐渐增加，形制规模也一步步扩大。到了新王宫时期，克诺索斯宫的面积已扩张至约 75 公顷，可容纳 12000 人。

奥西里斯的传说与埃及的木乃伊

在人们的印象中，古埃及历史文化中充满了种种神秘，其中不乏金字塔这样惊人的建筑创举。当然同样引人入胜的还有古埃及人制作木乃伊的传统。古埃及制作木乃伊的历史非常悠久，在早王国时期就已开始。木乃伊的制作与奥西里斯复活的传说息息相关。

在古埃及神话中，奥西里斯是大地神

盖布与天神努特的长子，他在父亲卸除职务赴天庭后，继承了埃及的宝座。

这位半人半神新法老的第一个举措是取消食人风俗，将国民从游牧变为定居，并传授他们种植小麦和葡萄，及制造农具的技艺。他还引进神灵崇拜，建起第一批庙宇，雕刻出第一批神的形象，制定仪式，并发明两种类型的吹奏乐器，为节庆唱圣歌伴奏。此后，他开始建造城市，为统治进行立法。

教化埃及人之后，他还想泽被天下。在征服亚洲的长途跋涉中，原本暴力的敌人皆被感化，纷纷团结在奥西里斯的权杖下。据说，奥西里斯唯一的武器是他的温和与音乐，各种乐器演奏的乐曲让其大军所经之处的军民相继缴械。

出于忌妒，他的兄弟赛特设计杀害了奥西里斯，并将尸体肢解，抛入尼罗河。奥西里斯的妻子伊西斯历经艰辛，找到丈夫遗骸，把它拼在一起，制成木乃伊，此后，奥西里斯神秘复活，并开始统治冥府。

奥西里斯在冥府对死者的审判程序是：把死者带进一个大厅，里面坐着奥西里斯和他的 42 名助手，为确认死者没有犯过 42 种罪行，死者的良心被放到天平与事实比较，如天平向坏的一边倾斜，他将被交给魔鬼，反之可跟奥西里斯进入"无罪人"王国。

由于古埃及人相信来世，希望死后如奥西里斯那样开始新的生命，故他们便把死者的尸体像奥西里斯那样制成木乃伊，作为进入来世前的规范葬礼。

大　事	国别	地域	约公元前 单位：年
第十八王朝法老图特摩斯三世逝世。	古埃及	北非	1452
迈锡尼处于圆顶墓王朝时期。	希腊	东南欧	1400

公元前 单位：年	地域	国别	大　事
1353 或 1352	北非	古埃及	第十八王朝阿蒙霍特普三世（前 1391/ 前 1390—前 1353/ 前 1352 年在位）去世。他的木乃伊是迄今为止保存比较完好的。
1350	西亚	美索不达米亚文明	赫梯国王苏庇路里乌玛一世征服阿勒颇，击败米坦尼王国，使其成为赫梯的藩属国，由其女婿沙提瓦扎执掌米坦尼国政。赫梯还击败另一个叙利亚城邦迦基米施。

木乃伊制作程序是：先把死者脑浆、内脏取出，放入 4 个瓦罐；在尸体里填桂皮、乳香等香料，再放到有碳酸盐类化学物质的池里浸泡 70 天，后用浸透防腐树胶的细布条裹起，尸体就成了木乃伊。

接下来是葬礼。木乃伊被抬到墓口，按照宗教习惯被立起，由一名祭司用一个叫"汗密乃特"的工具分别接触死者眼、耳、鼻、口，使这些器官到地府不失去功能。

木乃伊进墓前，要接受戴阿努比斯面具的祭司的祝福，豺狗神阿努比斯主要职责是照看木乃伊。

最后将放木乃伊和殉葬品的棺木埋入墓穴，永久密封起来。

埃赫纳吞：孤独的宗教改革者

在上古史初期阶段，埃及神灵众多，各地尊奉不同的神。古埃及人还相信万物皆有灵，如日月、天地及动植物。其中，下层埃及民众敬奉最多的是奥西里斯神。而从古王国初期开始，埃及上层社会的主要宗教体系是对太阳神"拉"的崇拜。自第五王朝开始，拉神与阿蒙神结合，成为埃及最重要的神。"阿蒙—拉"的祭司是全国祭司之首。这一局面维持了 1000 多年，直到法老埃赫纳吞上台。

埃赫纳吞原名阿蒙霍特普（意为"阿蒙神满意"）。他从小体质虚弱，且生有异相，甚至可能还曾被逐出法老家族。不过由于兄长早逝，并有赖于母亲支持，他才有幸登基为法老，是为阿蒙霍特普四世（约前 1353—前 1335 年在位）。

这位年轻的法老登基伊始，便迫不及待地提出雄心勃勃的改革计划。他把一位本不起眼的小神——"阿吞"，奉为终极创造者和光明的主神。不过他最初的改革内容还算温和，至少未否决其他神的存在。可是由于阿吞被升为主神，这便意味着其他神祇自动降了一级，包括以前的主神阿蒙。所以，这种"离经叛道"之举自然引起了阿蒙神祭司的激烈反对。于是法老决定采取激进方案。

登基后第六年，法老将首都迁出底比斯，并营建新都"埃赫塔吞"（意即"阿吞"的视线）。法老本人还改名为埃赫纳吞，意即"阿吞"的仆人。

他的改革内容还体现在艺术方面。首先，他用充满创新的设计装点了新城中的神殿，营造出阳光普照的广阔空间，把对神的崇拜开放给所有信徒。他也积极发展新城中的各项艺术，反映出他对美和自然的热爱。他还用写实主义替代严谨的传统艺术形式。几百年来，法老和王室肖像描绘都被施加理想化处理，而埃赫纳吞和其家人的肖像却第一次如实地反映了真人容貌。

阿吞崇拜的形式，也和敬拜别的主神不同，不再需要神职人员作为中介进行"告解"，这是所有改革项目中最具革命性，甚至有 16 世纪基督教改革的影子。如此一来，包括阿蒙神祭司等既得利益者都受到强烈冲击，他的改革也因此而遭到强烈反对。

埃赫纳吞死于他统治的第十七年。他去世后不久，其新都被弃，城中建筑被

大　事	国别	地域	公元前 单位：年
第十八王朝法老埃赫纳吞逝世。	古埃及	北非	1335
第十八王朝法老图坦卡蒙去世。			1323

公元前 单位：年	地域	国别	大 事
1274	北非、小亚细亚、西亚	古埃及、赫梯	卡迭石之战。
1272	西亚	美索不达米亚文明	赫梯王穆瓦塔尔二世去世，乌尔希泰舒普继位。
1258	西亚、北非	美索不达米亚文明、古埃及	哈图西里三世与埃及法老拉美西斯二世缔结埃及赫梯和约，并建立政治关系。
1250	北非、西亚	埃及、以色列	摩西率以色列人离开埃及。

毁，其名字也被从国家正式记录中抹去。阿吞崇拜还持续了几年，但鉴于没有强大祭司集团的支持，它很快便被遗忘。

埃赫纳吞的许多主张与数世纪甚至十几个世纪后的宗教思想遥相呼应，但这位具有超前眼光的法老，在他所处的年代，注定只能成为一位曲高和寡的改革者。

特洛伊的传说与《荷马史诗》

特洛伊城位于小亚细亚赫勒斯滂海峡（即达达尼尔海峡）入口（今土耳其境内）。传说建城者是宙斯之子达丹纳斯的后裔。后来的特洛伊国王拉俄墨冬请来波塞冬和阿波罗为城市建起一道坚不可摧的巨墙。

根据希腊、罗马及中世纪多部文学作品记述，在国王普里阿摩斯统治时期，阿伽门农指挥的希腊远征军围困特洛伊。战事起因是特洛伊王子帕里斯在探访斯巴达国王墨涅拉奥斯时，与斯巴达王后海伦互生情愫，并将其诱拐回特洛伊。为夺回海伦，一雪前耻，墨涅拉奥斯与哥哥，迈锡尼国王阿伽门农组织希腊各邦的英雄一起进攻特洛伊。围城之战旷日持久，有赖于固若金汤的城墙和特洛伊人英勇的抵抗，经过 10 年的围攻，城池依然未克。机智的希腊将领奥德修斯心生一计：他让希腊人佯装撤军，并在城外留下一只巨大的木马。特洛伊人相信希腊人已败退，且视木马为供奉雅典娜女神的祭品，便拉木马进城，狂欢庆祝胜利。深夜，当特洛伊归于寂静，暗藏木马中的希腊战士跳将出来，打开城门，引领隐蔽在附近的希腊大军涌入特洛伊。希腊人把城池掠夺成空，海伦也被带回希腊。特洛伊就此被木马计攻陷。

在所有描述特洛伊战争的史诗合集中最出名的当属《荷马史诗》。这部最古老的希腊语巨著，包括《伊利亚特》和《奥德赛》两部。《伊利亚特》集中描述了特洛伊战争的一个短暂时期（根据荷马提出的年表，主要是围城第九年中的两个月）。

特洛伊城陷的场景在史诗第二部《奥德赛》中有所提及，但《奥德赛》还是以奥德修斯的海上漂流返乡经历为叙述中心。特洛伊战后，希腊军人各自返家，但奥德修斯激怒海神波塞冬，使他的军队遭遇海神降于他的重重灾祸，全军覆没。奥德修斯因机智和勇敢逃过一劫。而另一方面他的妻子珀涅罗珀不知其生死，面对着百余名盘踞在奥德修斯宫中的蛮横权贵求婚者，苦等着丈夫归来。求婚者终日宴饮以消耗他的家产。珀涅罗珀忠于丈夫，借口要为公爹准备殓衣，等布织好后方可改嫁。于是她白天织，晚上拆，以此拖延时间。漂流十年的奥德修斯终于回家与妻团聚，并与儿子和仆人在宫中大厅用比武的机会联手杀死求婚者。

长期以来，《荷马史诗》的作者和创作时间亦存在争议。一般观点认为《荷马史诗》的作者是失明的游吟诗人荷马（约前9世纪—约前8世纪）。公元前12世纪到公元前9世纪这一时期被称为"荷马时代"或"英雄时代"，因为许多人认为"荷马史诗"形成于此时。但也有人认为《荷马史诗》是一部长时期的集体创作。

大 事	国别	地域	公元前 单位：年
赫梯王哈图西里三世去世。	美索不达米亚文明	西亚	1237
第十九王朝法老拉美西斯二世去世。	古埃及	北非	1213
希腊多利亚人南下，迈锡尼国家逐渐消亡。	爱琴文明	东南欧	1200至1100
特洛伊城陷。特洛伊战争结束。	爱琴文明、特洛伊	东南欧、小亚细亚	1184

公元前 单位：年	地域	国别	大事
1180	西亚	美索不达米亚文明	海上民族席卷了东部地中海地区，赫梯王国亦被其肢解。赫梯铁匠散落各地，将冶铁技术扩散开来。
1157			埃兰人俘获了加喜特末代之王恩利尔纳丁·阿基，加喜特巴比伦王朝灭亡。随后，巴比伦尼亚进入了一个混乱时期。
1156			美索不达米亚南部的伊辛第二王朝复兴，它曾统治今伊拉克南部的巴比伦尼亚。
1115			被认为是中亚述时期最伟大统治者之一的提格拉特·帕拉沙尔一世即位，他向四方扩展了亚述王国的疆土，这是后来强大亚述帝国的预演。
1077			亚述王提格拉特·帕拉沙尔一世去世。
1069 至 664	北非	古埃及	第三中间期。

影响深远的腓尼基字母

腓尼基文属北方闪米特语，是古腓尼基人的语言，现已消亡。这种语言最初的使用中心在腓尼基，大约相当于今黎巴嫩地区。这种语言最常见的存在形式是碑铭，而非文学作品。虽然腓尼基文在东部较早消亡，但腓尼基的殖民城邦迦太基仍然在公元后几个世纪继续使用着，大概直至阿拉伯人（7世纪）的到来。

对腓尼基文的释读开始于18世纪，随着几块铭文的发现，尤其是一块在马耳他发现刻有希腊文和腓尼基文双语的铭文，显著推动了此项研究的进程。

腓尼基文共有22个字母，它从公元前11世纪至公元前5世纪被用于书写。这种以符号代表发音的全新字母形式由腓尼基人发明于约公元前1300年。

腓尼基字母可能由某种原始闪米特文中一种被叫做"字母"的线性文字简化而来；同时有一部分简化自埃及象形文字，他们从象形符号中提取字首作为发音字母。关于腓尼基文字最古老的碑文可追溯到公元前15世纪，但仍被归为线性文字范畴。腓尼基字母的正式产生时间，一般可追溯至公元前1050年。

这种字母体系慢慢成为一种主要的书写系统，因为腓尼基人是以商贸著称的民族，故腓尼基商人在欧洲和中东四处传播，在那里，这些字母又被用于各种语言。

公元前1000年前后，希腊人认为腓尼基字母有助于他们保存、记录知识，于是就改革腓尼基字母，进行删补，发展出

24 个字母，还将书写顺序改为自左向右，推进了字母的审美设计和使用功能。

有一则希腊神话，间接反映了腓尼基对东方文明西传欧洲的贡献。传说，腓尼基城邦苏尔国国王的女儿欧罗巴非常漂亮。一天，宙斯决定诱奸她，于是化身为一只雪白的公牛。好奇的欧罗巴看到这温驯的巨兽，便骑上了公牛背。不想公牛急速地冲向大海，把她带到克里特。欧罗巴和宙斯生了三个儿子，从此，希腊人把爱琴海以西的大陆称为"欧罗巴"，是为欧洲名称的起源。欧罗巴失踪后，苏尔国王叫儿子们出去寻找，他们后来都为此滞留他乡，其中的卡德摩斯则把腓尼基字母带到了希腊。

腓尼基文以及腓尼基字母是人类文明向前迈出的伟大一步。

"多金"的迈锡尼

"迈锡尼文明"这一术语用来表征希腊青铜时代最晚阶段的史前文化，它发展于公元前 1700／公元前 1600 至公元前 1001 年之间，是希腊大陆上最繁荣的史前文明。

迈锡尼的社会组织上层是"王宫文化"——而非城邦文化，不同于后来的希腊人。当时希腊大陆存在若干个以王宫为中心的王国。这种文明以迈锡尼命名，因为迈锡尼王国最强大，最具代表性。希腊本土贫瘠，无以维系近东奢华风格的宫殿制。故迈锡尼统治者必是尽其所能压榨希腊有限的资源，从臣民手中收受税收。事实上，迈锡尼的财富和权力，更大程度上

大　事	国别	地域	公元前 单位：年
腓尼基字母大约正式产生于此时。	腓尼基	西亚	1050
（西）周武王伐纣。	中国	东亚	1046
扫罗成为以色列犹太人进入王国时期的第一个国王。	以色列	西亚	1044
以色列国王大卫出生于伯利恒。			1040

公元前 单位：年	地域	国别	大 事
1025	西亚	美索不达米亚文明	美索不达米亚的伊辛第二王朝结束。
1024			伊辛第二王朝衰亡后，在美索不达米亚地区继而建立起海国第二王朝。
1010	西亚	以色列	以色列国王大卫即位。
1004	西亚	美索不达米亚文明	美索不达米亚的海国第二王朝灭亡。
1003			巴兰王朝继海国第二王朝而起。
1001	东南欧	爱琴文明	迈锡尼文明消亡。公元前1000至前800年这段时间被称为希腊历史上的"黑暗时期"。

取决于一个稳定的海外贸易网络。

不过，提到迈锡尼遗址，我们便不得不提及传奇的近代考古学之父，德国人谢里曼。谢里曼自幼陶醉于铿锵悦耳的《荷马史诗》，决心有朝一日探挖特洛伊故城。1871年，谢里曼拿着《荷马史诗》，在今土耳其境内的希沙里克山丘开始发掘。当时学者们嘲笑这位半路出家的考古学家居然凭着神话进行挖掘。但是凭着直觉和坚持，谢里曼竟然在这里发掘出沉睡千年的特洛伊。既然特洛伊已然重见天日，谢里曼决定再接再厉，寻找特洛伊的敌人——希腊联军司令阿伽门农所统治的迈锡尼古城。1876年，谢里曼在迈锡尼的发现再次震惊世界。

在防御墙内，他发现了一座圆形的皇家陵墓——墓圈A，内含数座未盗之"竖坑坟"。这些坟墓的财富几乎难以言表：文物极其丰富复杂，遍地珠光宝气，遍地黄金。这不正是荷马笔下"多金的迈锡尼"吗？许多珍贵材料来源广泛，可能远至埃及和美索不达米亚地区（出土的琥珀甚至来自欧洲北部）。谢里曼把一具在黄金面具下保存完好的男性尸体指认为阿伽门农王，他电告希腊国王："我凝视着阿伽门农的脸膛。"实现童年夙愿的谢里曼抑制不住激动，他揭开了面具，之后还做出了一个惊人举动，正如他在日记中所写的："今天，我亲吻了阿伽门农之唇！"

谢里曼的发现颇出人意料，同时代的人相信，它们要么是伪造，要么属更晚时期。直到后人发现米诺斯文明，加上20世纪的进一步考古，证明青铜时代晚期这种强大和富裕的文化确实存在于希腊本土。

学者认为，早期"竖坑坟"统治者的暴富表明，迈锡尼已能通过科林斯海湾便利地获得欧洲东南部（亚得里亚海和巴尔干地区）的矿产资源——黄金和锡。青铜时代晚期，黄金标志着主要的商品价值。迈锡尼似乎推动了黄金贸易，但这之前，黄金只能从东非贸易和远东地区通过埃及贸易获取。迈锡尼的新黄金贸易路线是从亚得里亚海到克里特岛的米诺斯及以东地区。如果这个猜想是正确的，则从希腊晚期青铜时代的一开始，迈锡尼必然已极其富有。这一情况似乎可以解释为什么荷马的"记忆"中迈锡尼王国是"多金的"。

伟大的史诗《摩诃婆罗多》

在约公元前 2000 年，使用梵语的雅利安部落在北印度河两岸的旁遮普定居，征服了当地原住民。到大约公元前 1000 年，雅利安氏族彼此争权，并最终凝结成一部神话——《摩诃婆罗多》。这部用梵语写就的宏大印度史诗，是世界文学宝库中的瑰宝。书名"摩诃婆罗多"在梵语中的意思是"婆罗多族战争的宏大叙事"。

像《荷马史诗》中的特洛伊传说一样，《摩诃婆罗多》也讲述了战争和悲剧。在那个氏族社会年代，所有战士都属于自己的家族，家族世仇则会引发战事。诗中所述的两大争霸家族皆属位于北印度的古老尚武部落——婆罗多。交战双方是：俱卢家的 100 个兄弟和班度家的 5 个兄弟。

两大家族交战多年，诗中深刻描绘了

大　事	国别	地域	公元前 单位：年
希腊人开始大量往外逃亡，在地中海沿岸，特别是小亚细亚西部建立殖民点。	古希腊	东南欧	1000
以色列王扫罗在吉尔博与亚吉王领导的腓力斯丁人交战，战败而死。	以色列	西亚	
以色列国王所罗门即位。			972
以色列国王大卫于耶路撒冷去世。			970
腓尼基城邦推罗的希兰一世即位。他统治时期，大兴土木，扩大并加固了城市，使推罗进入全盛。	腓尼基	西亚	969

公元前 单位：年	地域	国别	大　事
950	东南欧	古希腊	腓尼基字母引进到希腊。
933/ 931	西亚	以色列	以色列国王所罗门去世。以色列王国一分为二。
883	西亚	美索不达米亚文明	亚述国王亚述那西帕二世即位。他开始了新亚述时期（亚述帝国时期）对外的扩张。
859			亚述国王亚述那西帕二世去世。
858			沙尔马纳塞三世即位为亚述国王，他在任期间完成了对叙利亚地区的征服。
850	东南欧、南欧、北非	古希腊	希腊人开始向西部大规模殖民，比如在西西里和意大利南部。
836	南亚	古印度	学者拉尔估算《摩诃婆罗多》于当年成书。

人性的种种弱点：贪婪、好色、野心、恐惧、挑拨和背叛。战事最终结束于一场决定性的战役——俱卢之野战役。此战持续了18天，俱卢家族100个兄弟悉数阵亡，班度家族获胜。班度家族的坚战被加冕为王。后来他把王国交给儿子，自己开始升天之旅。

对印度人来说，这也是最后一次人神同行：这场战争是神话时代和真实历史的分水岭。许多人相信《摩诃婆罗多》中的伟大战争真的发生过，神话背后有真实历史。比如史诗中出现的著名地点，今天依然沿用着相同的名字。

《摩诃婆罗多》是印度文学中和《罗摩衍那》并称的史诗。最初，《罗摩衍那》被认为是印度最古老的史诗，但后来的研究证明，《摩诃婆罗多》要早于《罗摩衍那》。

传说，《摩诃婆罗多》由法术师广博仙人（又译维亚沙或毗耶娑）所撰，可能成书于吠陀时期末期（约公元前8世纪）。

学者认为，《摩诃婆罗多》是不同作家的集体创作，成书时间是公元前4世纪（或公元前8世纪）到公元4世纪之间。而学者B.B.拉尔通过比较印度的灰陶文化遗址和文物，估算《摩诃婆罗多》于公元前836年开始成书，最终可能定型于笈多时期初期（公元4世纪）。

这部著作的创作至少历经800多年，其间，史诗被口耳相传。原诗核心内容大约有8000对对句。但在长期创作过程中，除了两大家族的战事，又有许多其他传说被收录进去，后来全书竟被扩至10万对对句。可见，《摩诃婆罗多》也是一部反映这 800 多年印度历史风貌和民间智慧的史书。

狼孩与罗马城：罗马建城的传说

在今天意大利罗马城的卡皮托林博物馆中，保存着一尊青铜母狼雕像。在母狼身下，一对可爱的男婴，正在贪婪地吮吸她的乳汁。

这个雕像背后有一则关于罗马建城的流行传说：希腊远征军攻陷特洛伊后，维纳斯女神的儿子、特洛伊城的英雄埃涅阿斯出逃。他沿北非西行穿过迦太基，终于辗转来到意大利。埃涅阿斯的后裔在拉丁姆建阿尔巴·龙加城，世代为王。传到努米托尔时，他的王位被兄弟阿穆利乌斯所夺，努米托尔本人被赶出城池。阿穆利乌斯还迫使努米托尔唯一的女儿丽阿·西尔维亚当贞女祭司，禁其婚配。但是战神玛尔斯却下凡使西尔维亚怀孕，并生了一对孪生兄弟。阿穆利乌斯听闻此事后，又恨又怕，命人将婴儿抛入台伯河溺死。被派去杀婴的仆人看到河水汹涌，不敢靠前，因此将安放他们的摇篮放在台伯河畔，任其随波逐流。摇篮被浪花冲到岸边，一只母狼听闻孩童哭声来到河边，把他们带回山洞，用自己的乳汁哺育他们。

后来一对牧人夫妻发现了哥俩，并给他们起了名字，哥哥叫罗慕路斯，弟弟叫瑞穆斯。两兄弟在一次偶然的机会中得知了自己的身世，于是领导阿尔巴·龙加人民起义，杀死阿穆利乌斯，夺取了阿尔巴·龙加城及王位，并着手在自己以前遇救的台伯河畔建一新城。古罗马史学家普

大　事	国别	地域	公元前 单位：年
腓尼基人推罗王国的公主狄多遭到排斥，便漂洋过海，在突尼斯湾登陆，建起了迦太基城。	迦太基	北非	814
乌拉尔图国王阿尔吉什提一世即位。乌拉尔图古王国，位于黑海和里海之间的山区，中心位置在亚美尼亚高原。阿尔吉什提一世在位时国势强盛。	乌拉尔图	西亚	786/785
希腊举行第一次古代奥林匹克运动会。	古希腊	东南欧	776

单位：年 公元前	地域	国别	大　事
771	东亚	中国	犬戎攻破镐京，杀死周幽王，西周灭亡。
770			周平王迁都雒邑，建立东周。
764/763	西亚	乌拉尔图	乌拉尔图国王阿尔吉什提一世统治时期结束。
753	南欧	王政时代的罗马	罗马建城。

鲁塔克在其著作《希腊罗马名人传》的《罗慕路斯传》中，记载了罗马建城的传说。据普鲁塔克说，在如何选择新城地点时，兄弟不和，发生激烈争论。罗慕路斯想在帕拉丁山上建城，而瑞慕斯则建议在更有战略地位，并比较容易防守的阿芬丁山上建城，并决定通过观鸟和神的意志来解决这场争论。但最终以罗慕路斯杀死瑞慕斯的混战结束了这场争论，罗慕路斯以他的名字命名新城为罗马。罗慕路斯成为罗马"王政时代"第一王。

据公元前 1 世纪罗马作家瓦罗推算，罗马建城年代为公元前 754—前 753 年，古罗马人以这个年代作为纪年开始。瑞慕斯殒命之日也被后人记述为公元前 753 年 4 月 21 日，罗马人把这一天作为建城纪念日。

尽管如今在罗马到处都可以见到母狼与这对双胞胎兄弟的雕像，但实际上，近代考古与史学研究成果倾向于证明此项传说纯属无稽之谈。

据考证，罗马最早的建立者是公元前 1000—前 800 年间移入拉丁姆的拉丁人。他们在台伯河沿岸帕拉丁山丘上建村落聚居地，以农业为生。那个时候，在后来罗马建城的地方，已有农民定居。许多小村落坐落于台伯河附近 7 座小山丘上。随时间推移，拉丁人联合临近山丘的萨宾部落居民，逐渐发展成罗马城。七丘之间低湿的中部山谷后来成为罗马城的广场。据考证，罗马自公元前 6 世纪初叶才开始出现城市，至公元前 6 世纪末形成城市国家。

忒修斯与吕库古改革：雅典和斯巴达的不同道路

古希腊文明的一大诱人之处在于其充满魅力的神话，所以古希腊最有名的两大城邦——雅典和斯巴达的早期历史都不乏神话色彩。

雅典早期最著名的国王忒修斯，便是希腊神话中的一位英雄。他的一大壮举是杀死克里特迷宫中的人身牛头怪，而许多人心驰神往之地——爱琴海，也因忒修斯的父亲埃勾斯得名。

作为雅典国王，忒修斯把雅典所在的阿提卡半岛各村庄团结起来，定于每年7月16日作为"居地统一节"来庆祝。此举加强了城邦的政治凝聚力，使一盘散沙的雅典逐渐变成一个伟大的城市。忒修斯又将人民分为三大类：贵族、土地所有者（农民）和创造者（体力劳动者和工匠）。

根据普鲁塔克记叙，忒修斯亲自走访民间，体察民情，缓和平民和贵族的矛盾。他提倡政治事务面前人人平等，放弃王权，建民主政府。他还邀请外邦人来雅典共享平等的权利。在阿里斯托芬的作品《蛙》中，忒修斯被描绘成许多雅典传统的创始人。

与其齐名的斯巴达国王吕库古（前700?—前630年）也不逊色，斯巴达众多习俗便出自其手。更重要的是，吕库古还是一位立法者。他有许多外人看来匪夷所思的创举，但是这些改革却塑造了斯巴达人与众不同的风貌。

这些创举中有一项叫"共餐制"，即所

大　　事	国别	地域	公元前 单位：年
亚述国王提格拉特·帕拉沙尔三世即位。在位期间，他进行军事改革，使亚述帝国从衰弱走向强盛。	美索不达米亚文明	西亚	745
犹太王乌西雅去世。以赛亚先知行使天职。	以色列	西亚	736
乌拉尔图国王鲁萨一世即位。	乌拉尔图	西亚	735
亚述王提格拉特·帕拉沙尔三世攻克并摧毁大马士革，之后的几百年大马士革丧失独立地位。	美索不达米亚文明	西亚	732
提格拉特·帕拉沙尔三世实现了对整个巴比伦地区的控制，巴比伦的祭司集团也承认他为国王。			729
撒玛利亚落入亚述人之手。以色列王国结束。	美索不达米亚文明、以色列	西亚	721
乌拉尔图国王鲁萨一世与强大的亚述国王萨尔贡二世作战，遭到惨重失败。战后自杀身亡。	美索不达米亚文明	西亚	714
亚述帝国的萨尔玛那萨尔五世去世，萨尔贡二世单独统治亚述。其间，亚述打败以色列王国、埃及，镇压了叙利亚人和腓尼基人起义，亚述帝国进入			709

公元前 单位：年	地域	国别	大事
			巅峰期。
705	西亚	美索不达米亚文明	亚述帝国国王萨尔贡二世去世。其子辛那赫里布继位。
671至667	西亚、北非	美索不达米亚文明、古埃及	亚述人开始攻击埃及，并最终将其征服。他们占领孟菲斯，洗劫了底比斯神庙。
669或668	西亚	美索不达米亚文明	亚述帝国的国王亚述巴尼拔即位。在他统治时期，亚述的疆土达到巅峰。
667	东南欧	古希腊	麦加拉殖民者建立拜占廷。拜占廷的名字据说出自他们的王"拜占"。
667至332	北非	古埃及	后王国时期。
636或632	东南欧	古希腊	雅典贵族赛隆企图发动政变成为僭主。后来赛隆暴动被严酷镇压。
630			斯巴达的立法者吕库古去世。
628	中亚	波斯	琐罗亚斯德出生。他改革传统的多神教，创立琐罗亚斯德教。
626	西亚	美索不达米亚文明	迦勒底人建立新巴比伦王国。开国君主为那波帕拉萨。

有斯巴达公民须加入公共食堂。一个年轻的"餐友"有责任全天守在食堂，直到30岁。如果一男性20岁后结婚，只能夜间潜出食堂会见新娘。据吕库古的说法，这种"偷情"式婚姻能育出更强壮的婴儿。

吕库古还确立了黑劳士制度，强制国有佃农劳动耕作。他把处于居民中最上层的斯巴达公民称为"平等人"，致力创建"平等人公社"，公民在其中互惠互利，每人被授权照顾别人的孩子，视如己出。

斯巴达爱好简约。有斯巴达人被问及为何吕库古创制的书面法律那么少，那人答曰"寡言之人焉用甚多法规"。另外，一条所谓的"瑞特拉"神谕禁止吕库古把法律写成文字。

传说，吕库古创建政体前十分急切，便前去希腊最著名神谕所德尔斐，求得了阿波罗授予的大公约，即"瑞特拉"。在按照"瑞特拉"的规定完成法律制订后，吕库古再次动身去往德尔斐，祈问神灵他所制定的法律是不是最完美的，是否足以促进城邦的繁荣与美德。神谕给予了肯定的答复，指出只要斯巴达人坚持他所创的政体，就会永无间断地享受崇高的尊荣。从此，斯巴达人相信"瑞特拉"决定了他们的社会体制，便一直墨守祖制。所以，有学者认为后"吕库古"时期，斯巴达社会比较封闭，不再具有发展的潜力。

实际上"瑞特拉"是介于现实和神话间的一种法规，其来源迷雾重重，一如雅典国王忒修斯的身世。但是这些沾染神秘感的传说也能恰如其分地反映当时这两个城邦初露端倪的特质：尚文的雅典富于民主性和开放性，而尚武的斯巴达则长于纪律性和军事性。后来雅典逐渐发展为希腊的民主和文化中心，而斯巴达则长期雄踞希腊的军事霸主之位。

世界七大奇迹之一：空中花园

公元前 225 年，一位游历各地的古希腊游者——拜占廷的菲罗写下《关于世界七大奇迹》一文，提出了"七大奇迹"这一家喻户晓的观念。由于以古希腊为代表的古典世界以地中海为中心，并为他们当时的地理知识所限，错误地认为印度是世界东部的尽头，对中国、印度知之甚少。故菲罗的游历范围及其描述的 7 个伟大建筑都局限在地中海附近。这些奇迹中包括埃及的金字塔，它是唯一留存至今的一项，而其余的皆已毁坏，有些奇迹甚至是否存在也是个谜，空中花园便是其中一例。

在菲罗所撰的七大奇迹名单中，空中花园被列在首位。他声称，空中花园和其他奇迹一起，为其亲眼所见，在他心中"留下永不磨灭的图画"。和菲罗一样，许多古代作家的作品也都提及空中花园的存在。一些说法称空中花园由亚述女王塞米勒米斯建于约公元前 810 年。但一位巴比伦祭司记载，空中花园建于公元前 600 年，建造者是新巴比伦帝国最强大的君主——尼布甲尼撒二世。根据最广为流传的说法，花园是他赠与王后安美依迪丝的礼物。王后是来自米底国王的公主，由于她思念家乡树木繁茂的山丘，并为此思乡成疾，尼布甲尼撒遂决定营建一座庞大的植物园，以仿造王后家乡的山丘。空中花

大　事	国别	地域	公元前 单位：年
古代西亚米底王国的第四任君主基亚克萨雷斯即位。他将孙女嫁与新巴比伦的尼布甲尼撒二世，两国正式联姻，并携手灭亡强盛一时的亚述。	美索不达米亚文明	西亚	625
德拉古立法。该法典限制了雅典贵族的违法乱纪，结束了赛隆暴动后延续多年的家族仇杀。德拉古被雅典人认为是他们的第一个立法者。	古希腊	东南欧	621
先知但以理被掳到巴比伦。	以色列、美索不达米亚文明	西亚	620
卢修斯·塔克文·布里斯库成为罗马王政时代的第五任君主。他在位期间创设罗马竞技会，开始修建罗马城墙。	王政时代的罗马	南欧	616
新巴比伦王国同米底结成同盟，攻陷亚述首都尼尼微，亚述帝国覆亡。亚述人残部迁都哈兰。	美索不达米亚文明	西亚	612
新巴比伦王国与米底王国的联军发动卡赫美士战役。结果埃及败退，亚述帝国彻底灭亡。	美索不达米亚文明、古埃及	非洲、西亚	605
新巴比伦王国国王那波帕拉萨去世，其子尼布甲尼撒二世即位，成为新巴比伦最伟大的君主。	美索不达米亚文明	西亚	605

公元前 单位：年	地域	国别	大　事
601	西亚	美索不达米亚文明、以色列	新巴比伦扫平犹太国。
600	非洲、西亚	古埃及、腓尼基	受雇于埃及法老尼科二世的腓尼基水兵，完成了史上第一次环航非洲，早在达·伽马之前两千多年就到了好望角。
599?	南亚	古印度	印度耆那教的始创人筏陀摩那出生。他被教徒尊称为玛哈维拉（意谓大雄），与释迦牟尼生活在同一个时代。
598	西亚	美索不达米亚文明、以色列	新巴比伦国王尼布甲尼撒二世占领耶路撒冷。巴比伦流放时期开始。
594	东南欧	古希腊	梭伦当选雅典执政官，推行民主改革。
586	西亚	以色列	继以色列王国后，南部的犹太王国也被新巴比伦攻占。大批犹太精英被带到巴比伦，史称"巴比伦囚虏"，犹太民族失去了自己的国土和家园。
578	南欧	王政时代的罗马	卢修斯·塔克文·布里斯库被刺，其女婿塞尔维乌斯·图利乌斯承袭其位，成为罗马王政时代第六任君主。塞尔维乌斯在位期间推行的改革完成了古罗马由氏族制向国家的过渡。

园于是应运而生。

根据推测还原，空中花园宽约 122 米，长约 122 米，高度超 25 米。这俨然是一片阴凉湿润，充满芳香，为众神打造的绿洲。虽然古代作家对花园有过栩栩如生的描绘，但今人仍不禁疑惑它是否存在，因为兴建如此庞大的工程将面临几乎不可能解决的两大难题。

首先，巴比伦地区干旱少雨，而花园又处于高处，这对供水系统提出了很高要求。历史学家指出，灌溉用水取自旁边的幼发拉底河，而灌溉问题的解决则需要依靠不少抽水机械、输水设备和大量的劳动力。有些文献记载国王任命专门人士，每天动用多达几百个奴隶推动轮轴，将水泵上石槽，由石槽向花园供水。这可能利用了升降机抽水灌溉的原理。

另一难题则是保养，因为这座建筑要长年抵受河水侵蚀，而花草树木的根系也会破坏支撑花园的平台。约公元前 50 年，历史学家西西里的狄奥多罗斯描述空中花园为多层，建在一个复合结构基础上：这个结构由厚砖墙、石柱和棕榈树干密集排列构成的横梁组成。学者相信花园所用的砖非比寻常，它们被加入了芦苇、沥青及瓦砾，甚至可能被加入一层铅，以防河水渗入地基。这样的精心设计，可以保证花园常年屹立不倒。

但空中花园的存在也并非全无根据。包括尼布甲尼撒在内的美索不达米亚国王确实以热衷城市绿化著称，尼布甲尼撒统治时建成了许多配置外围沟渠的巨大城墙。部分巴比伦的巨型城墙上有街道，上面可容纳两辆"四马战车"并行。因此后来人们所谓的"空中花园",也许曾经指的是巴比伦外部城墙的一部分。

而近期一项对亚述故都尼尼微城的研究结果认为,空中花园实际是亚述国王辛那赫里布所建。研究发现,他的花园选址靠近底格里斯河。有可能后来几百年中,历史学家把两个城市混淆,错把空中花园定位在巴比伦。

居鲁士大帝:波斯帝国的奠基者

居鲁士二世(前590—前529年),是波斯国王冈比西斯和曼丹之子。他的母亲曼丹是米底国王阿斯提阿格斯之女。当时波斯还是米底的附庸国。

传说居鲁士出生前,他的外公阿斯提阿格斯曾梦见即将出生的孩子要摧毁米底王国,还将成为全亚细亚的霸主。为除后患,国王命令孩子一旦出生,就立即处死。不过负责杀婴之人心软,让孩子以奴隶的身份存活下来。十年后,在一次扮演国王的游戏中,居鲁士被选为"国王",显露出王者之气。国王发现了这场骗局后大发雷霆。不过祭司认为,居鲁士在游戏中扮演过国王后,就不可能在现实中再次成为国王,这让国王稍感宽慰,居鲁士也逃过一劫。

公元前559年,居鲁士即位成为波斯国君,后来,同为米底附庸的巴比伦策动了对米底的反叛。而居鲁士在叙利亚起兵,向他的外祖父宣战,并在战事中占了上风。米底军队叛乱后,米底国王阿斯提阿格斯被俘,并被移交至居鲁士处,从而

大　事	国别	地域	公元前 单位:年
大马士革归入新巴比伦王国尼布甲尼撒二世的统治。	美索不达米亚文明	西亚	572
释迦牟尼出生。	古印度	南亚	563?
贵族出身的庇西特拉图以农民领袖的身份,在山地派农民的支持下,发动武装政变,自立为雅典僭主。	古希腊	东南欧	560
琐罗亚斯德在一次战争时,在神庙中被杀身亡。	波斯	中亚	551
居鲁士征服米底王国,建立阿契美尼德王朝。	波斯帝国、美索不达米亚文明	中亚、西亚	550
居鲁士征服了小亚细亚的爱奥尼亚,此后爱奥尼亚的希腊城邦一直寻求独立。	波斯帝国、古希腊	中亚、小亚细亚	547
波斯攻至吕底亚首都萨第斯,灭亡吕底亚。	波斯帝国、吕底亚		546
印度摩揭陀历史上第一位著名的国王频毗娑罗(即瓶沙王)开始了他的统治。他统治下的摩揭陀是北印的一大强国,也是所谓"印度十六雄国"之一。	古印度	南亚	544
居鲁士夺取巴比伦。新巴比伦王国被波斯人消灭。	美索不达米亚文明、波斯帝国	西亚、中亚	539

地域	国别	大 事
单位：年 公元前 538 中亚	波斯帝国	居鲁士攻占大马士革，将其作为波斯帝国叙利亚行省的首府。
537		居鲁士大帝的儿子冈比西斯二世在巴比伦担任居鲁士的全权代理人。
529		居鲁士大帝去世。其子冈比西斯二世继位。
525	中亚、北非	波斯帝国、古埃及	冈比西斯二世率波斯军队入侵埃及。埃及成为波斯的行省之一。
521	中亚	波斯帝国	大流士一世联合其他贵族推翻了高墨达，夺取波斯王位。高墨达被投入监狱处死。
519			波斯国王薛西斯一世出生。
516	东南欧	古希腊	古雅典将军，后来马拉松战役的英雄米太亚德攻下位于色雷斯切索尼斯的希腊殖民地，成为此地的僭主。
513		古希腊、波斯帝国	大流士一世征服希腊色雷斯东部。
509	南欧	罗马共和国	布鲁图领导人民起义，推翻了卢修斯·塔克文·苏佩布的统治，将其放逐。罗马王政时代

居鲁士一路进抵，并攻陷米底首都埃克巴塔那。

居鲁士在统治时期团结了伊朗部落，并于公元前 539 年兵不血刃地征服了曾为盟友的巴比伦。居鲁士利用巴比伦国内的各种矛盾，通过内应打开城门，计取了巴比伦，并宣布自己为马尔杜克之子，受到美索不达米亚人民的礼遇和欢迎。公元前 538 年，他颁布了一项法令，允许犹太人返回家乡，并在耶路撒冷重建圣殿，这使他获得了对腓尼基—巴勒斯坦的控制权。

此后，居鲁士控制了叙利亚和腓尼基等城市，实行宗教宽容政策，并不断征服各邻国，扩大了国家面积。

除了惨烈、血腥的战事，居鲁士一生主要是以开明的统治者、艺术和文化爱好者的形象为后人铭记。他推行地方自治和宗教宽容政策，并因创建波斯帝国而获封"大帝"名号。

佛陀释迦牟尼

自印度河流域文明衰亡后，印度文明的中心就转移到了恒河流域。公元前 5 世纪，恒河平原上兴起了一系列王国和城市。在一些城市里，唯理主义者、怀疑论者、无神论者等思想家纷纷创立学说和创建学派，新的思想同传统的精神追求相结合，使印度文化呈现出百家争鸣的繁荣局面，造就了印度史上最伟大的变革时期。这种新旧思潮的结合，为一位更重要的思想家释迦牟尼的出现提供了土壤。

释迦牟尼的梵文原名为乔达摩·悉达多，生于特赖地区（今属尼泊尔，位于恒河北边的山谷），其父净饭王是释迦家族的显赫领袖。根据佛教经典的说法，乔达摩是由无数生命的灵魂转世轮回而生成的。这其中包括动物、神祇和来自不同阶层和种姓的前人的灵魂。

乔达摩年轻时过着应有尽有的奢华生活，在 30 岁时，曾在远游途中接连看到一个老人，一个病人，一个待火化的死者，一个修行者。自此，他开始重新思考生命价值：遇到的前三个人使其意识到痛苦的根源为生老病死，而第四个人又使其灵光乍现，意识到不必执着世上的事。

从此，他毅然离开家庭，开始远行求索解脱痛苦之道，以普渡众生。乔达摩流浪 6 年，衣衫褴褛地来到菩提伽耶，并在一棵菩提树下自行悟道成佛。

但修成正果的乔达摩并未立刻进入极乐世界，而是留在凡世教授弟子，以助他人寻求正道。他步行来到瓦腊纳西外面的鹿野苑，在此收纳 5 位老友成为第一批门徒。后来的 45 年，乔达摩穿越多国，游走布道。到达摩揭陀国都王舍城时，国王阿阇世看出他气度不凡，便赐予他土地，并为其建竹林精舍。此后，乔达摩每年回到此地，与向佛之人相聚。那时他已有门徒约 1250 人。

释迦牟尼圆寂的年份仍不确定，传统说法是在公元前 486 年。当他在一个杂乱的小镇拘尸那迦附近得到施舍的食物后不久，他病倒了。一名弟子不忍他离世，恳求他坚持一下，不要在这个"糟糕"的地方圆寂，而应找个有名的地方，这样人们可以给他举行盛大葬礼。而释迦牟尼认为

大　事	国别	地域	公元前 单位：年
结束。罗马共和国建立。			
《关于申诉的瓦勒里法》公布。罗马共和国公民可因行政长官滥用职权"向民众申诉"。	罗马共和国	南欧	509
鲁国大司寇孔子隳三都。毁叔孙氏的郈，毁季孙氏费城，孟孙氏的郕被围，未攻克。	中国	东亚	498
小亚细亚的希腊人起义，一度攻占波斯的行省首府萨迪斯。波斯占领米利都，实行残酷镇压，起义失败。	古希腊、波斯帝国	小亚细亚、东南欧	
爱奥尼亚起义者占领并焚毁了波斯的地方首府萨第斯。		小亚细亚	
阿里西亚战役，奥隆奇人被罗马人击败。	罗马共和国	南欧	495
雅典黄金时期的重要领导人伯里克利出生。	古希腊	东南欧	
第一次平民撤离运动，设立了 5 位保民官的制度，建立拥有立法权的平民大会。平民营造官制度设立。	罗马共和国	南欧	494
摩揭陀国王频毗娑罗被发动兵变的儿子阿阇世囚禁，死于狱	古印度	南亚	493/491

公元前 单位：年	地域	国别	大　事
			中。阿阇世登位。由于频毗娑罗王生前信奉佛教，而阿阇世也因父亲之死，深为忏悔，向释迦牟尼皈依，摩揭陀首都王舍城成为保护和传播佛教中心。
492	东南欧	古希腊、波斯帝国	大流士一世派将军马铎尼斯出征希腊本土，为后来的第一次希波战争埋下伏笔。
490			第一次希波战争爆发。波斯王大流士一世出动陆海军共 2.5 万人。希腊人在马拉松战役中获胜。
489		古希腊	马拉松战役的英雄米太亚德远征帕罗斯岛，随后因伤势死于狱中。
486	中亚、北非	波斯帝国、古埃及	波斯占领的埃及爆发起义，被大流士一世平定。在准备第三次远征雅典时，大流士一世去世。其子薛西斯一世即位。
486?	南亚	古印度	释迦牟尼圆寂。

小地方正"合适"。传说他在生命最后时刻，裸露上身，展现年岁和疾病对他的摧残，以此提醒他的追随者：人生的真谛就是苦难和死亡。

我们熟悉的历史往往是征服者的故事，如亚历山大、拿破仑。但释迦牟尼却通过坐在树下思考人生而改变世界。他创立的佛教是基于纯道德的体系，其思想核心是"八正道"，包含尊重生灵、进修真理、非暴力等。

此后，佛教的教义通过丝绸之路等途径传播到半个世界，今天约 4 亿人信仰佛教。但在中世纪，佛教却在其故乡——印度中心区域消亡了，不过印度从未遗忘过佛的伦理思想，这些思想以别的方式被承继和信奉着。

阅读二　地中海文明的兴起

古希腊是地中海文明的杰出代表，从公元前8世纪开始，希腊的民主制经历了几个世纪的完善，臻于成熟。民主制度为希腊的哲学和艺术的繁荣发展创造了空间，出现了众多划时代的思想家、文学家和艺术家。

罗马本是意大利半岛上的一个小邦。它通过自己的方式经历了平民与贵族的斗争，最终使共和政体达到强盛，并在军事扩张上取得骄人的战绩，为向帝国的跃进奠定基础。罗马虽在文化、政治等诸多方面以希腊为师，但它的法律却流芳百世，成为后世多国法律的基础。

以希腊和罗马为代表的地中海文明是人类文明历史中光辉灿烂的一页，也是西方文明重要的源头之一。

单位：公元前 年

地域	国别	大　事
483/477 南欧	罗马共和国	罗马人与埃特鲁里亚人的"第一次威伊战争"开始。威伊为埃特鲁里亚人的重镇，威伊人还常以费丹那城为据点骚扰罗马城郊。这次战争，罗马人损失惨重。
482		安提乌姆战役。伏耳西人击败罗马；两天后，罗马反击，战胜了伏耳西人。
480 东南欧	古希腊、波斯帝国	第二次希波战争。波斯王薛西斯一世率军再度进兵希腊。8月，温泉关战役，斯巴达国王莱昂尼达斯一世阵亡。9月，萨拉米斯战役，地米斯托克利指挥希腊海军，歼灭大约600艘波斯军舰。

希波战争：古代东西方文明的一次大冲突

公元前 5 世纪初期，波斯已征服埃及、美索不达米亚等地，成为第一个地跨欧亚非的帝国。波斯国王大流士的下一个目标就是希腊本土。

战前，他派使者往希腊诱降，索要土和水（象征领土），但使者在雅典和斯巴达遭处决。斯巴达将使者扔到井里，意让波斯"自取井中水土"。

公元前 490 年，大流士发动第一次希波战争。他一路进军神速。很快，2 万波斯军队便挤满了雅典地区北部的马拉松海岸。

雅典信使菲迪皮德斯跑到斯巴达求援。但斯巴达因宗教原因，要等"月圆之日"方能出兵。

是时，雅典军队由 10 个部落将军每天轮流指挥。马拉松战役在其中一位主攻的将领米太亚德掌兵之日打响，他制定了独特的战术。雅典实力雄厚的两翼重装步兵迎击波斯军两翼，雅典中军被削弱，并要长时间牵制波斯中部，以待机动的雅典侧翼回头合围敌人。最后，雅典以阵亡192 人的代价，击毙波斯军队 6400 人。

获胜后，菲迪皮德斯立即奔回雅典报喜。他跑了 42.195 公里，到达时，喊了声"胜利了！"就倒地而死。后世为纪念菲迪皮德斯，举行了同样距离的长跑竞赛，定名为马拉松长跑。

公元前 480 年，不甘心失败的波斯发起第二次希波战争。波斯新王薛西斯携 17

万大军而来。

希腊北部很快沦丧于波斯之手。他们需保卫一个阻止波斯南下的山口——温泉关。希腊联盟决定派小股先锋队拖住波斯，以待集结大军。

薛西斯大军抵达温泉关，发现只有斯巴达王莱昂尼达斯率领的 300 名斯巴达重装步兵和其他城邦的若干特遣队迎敌，便颇为轻敌。但希腊人英勇地战至第三日，让波斯大军死伤惨重，寸步难进。后来，一位卖国求荣的向导却带波斯人直通温泉关背后，使希腊人两面受敌。次日，斯巴达三百勇士同一部分特遣队，留守并集体阵亡，写就了希波战争中最可歌可泣的一页。

此后，雅典领袖地米斯托克利疏散了雅典城，带领 400 艘雅典和其他城邦的联合舰队，在萨拉米斯海峡迎战拥有 600 艘战舰的波斯海军。希腊人很快意识到有被围之险，便大胆抢攻海峡南入口的波斯舰队，轻快的希腊舰队使波斯舰队的笨重战舰阵脚大乱，最终希腊取得胜利，阻止了薛西斯继续南进。萨拉米斯海战和马拉松战役一样，成为以少胜多的经典战例。

此后，希腊人连战连捷，把在希腊本土的波斯军队消灭殆尽，并进一步解放了爱琴海岛屿和小亚细亚的希腊城邦。

希波战争是东西两大政体的一次大碰撞，其胜负在相当程度上改变了世界史走向。

雅典的民主政治：从梭伦到伯里克利

古希腊政治以民主著称，且成为西方

大　事	国别	地域	公元前 单位：年
儒家学派的创始人孔子逝世。	中国	东亚	479
希腊联军与波斯陆军于普拉提亚进行决战，击毙波斯大将马铎尼斯。波斯军大败，只得撤回东方。	古希腊	东南欧	
希腊联军击溃屯于拜占廷的波斯守军。	古希腊、波斯帝国	东南欧	478
雅典组织中希腊、爱琴海诸岛和小亚细亚一些城邦形成"提洛同盟"，同盟金库在提洛岛。	古希腊		
克雷梅拉战役，与威伊人交战，除了塞多留·法比乌斯逃生外，罗马全军覆没。	罗马共和国	南欧	
春秋时代结束，战国时代开始。	中国	东亚	476

公元前 单位：年	地域	国别	大　事
477	南欧	罗马共和国	威伊人向罗马求和，允诺向罗马进贡谷物和在作战时提供士兵，罗马与他们签订了为期40年的停战协定。
471			罗马平民大会获特里布斯会议称号，但其决议仅对平民有效。
约468	东亚	中国	战国时期哲学家、政治家，墨家的创始人墨子出生。
466	小亚细亚	古希腊、波斯帝国	欧里梅敦战役。客蒙指挥的希腊联军从波斯手中解放了爱奥尼亚全境。
465	中亚	波斯帝国	薛西斯一世死于宫廷政变。他的宰相阿尔达班谋杀了他，并拥立阿尔塔薛西斯一世为国王。
462 或 461	南亚	古印度	摩揭陀国王阿阇世去世。他生前积极扩展疆域，向拘萨罗、跋耆发动了旷日持久的战争，使摩揭陀成为恒河流域一个强国。
462	东亚	中国	"卧薪尝胆"的勾践终于灭吴。
	东南欧	古希腊	伯里克利与厄菲阿尔特实行政治改革。
460	北非		埃及发生反波斯统治的起义，伯里克利应求，从以雅典为首

民主政治的源头。其中，雅典式民主被视为希腊民主的典范。

到了约公元前750年，希腊各国纷纷废除王制，进入城邦时代，实行贵族寡头政治。从此，平民贵族间的矛盾成了希腊社会政治的主要矛盾，位高权重的贵族成为实现民主的绊脚石。公元前6世纪初，傲慢和贪婪之风影响雅典上流社会，贵族盘剥百姓，许多穷人被迫借债而成为债务奴。公元前594年梭伦出任执政官，颁布"解负令"，禁止在借贷中用人身作为担保，以保全雅典公民的基本人权。为限制贵族权力，梭伦创建了"四百人议事会"，以监督国家事务，并制衡代表贵族利益的"战神山会议"，提高了公民大会权力。他的另一项创举是按财富把雅典公民分为4个阶层，并按阶层授予官职，冲击了世袭贵族对国家要职的垄断。在雅典，参政的资格第一次不取决于出身。

公元前508—前507年进行的克里斯提尼改革，进一步改编了以氏族关系为基础的四部落制，把雅典地区新划分为三个地区——"城市""内陆"和"滨海"，每个地区又被细分为10个部分，再用抽签方法进行重新组合，形成10个地域部落。此举打乱了传统氏族势力在某地根深蒂固的格局，实现了各区的政治平等。每年，从各部落又会任命50位代表，以形成"五百人议事会"，取代梭伦的"四百人议事会"。据说，克里斯提尼还创建了"陶片放逐法"，反对怀有专政企图的贵族。这是一项全民公决，由他们在陶片上书写损害公民利益的人名，得票最高者将放逐

10 年。

公元前 444 年，伯里克利上台，开始了更大刀阔斧的改革：所有男性公民享有担任几乎所有官职的资格，并剥夺了战神山会议的几乎所有实权。

历届执政者也重视培养公民参政意识。梭伦创立了公民皆可参与的"陪审法庭"，把司法责任赋予每个雅典人。庇西特拉图担任雅典僭主时，兴建了公共广场，更好地营造了城邦公共生活和政治生活的空间；他还组织节日庆典等公共活动，以增进城邦公民的凝聚力。伯里克利则向公民发放观剧津贴，因为古希腊戏剧多有道德教化和反映时弊的功能，提倡观赏戏剧也有鼓励公民关心政治的目的。

雅典民主改革历时一个多世纪，到伯里克利时代基本结束。伯里克利在一次演讲中自豪地宣称：我们的国体之所以被称作民主，是因为权力不是被少数人而是被所有人民所掌握。

雄伟的帕特农神庙

帕特农神庙，古雅典奉祀守护神雅典娜·帕特农（"帕特农"意为"处女"）的神庙。建于公元前 447—前 432／前 431 年。

雅典人曾在卫城上建起古风风格的第一批神庙，包括帕特农的前身，未完工的"老帕特农神庙"。希波战争时，这些建筑被波斯夷为平地。战后，雅典以希腊保护者自居，逼迫很多城邦加入同盟，缴纳贡赋，资金的一部分便用于修建新帕特农神庙。

神庙全体构造雄伟壮丽，但其更为

大　事	国别	地域	公元前 单位：年
的提洛同盟中抽调战舰 200 艘赴援。			
蒙斯阿而基多斯战役，辛辛那图斯击败了埃魁人。	罗马共和国	南欧	458
平民大会颁布《伊其立法》，将罗马阿芬丁山地区土地分给平民，供他们建住所。			456
波斯派出大军入埃及进行反扑，提洛同盟军队连吃败仗。	古希腊、波斯帝国、古埃及	北非	
驰援埃及的提洛同盟军队被尽数消灭。提洛同盟金库从提洛岛迁到雅典。		北非、东南欧	454
客蒙结束放逐，回到雅典。他促成了雅典和斯巴达的 5 年休战。他还建议提洛同盟派出一支海军到塞浦路斯，支援当地反对波斯的起义，却无功而返。	古希腊、波斯帝国	东南欧	451
罗马编撰出第一份成文法典——《十二铜表法》。	罗马共和国	南欧	450
雅典海军在塞浦路斯的萨拉米斯城附近大败波斯军。提洛同盟军队和波斯的战事至此告终。	古希腊、波斯帝国	东南欧	449

公元前 单位：年	地域	国别	大事
449	东南欧、 小亚细亚	古希腊、 波斯帝国	希波战争以双方签订《卡里阿斯和约》而告结束。
	南欧	罗马共 和国	罗马在雷杰路斯湖击败拉丁人，与拉丁人缔结同盟条约。
445			《卡努勒亚法》允许平民与贵族通婚，废《十二铜表法》中禁止此类婚姻的规定；设有等同执政官权力的"军政官"制，平民可担任此官职，但还不能担任执政官。
443			监察官制度建立。
439			梅里乌斯向平民分发谷物的举动引发独裁官的任命，独裁官指控梅试图建独裁统治；梅被处死。
433	东南欧	古希腊	雅典介入科林斯与科基拉因争夺共同殖民地伊庇丹努发生的战争，公然给予后者以防守同盟和舰队支援，导致科林斯军队失败。这成为伯罗奔尼撒战争导火索。

人称道的是设计内敛，细致匀称。它被认为是建筑中"完美与和谐的典范"，体现了"人性化的尺度"。

神庙设计包含许多非常之处：

1. 有人说整个帕特农"无一直线"。设计师计算了人的视觉在阳光下的误差，对每根柱子线条做了微调，使其实为弧线，却看似直线，避免了僵直感。越向两边伸展，柱、墙越向内倾斜。有人估算，若帕特农所有柱子向上无限延伸，会在约5000米高度汇合于一点，呈"金字塔"状。

2. 许多精巧比例，甚至雕塑人体所用的比例被用于神庙。比如，4:9，这一当时希腊人尊崇的黄金比例，浸透于神庙众多细节：神庙正立面高度与宽度之比是4:9；柱间距和柱高之比亦为4:9；而神庙正面柱数和侧面柱数之比为8:17，这也是4:9的体现（9=4×2+1，而17=8×2+1）。

3. 除基座的石灰石，神庙全部用优质白色大理石建造。

除了外部建筑结构，神庙内部结构也很复杂，浮雕众多。山墙上有众神场景，槽间饰雕有远古英雄传说，内部中楣雕带刻着泛雅典娜大节游行，均极精美。

帕特农被誉为古希腊全盛时期建筑、雕刻的代表。它外部震撼，内部和谐。神庙矗立于156米高的山岗上，俯瞰着全城和萨洛尼克湾，与自然完美结合。英国作家伍尔夫形容神庙"像一艘船，那么富有活力"。能用坚硬厚重的大理石表现出如此的张力、空间感，可见古代雅典工匠超人的智慧和技艺。

如今的帕特农虽已残破，但是它的古

典建筑精神却在各地延伸开来。19世纪新古典风格兴起以后，帕特农成为被效仿的典范。纽约海关大厦外形便是仿其形制，在纳什维尔甚至有一座复制的帕特农神庙。

伯罗奔尼撒战争：希腊的"世界大战"

伯罗奔尼撒战争发生于雅典的联盟和斯巴达领导的伯罗奔尼撒联盟之间，从公元前431年持续到公元前405年。

战争的导火索是科基拉与雅典结盟，引起科基拉竞争对手、斯巴达盟友科林斯的不满。但根本原因是，希波战争后雅典人借提洛同盟建起的霸权，对老牌大国斯巴达及其伯罗奔尼撒同盟构成威胁。

由于雅典的军事力量主要是海军，斯巴达军事的强项则是陆军。故开战初期，伯里克利尽量避免陆军交锋，希波战争后从雅典到港口彼雷埃夫斯，就修起了"长墙"，可见雅典在陆上处于守势。斯巴达则定期袭扰雅典郊区农田。

公元前430年雅典爆发瘟疫，伯里克利本人也死于这场灾祸。

此后几年交战双方处于对峙胶着状态，战事未有明显进展。前425年，雅典在斯发克特里亚战役中侥幸获胜，擒获120名斯巴达人。这次战役给希腊人造成了很大震动，一般人的印象认为斯巴达人是难以战胜的，而即使战败也宁死不会缴械投降。一次，一个雅典同盟者侮辱一个俘虏，问他是不是只有死在战场上的才是勇敢的斯巴达人。俘虏回答说："箭头如果能够辨别勇敢的人和胆怯的人的话，那么，

大　事	国别	地域	公元前 单位：年
帕特农神庙完工。	古希腊	东南欧	432 或 431
伯罗奔尼撒战争开始。			431
三分之一的雅典人被瘟疫夺去生命，包括雅典杰出的政治家伯里克利。			429
财务官官职向平民开放。	罗马共和国	南欧	421
羊河战役，雅典完败，伯罗奔尼撒战争结束。	古希腊	东南欧	405
阿米尔塔尼乌斯领导了反对波斯阿契美尼德王朝占领埃及的起义。此后成为古埃及第二十八王朝法老。	波斯帝国、古埃及	北非	404
平民出身者开始占选出的6位军政官中的4位（有等同执政官权力），以前的2次选举（公元前444、前442年）都只有1位。	罗马共和国	南欧	400
苏格拉底（生于公元前469年）被雅典民主派以"败坏青年罪"处以死刑。	古希腊	东南欧	399

单位：年 公元前	地域	国别	大　事
399	北非	古埃及	阿米尔塔尼乌斯被尼菲利提斯一世击败，并被处以极刑。尼菲利提斯一世建立古埃及第二十九王朝。
396	南欧	罗马共和国	罗马人征服伊达拉里亚（埃特鲁里亚）。
393	北非	古埃及	古埃及第二十九王朝法老尼菲利提斯一世去世。
390	南欧	罗马共和国	高卢人攻破和劫掠罗马。
386	东南欧	古希腊	缔结《安塔尔基德和约》，科林斯战争结束。
387	东亚	中国	吴起奔楚，楚悼王以为令尹进行变法。
	东南欧	古希腊	柏拉图在雅典创办阿卡德米学园，并在此讲学达40多年。
378	南欧	罗马共和国	罗马建造城墙。
377	东南欧	古希腊	雅典组织起第二次提洛同盟，罗德加入。
			古希腊名医希波克拉底去世。
367	南欧	罗马共和国	《李锡尼—绥克斯法》限制高利贷活动，占有公有地的最高

箭头的价值就大了。"这个答复告诉人们，阵亡的只是石头和箭头偶然击中的罢了。

公元前424年斯巴达开始改变策略，进攻雅典在希腊北部的盟国。前422年斯巴达占领雅典在色雷斯的殖民地安菲波利斯，但斯巴达杰出将领伯拉西达和雅典的克莱翁双双阵亡。前421年双方坐回谈判桌，签订尼西阿斯和约。

公元前415年，主战的雅典政坛新贵亚西比德等人率一庞大舰队出征西西里。初时战事顺利，后来亚西比德因莫须有的渎神罪被传令回雅典，他以叛逃斯巴达表达抗议，最终远征失败。至此，雅典元气大伤，许多城邦退出提洛同盟。后来，亚西比德在斯巴达失宠后重回雅典，许多退盟城邦重新加入提洛同盟。前407年，斯巴达将军来山德在小亚细亚击败雅典军队，亚西比德再度失势。

公元前405年，来山德在羊河战役中击败雅典，雅典最终投降求和。战后彼雷埃夫斯长墙被拆，提洛同盟解散。此战结束了古希腊的"黄金时代"。

古代希腊是个地区概念，没有形成统一国家。古希腊世界是使用希腊语的数百个独立城邦的集合，而这场战争从希腊本土蔓延至小亚细亚和西西里的古希腊城邦，不折不扣是一场"古希腊世界的世界大战"。

亚历山大东征

伯罗奔尼撒战争后，希腊各邦元气大伤。公元前337年，马其顿国王腓力二世击败希腊各邦同盟，成为全希腊盟主。之后，他把矛头对准了希腊的老对手——波斯，然而他在准备东征时遇刺身亡，其 20 岁儿子亚历山大三世继位。

亚历山大 16 岁时便随父南征北讨。他远征波斯的口号是："把战争带给亚洲，把财富带回希腊。"

公元前 334 年，他宣称要"解放"被波斯统治的臣民，南下连克小亚细亚沿海各地。随后，进军内陆，在弗里吉亚，他遇到一个奇妙而复杂的绳结，因预言说打开此结者将为亚洲之王。他苦思冥想也未能解开，便突然拔剑将其斩断，反映了他处事的果断风格。

公元前 333 年，在伊苏斯战役中，他击败波斯王大流士三世，并俘获其家眷。被俘的波斯王太后欲出迎跪拜亚历山大，但把他身边的部将误作是他，引起众人讪笑，但亚历山大风趣地说："母后，他也是亚历山大。"这表明亚历山大不但对其以礼相待，也自视为大流士的继承者，视其家眷如亲人。可另一方面，他拒绝与波斯和解，挥军东下美索不达米亚。

公元前 331 年，希波间进行决战的高加米拉战役爆发。亚历山大采用与伊苏斯战役类似的战术，大流士败逃。一年后，大流士为臣属所杀。亚历山大把其遗体护送到波斯国都，以波斯传统安葬。

其后，亚历山大鼓励士兵继续东进，以寻找和征服传说中的印度。公元前 326 年，希腊人终于进入阿富汗，并很快发现广袤富庶的印度，于是南下印度平原。

公元前 326 年 9 月初，在征服印度数地之后，希腊军队进抵旁遮普地区。亚历

大　事	国别	地域	公元前 单位：年
限额为 500 犹格，规定两位执政官中有一位须是平民出身。裁判官制度和治安营造官制度建立。			
曼丁尼亚战役使底比斯丧失了统帅伊巴密浓达，霸业遂告终结。	古希腊	东南欧	362
马其顿王国腓力二世登基。			359
亚历山大帝国创立者亚历山大帝生于马其顿都城佩拉。			356
第一位平民独裁官卢鲁提斯当选。	罗马共和国	南欧	
第一位平民监察官卢鲁提斯就职。			351
罗马与迦太基人缔结第二次条约（第一次条约在公元前 508 年），后者承认罗马在拉丁姆地区的霸主地位。			348
哲学家柏拉图去世。	古希腊	东南欧	347
《普伯里列埃法》规定监察官之一须是平民，限制贵族对森都里亚大会立法的控制。	罗马共和国	南欧	339
喀罗尼亚战役，马其顿击败雅典和底比斯。	古希腊	东南欧	338

公元前 单位：年	地域	国别	大 事
338	南欧	罗马共和国	卡普亚获得半公民权。
337	东南欧	古希腊	腓力二世建立起由马其顿领衔的希腊同盟。
336			腓力二世在准备进军波斯的前夕死于刺杀。亚历山大即位。
	南欧	罗马共和国	第一位平民司法官产生。
334	东南欧、小亚细亚	古希腊、波斯	亚历山大率约 3.5 万人的大军越赫勒斯滂入小亚细亚，在格拉尼库河附近首败波斯军。
330	西亚、东南欧	古希腊	亚历山大大帝征服巴勒斯坦。
329	中亚	古希腊	粟特人斯皮泰门起义，使亚历山大大帝的军队在中亚滞留两年，镇压起义。
326	南欧	罗马共和国	《博埃得里亚法》废除债务奴隶制。
323	东南欧	古希腊	亚历山大大帝去世。
322			新希腊联盟反抗马其顿的拉米亚战争爆发。
			雅典政治家、演说家德摩斯梯尼组织反马其顿运动，失败后自杀。

山大下令继续向恒河推进，但厌战思归的士兵东征 8 年来第一次抵制了他的命令。当时，离家多年的希腊人穿着混合中亚和印度风格的服装，形容憔悴，早已无传统希腊军人之貌。此外，再加上气候不适和土著居民的抵抗，前 325 年，亚历山大兵分水陆撤回巴比伦，结束了东征。

尽管自觉壮志未酬，但 33 岁的亚历山大征服了已知世界的广袤地域，建起东起中亚，西至希腊的帝国，堪称前无古人的伟绩。

亚历山大东征尽管造成了严重的战争灾难，但也在客观上促进了希腊与东方的经济文化交流。由于他少时就学于贤哲亚里士多德，故他与导师一样为希腊的先进政体而自豪，觉得希腊人有"义务"治理外邦，促进了希腊文化的外传；而另一方面，他也尊重和吸收外邦文化。公元前 332 年，他进入埃及，自称"阿蒙之子"，以示对埃及宗教传统的包容；在中亚，他采用当地体制进行管理，并与当地女子通婚，鼓励将士效仿之。此外，他在埃及亲自设计亚历山大里亚城，还在各地兴建十几座同名城市。

公元前 323 年，亚历山大病逝，其继承者在帝国故地长期混战，产生了若干"希腊化"国家，"亚历山大帝国"未及巩固便迅即瓦解。这标志着希腊古典时期的终结和"希腊化时期"的开始。

三位伟大的哲学家：苏格拉底、柏拉图与亚里士多德

公元前 6 世纪的海上贸易使希腊城邦

变得富庶，而民主制的发展也给人们思考自然和人生提供了广阔空间。在小亚细亚爱奥尼亚地区涌现出大量的思想家，他们热衷于探索宇宙和人类自身的本质。

苏格拉底（前469—前399年）所处的年代，雅典黄金时代已告结束，古典精神趋于没落。所以他深刻反思人性和民主政治的弊端。他坚持"认识自己"是第一要务，启发人们自觉认识和改正自己的错误。他的思想赋予了哲学以思辨精神，成为"辩证法"一词的来源。他认为德性是知识，故主张有知识、德性的人治国。他以"精神助产士"自诩，自觉有义务警醒世人。他常在街头与人辩论正义、德性、真善美等问题；招弟子，但不收学费。他对激进民主派，不遗余力地攻击，最终遭控告，以不信官方宗教和败坏青年的罪名被处死。为此，他成为为真理而殉道的圣人。苏格拉底几乎影响了此后所有的西方哲学家，但他述而不作，其生平由门徒柏拉图等人记载。

柏拉图（前427—前347年）继续了前辈思想家对世界本原的思考，但他不是把世界本原归于物质，而是一种抽象原则。他提出"理念论"，认为有一个永恒的理念共相独立于每个物质，物质是它的复制品。"灵魂"对理念的回忆，才是获得知识的途径。在政治领域，他主张的"理想国"应由三部分人组成：少数哲学家进行统治，武士保卫国家，农工供养前两种人。三者各安其位，是为"正义国家"。

但柏拉图的"理念论"遭到一位弟子的批评。有人指责此人背叛老师，这个弟

大　事	国别	地域	公元前
托勒密杀死亚历山大在世时的埃及省长克里昂米尼，成为埃及总督。	古埃及	北非	322
旃陀罗笈多（月护王）赶走马其顿军后，推翻难陀王，建起摩揭陀国的"孔雀王朝"。	古印度	南亚	
哲学家亚里士多德（生于公元前384年）去世。	古希腊	东南欧	

单位：年

公元前 单位：年	地域	国别	大　事
321	南欧	罗马共和国	罗马在考地乌姆峡谷被萨莫奈人打败。
310			瓦狄孟战役，罗马人战胜伊达拉里亚（埃特鲁里亚）人。
304	南亚	古印度	孔雀王朝的第三代君主阿育王诞生。
300	南欧	罗马共和国	《奥古尔尼法》将祭司和占卜官的职位向平民开放。
312			克劳狄担任监察官，罗马人修建通往坎帕尼亚的阿皮亚大道。
305			博维阿纳姆战役，罗马人战胜

子对此回应道："真理高于师！"此人就是亚里士多德。

亚里士多德（前384—前322年）基于对"理念论"的反对，他主张共相存在于个别之中，知识只能通过接触个别事物获得。为此，他把客观世界加以"分类"，创立了逻辑学、生物学以及心理学等学科。这也使他成为一位知识广博，百科全书式的学者。其学说超出哲学范畴，对科学发展亦产生巨大影响。公元前342年亚里士多德应邀任亚历山大教师。亚历山大东征中曾予资助，为之提供资料、经费，建实验机构。

亚里士多德的政治观从"中庸"出发，否定政体的极端倾向，主张"人天生是政治动物"。

海洋文明赋予了希腊哲学家兼收并蓄、自由奔放的气度。他们解放思想，进行真实而纯粹的思考，不为任何宗教和政治权威服务。这也使古希腊哲学迥异于东方文明的思想，另辟蹊径，实现思想史的重大突破，并成为西方哲学史的源头。

罗马共和国平民与贵族的斗争

平民撤离运动，是罗马民众在公元前5世纪和公元前3世纪间采取的政治斗争形式，借此达到与贵族权力上的均势。撤离运动中，民众集体离弃城市，使商店、手工作坊长期关闭。贵族也不能借兵力镇压，因兵源多来自平民。

目前学界对撤离运动发生的确切次数尚有争议。公元前494年的撤离运动可视为其开端。

尽管罗马末代国王是被平民赶下台的，但早期共和国并未代表平民利益，公职都在贵族手中。此外，贵族还利用债务让更多平民沦为债务奴。

罗马长期对意大利中部进行军事征服，在农民和手工业者中不断招募士兵，导致平民荒废生产活动，更无法盈利还债，使得作为债权人的贵族、元老，和作为债务人的平民之间关系日益紧张。

后来，伏耳西人军队向罗马城挺进，平民回绝了元老组建军队的号召。元老不得不做出有利于债务人的承诺，但打败伏耳西军队后，贵族却不履行先前的承诺。公元前494年，平民第一次撤离罗马。平民组成的军队，退到罗马3公里外阿涅内河边的圣山。

贵族深感恐惧，便派遣一位能言善辩且受民众欢迎的人物，梅尼乌斯·阿格里帕前去说服民众回城。阿格里帕来到哗变的平民之中，给他们讲了一个故事："人身体的每个部分都有各自的用途，以使身体更好地运作。但身体的其他部分对肚子很不满，因为它们要不辞辛劳地为肚子提供食物，而肚子成天闲得发慌，所以它们决定停止向肚子提供食物。不久，身体的其他部分也变得委顿，无法发挥功用，这使它们意识到肚子并不是无所事事，它接收了食物，但反过来又为身体的其他部分提供了营养。而离开肚子它们也将一无是处。"在故事中，肚子代表贵族阶层，而身体其他部位代表平民。最终，平民同意和解，并回到了城市，贵族也作出妥协，同意平民选出两名保民官以维护平民利益。

大　事	国别	地域	公元前 单位：年
了萨莫奈人，第二次萨莫奈战争结束。			
卡梅里努姆战役，第三次萨莫奈战争首役，罗马人被击败。	罗马共和国	南欧	298
印度孔雀王朝开国君主旃陀罗笈多退位，皈依耆那教。	古印度	南亚	
塞恩蒂姆战役，罗马人战胜萨莫奈人和他们的伊达拉里亚（埃特鲁里亚）—高卢盟军，迫使后者议和退出。	罗马共和国	南欧	295
阿奎洛尼亚战役，罗马人对萨莫奈人取得了决定性胜利，称霸中意大利。			293

公元前	地域	国别	大　事
287	南欧	罗马共和国	第三次平民撤离运动。《霍滕西阿法》规定平民和贵族人权平等。
285			瓦狄孟湖战役，罗马人战胜了伊达拉里亚（埃特鲁里亚）人和高卢人。
280			赫拉克利亚战役，希腊伊庇鲁斯国王皮洛士率军登陆意大利，以较惨重的损失击败罗马人。
279			阿斯库路姆战役，皮洛士同样以惨重代价挫败罗马人。
275			贝内文托战役，皮洛士军队与罗马战平，但因损失过大退回希腊。

公元前 449 年的平民撤离运动之导火索是十人委员会的违法乱纪事件。最后双方和解，达成协议：恢复保民官之权和上诉权，暂停选举十人委员会。

公元前 287 年，又爆发了撤离运动。其原因可能是萨宾的土地分配问题，因为被征服的土地都留给了贵族。而刚从战争中返回的弱势群体，大多是平民，不但得不到寸土，反而要向贵族返还沉重债务。不满的平民撤退到阿芬丁。当时的独裁官霍滕西阿成功劝说众人停止撤离。不久，颁布《霍滕西阿法》，规定平民大会决议对全体罗马公民生效，贵族也不例外。

双面的阿育王

公元前 4 世纪，旃陀罗笈多把亚历山大的后继者赶出印度，以古国摩揭陀为中心建起印度历史上伟大的帝国——孔雀王朝。这个庞大的国家是今天印度的雏形。但据说在旃陀罗笈多执政晚期，印度遭饥荒肆虐，无助的国王便放弃王位，求助于耆那教，通过流浪野外和忏悔得到解脱，并最终绝食而死。

阿育王系旃陀罗笈多之孙。他统治时，孔雀帝国的版图空前庞大，囊括今印度中部和北部，还有阿富汗、巴基斯坦及孟加拉的领土。印度史诗《摩诃婆罗多》和《罗摩衍那》都对阿育王有记载。

阿育王的名字，在梵语中寓意幸福、无忧。但根据传说，早年的阿育王非常暴虐无情，并不像其名字含义所展现的那样使人安逸。公元前 273 年孔雀王朝第二代君主逝世后，阿育王与其兄争夺王位，取胜后把王族政敌全部杀死。后来，他在首都巴特利普特那（今巴特那）建造一座人间炼狱——一种有高墙的监狱，反抗他的人会在这里遭受酷刑。公元前261年，阿育王向东边的卡林加王国（今奥里萨邦）发动了残酷的侵略战争，致使15万人被俘，10万人战死。

攻陷卡林加后，国王却产生了巨大转变。他为征服战争而后悔，自觉良心备受煎熬。他意识到战争是人间悲剧，其脑海中骤然涌现放弃武力的念头，便开始求助佛教，并建佛塔以赎罪。

阿育王的皈依，正如他祖父一样突然。为此，他开始了横跨印度的朝圣之旅。他在今比哈尔邦地区接济贫弱，与当地民众探讨治国良方和高尚品行。后来阿育王在一位僧侣劝导下，效仿佛陀悟道之法，在菩提树下静坐。他决定用道德治国，而他把道德劝谕以诏书的形式，镌刻在遍及帝国各地的岩石和巨大石柱上。在诏书中，他说战争使人"受伤，死去或者与所爱的人分离"，因而倡导"不杀生"，并"尊重父母，对朋友、同伴慷慨"，以佛教的"正法"治国。

他的诏书还关心所有性灵的福利，包括动物。所以阿育王诏书也可说是世界上第一份动物保护法。这种生灵和谐相处的环境也使印度拥有世界上最古老的动物医院。

如今，已发现30处以上刻有阿育王诏书的石柱，而关于阿育王生平的史料也主要见于这些石柱上的铭文。其中最大的昭告石柱今天依然矗立。而另一根刻有诏

大　事	国别	地域	公元前 单位：年
孔雀王朝第二代君主频头娑罗逝世，阿育王与其兄苏深摩争夺王位并取胜。	古印度	南亚	273
阿格里根顿战役，罗马人击败迦太基人，并控制了西西里岛大部。	罗马共和国	南欧	261
米莱海战，罗马人夺取了西地中海的控制权。			260
《圣经》希腊文译本《七十子译本》在亚历山大里亚问世。	埃及托勒密王朝	北非	250
罗马干预和镇压埃特鲁里亚城市法莱里发生的叛乱。	罗马共和国	南欧	241
阿育王逝世。	印度	南亚	232

单位：年 公元前	地域	国别	大　事
221	东亚	中国	秦灭齐，统一中国。秦王嬴政自称皇帝，后世称秦始皇，开始了中国两千多年的君主专制。
212	南欧	罗马共和国	第二次布匿战争时期，罗马大军围攻叙拉古，希腊著名科学家阿基米德不幸死于罗马士兵之手。
207	东亚	中国	十月，秦王子婴投降刘邦。秦朝灭亡。
	南欧	罗马共和国	哈斯德鲁巴企图从伊比利亚驰援汉尼拔，但因在梅塔夫尔战役中被击溃而告失败。
202	东亚	中国	垓下之战，西楚霸王项羽战败自刎。汉灭楚统一天下，汉王刘邦即皇帝位。

书的石柱柱头上的狮子，已成为佛教和印度国家的象征之一。

如今，阿育王在印度人心中的地位，相当于希腊人心中的亚历山大大帝。在佛教史上，阿育王的重要性仅次于释迦牟尼。

等级森严的种姓制度

印度自古以来宗教众多，但印度教一直扮演主要角色，而种姓制度则是印度教这一体系的核心部分，同时也是古印度社会的基本制度。

在人类社会中，宗教是人们寻求超脱的一种途径。但它要在合适的时间和地点，靠举行恰当的仪式来实现。为保证正确履行仪式，宗教法则和秩序便显得颇为重要。因此，在宗教的实践过程中，繁文缛节就成为规范人们精神和肉体不可或缺的手段。种姓制度就是印度教为了把人们分为三六九等而发展出来的一套复杂的宗教实践方法，并将其渗透到人们的出生、婚姻和死亡之中，使人们生活中的一举一动都成为宗教仪式的一部分。

"种姓制度"源于葡萄牙语的"种族"一词（Caste）。15世纪葡萄牙人在印度建立贸易据点后，将此词用于该制度之上，并成为印度文献中"瓦尔纳"一词的同义语。"瓦尔纳"一词原意是"颜色"或"阶层"，并在种姓制度中引申为一种规划社会的完美方式。自古以来种姓被划为4种"瓦尔纳"：婆罗门、刹帝利、吠舍、首陀罗。根据《梨俱吠陀》的说法，各种姓皆出于远古神布路沙：婆罗门出自他的嘴，刹帝利出自他的胳膊，吠舍出自他的大腿，而首陀罗则出自脚。而《摩奴法典》则认为种姓皆出于梵天神。

"瓦尔纳"代表各阶级，也决定人们的工作。比如，最高层的婆罗门可担任祭司这样的要职，底层的印度贱民只能负责卫生清洁和处理死人。

而种姓制度在日常生活的实际应用中，则会使用另一种把人群划分得更复杂和细致的标准——"贾蒂"。"贾蒂"一词指划分人群的各社会团体，在这些团体的基础上，人与人之间才能进行交往。然而，无论按照哪种划分法，在这种等级森严的体制下，一人生于某一种姓，将终生无法摆脱这一地位，被迫操持与父辈一样的主业。如果某人不幸生为底层贱民，就将终生不能与更高阶层的人同行，而他也是那些人永远不愿接近，也不能触碰的。

这一等级森严的社会体系始于铁器时代，延续了数千年之久，其间它也面临过许多挑战。佛教、耆那教和锡克教是反抗种姓制度的主要力量。即使在印度教内部，也出过这一制度的反对派。但真正使种姓制度受到重大冲击的是现代民主观，因为它与西方自由、平等的主流价值观相悖。"种姓制度"甚至在西方肤色混杂的国度被用来指称种族划分下的社会歧视。

角斗士大起义：斯巴达克斯的故事

色雷斯人斯巴达克斯在作战中被罗马俘虏，后送入卡普亚角斗士训练所当角斗奴隶。公元前 73 年，他密谋起事以摆脱悲惨命运，消息泄露后，斯巴达克斯率 70

大　事	国别	地域	公元前 单位：年
大西庇阿于扎马战役击败汉尼拔。迦太基乞和。	罗马共和国	南欧	202
《摩奴法典》在此期间成书。此书最终确定了古印度种姓制度的规则。	印度	南亚	前200至公元200
罗马与埃托利亚同盟于库诺斯克法莱战役击败马其顿王腓力五世，结束第二次马其顿战争。	古希腊、罗马共和国	南欧、东南欧	197
亚美尼亚的阿尔塔什斯一世建立了阿尔塔什斯王朝。	亚美尼亚	西亚	190
玛喀比家族建立了哈希芒王朝。	塞琉古王国、以色列	西亚	164
安条克四世去世。	塞琉古王国	西亚	

公元前 单位：年	地域	国别	大事
146	北非	迦太基	罗马攻入迦太基城，城市夷为平地，25万迦太基人仅余5万为奴，第三次布匿战争结束。
101	南欧	罗马共和国	罗马战胜辛布里人（日耳曼人的一支）。
100			7月13日，罗马共和末期的重要人物凯撒降生。
95	西亚	亚美尼亚、安息帝国	亚美尼亚的提格兰一世去世。提格兰二世以亚美尼亚地区的"七个河谷"为交换，被安息国王米特里达梯二世扶上亚美尼亚王位。在他执政时期，古亚美尼亚王国达极盛，其疆域从今天的里海、地中海一带绵延到埃及，一度足以与罗马抗衡。
86	东南欧、南欧	古希腊、罗马共和国	罗马指挥官苏拉攻占雅典，破坏了尚未完成的建筑。
83	西亚	亚美尼亚、塞琉古王国	提格兰二世征服叙利亚与西里西亚，彻底终结塞琉古王朝。
76	西亚	罗马共和国、以色列	罗马强权引入巴勒斯坦。
71	南欧	罗马共和国	斯巴达克斯起义以失败告终。
70			庞培和克拉苏共任罗马执政官。

多人逃至附近的维苏威山。在那里，奴隶和贫农，甚至罗马自由民纷纷投奔斯巴达克斯，其队伍迅速扩大，斯巴达克斯遂成为领袖，克里克苏及恩诺麦成为他的助手。

公元前72年，罗马派两执政官进剿，被其打败。此时，更多的人加入了斯巴达克斯，起义军盛时据说达12万人。斯巴达克斯和他的军队屡战屡胜，并挥军南进，迫近罗马。罗马城中奴隶主准备物色新人挽回败局。史学家阿庇安记述了奴隶主极度惊恐的情状："所有人都害怕，没人敢提出自己为候选人。"

元老院任命大财阀克拉苏为司令，授以相当于独裁官的权力，可一并指挥两执政官的军队。克拉苏带着他新编的6个军团，欲倾全力前往镇压。但斯巴达克斯并未攻打罗马城，而是策划渡海去西西里，但答应提供船只的海盗背信弃义，使其渡海计划失败。起义军被迫在布鲁提翁和罗马军队进行了一场漫长而血腥的决战。罗马军团指挥官克拉苏恢复了古老的"十一抽杀律"，即从临阵脱逃的每十名军人中抽取一名处死。此法重新坚定了罗马士兵背死一战的决心。他还在起义军背后的陆地上挖了一道两端通海的大沟，企图切断起义军退路。斯巴达克斯率领的起义军虽然冲破了封锁，但劳师疲惫，终陷困境。公元前71年春在阿普里亚决战中，克拉苏在庞培增援下，最终击败起义军，斯巴达克斯牺牲，克拉苏为报复起义者，把6000名起义军俘虏钉在从卡普亚到罗马城沿路两边的十字架上。

斯巴达克斯起义削弱了罗马人的统治基础，斯巴达克斯的英雄形象，也成为后世文艺作品的重要题材，如拉·乔万尼奥的小说《斯巴达克斯》、美国导演库布里克的电影《斯巴达克斯》、苏联作曲家哈恰图良的芭蕾舞剧《斯巴达克斯》等，都是通过歌颂斯巴达克斯来赞扬人类反抗精神的经典作品。

"无冕之王"凯撒

在东部地中海，靠近西里西亚地区（今土耳其南部）的海域，曾是海盗猖獗的地方。公元前75年，一伙海盗绑架了一位25岁的古罗马贵族，但海盗们并不知道他们抓住的是一个多么危险的人物。年轻人衣着华丽，举止优雅，劝海盗索要双倍以上的赎金，以符合他的身价。在等待赎金的38天里，他还开玩笑地说将来会如何惩罚他们。赎金支付后，年轻人获释，他立刻组织一支舰队，把所有绑架他的海盗一网打尽，并把他们一个个钉死在十字架上。海盗们临死时认出了在他们面前发号施令的人，正是他们曾绑架的年轻人。而此人就是罗马著名的统帅和政治家凯撒（约公元前100—前44年）。

凯撒生于罗马城贵族家庭，受过贵族式教育，是一位著名的演说家。他早年接近平民，深受平民爱戴。公元前62年任大法官，次年任西班牙总督。公元前60年他与庞培、克拉苏结成前三头同盟。

凯撒与共和制晚期的一些将军一样，权势越来越大，并使元老院担心，庞培和元老院合谋解除凯撒兵权，凯撒却对元老

大　事	国别	地域	公元前 单位：年
提格兰二世在以他的名字命名的城市提格兰诺凯尔德被罗马将领卢库鲁斯击败。	亚美尼亚、罗马共和国	西亚、南欧	69
罗马出现粮荒，人们认为这是海盗活动所致，于是《追捕海盗法》被通过。根据该法令，庞培被委任为指挥官，肃清地中海的海盗。	罗马共和国	南欧	67
庞培最后摧毁亚美尼亚军队。提格兰二世承认自己为罗马同盟者，实际臣服于罗马。亚美尼亚领土缩回到提格兰二世即位时的疆域，即大亚美尼亚。	亚美尼亚、罗马共和国	西亚	66
庞培将叙利亚降为罗马行省。罗马人占据大马士革，将其并入德卡波利斯（意为十个城市）的其中一个。因罗马人认为大马士革是重要的希腊罗马文化中心。	罗马共和国	西亚、南欧	64

公元前 单位：年	地域	国别	大事
63	西亚、南欧	以色列、罗马共和国	庞培占领耶路撒冷。
59	南欧	罗马共和国	凯撒被森图利亚大会选举为罗马共和国的执政官。
57	东亚	朝鲜	朴赫居世居西干创建新罗国。
40	西亚、南欧	以色列、罗马共和国	罗马人任命希律为犹太国王。
44	南欧	罗马共和国	凯撒被政敌刺杀身亡。
43			罗马组成后三头同盟。

院心生蔑视，拒绝这一命令，导致了内战爆发。

公元前 49 年 1 月，他率军渡北意大利的卢比孔河（标志他管辖领土的南部边界），开进罗马城，夺取政权。庞培携大批元老议员逃亡希腊。公元前 48 年，凯撒在法萨罗战役得胜，追庞培入埃及，庞培遭欲投靠凯撒的埃及人所杀。

在埃及期间，凯撒与埃及艳后克里奥帕特拉七世堕入情网。他干涉埃及托勒密王朝内讧，拥立克里奥帕特拉为王。后来，他为帝国南征北战，东讨西伐。公元前 47 年，凯撒赴小亚细亚，镇压法纳西斯反抗，继而经北非、西班牙肃清庞培残部，凯旋罗马。公元前 45 年，凯撒被元老院宣布为终身独裁官，破例任 5 年执政官，亦为终身保民官，兼领大将军、大教长等荣衔，并享"祖国之父"的尊号，成为名副其实的军事独裁者。他有权选任元老院议员，将其增至 900 人，使公民大会形同虚设。为争取广泛支持，他在意大利及各行省给 8 万多退伍老兵分发份地；在山南高卢和西班牙若干城市，给上层分子授予罗马公民权。

文化方面，他下令筹建罗马大图书馆，修广场、神庙、剧院，聘请亚历山大里亚天文学家编制历法。公元前 46 年，凯撒确立了罗马第一部太阳历——儒略历，成为至今依然采用的基本历法。

然而，凯撒专政招致元老院一批贵族共和派人物反对。公元前 44 年 3 月 15 日，布鲁图、卡西乌斯等人将其刺杀。

凯撒是第一个生前就出现在钱币上的

罗马人。此外，甚至还有纪念凯撒被害而设计的钱币，上面标出了他被害的日期和凶器。

罗马城帝国广场最早的神庙是献给神化了的凯撒，由其支持者在公元前 42 年建造。

凯撒一生拒绝称帝，但是"凯撒"之名却成为后来罗马和西方帝王惯用的头衔。

耶稣的传说

犹太教是犹太民族内部的宗教，信仰的人不多，但却在宗教界有很大影响，它与伊斯兰教和基督教都有渊源。基督教在犹太教基础上衍生出来，其圣经包含犹太教经书《旧约圣经》，与圣经后半部分《新约圣经》相承。而基督教信奉的耶稣就是《旧约》中预言的基督（"救世主"）。《新约》中叙述了救世主耶稣的传说：

当人民苦难不断加深时，上帝将他的儿子耶稣送到人间。在一个犹太小村庄拿撒勒，少女玛丽亚受圣灵感召而怀孕。后来，她在马棚中生下耶稣。东方的三位圣贤夜观星象，知犹太新君将生，就赶往拜见。

犹太希律王忌惮这位刚诞生的"犹太新君"将威胁自己王位，便下令杀死所有犹太新生儿。天使为圣家带来了警报，因此玛丽亚和未婚夫、木匠约瑟带耶稣逃往埃及。危机过去后，夫妇二人带耶稣回拿撒勒居住，将其养大。

30 岁时，耶稣遇见在约旦河中为人施洗礼、劝人悔改的施洗者约翰。约翰曾预言上帝将派救世主降生。当他看到耶稣，

大　事	国别	地域	公元前 单位：年
西塞罗被杀害。	罗马共和国	南欧	43
高句丽发源于汉四郡之一的玄菟郡。	朝鲜	东亚	37
屋大维在亚克兴海战大败马克·安东尼与克里奥帕特拉七世的联军。	罗马共和国	南欧	31
马克·安东尼自杀。8 月 1 日，罗马共和国占领亚历山大，埃及成为罗马的行省。			30
罗马元老院授予屋大维"奥古斯都"的称号，古罗马进入罗马帝国时代。	罗马共和国/帝国	南欧	27
传说高句丽创始者朱蒙的第三个儿子温祚王在汉江南岸（今韩国河南市）创建百济。	朝鲜	东亚	18

公元前 单位：年	地域	国别	大　事
15	中欧	罗马帝国	在今天的瑞士东部及奥地利西部一带地区，爆发了雷蒂亚战役。罗马三列桨战船在康斯坦茨湖上摧毁梵地利西亚人的舰队。
14			罗马将伊比利重划为三省，分别为南部的巴埃提卡行省、西部的卢西塔尼亚行省与东部的塔拉哥那行省。
4	西亚	以色列	希律大帝去世。
1	南欧	罗马帝国	奥维德创作《爱的艺术》。

就认出了他，并用水为其施洗，将其救世主的身份显明给以色列人。

受洗后，耶稣前往旷野，他在那里进行沉思，40天不吃不喝，经受苦难。此外他还要单独面对魔鬼的诱惑。魔鬼企图用物质享受、世俗情欲、名利地位来引诱他离弃正途。但经过考验后，耶稣更坚定了自己的信仰，决心完成救世主的使命。

后来，耶稣主要在他成长的地区加利利传教。他的信徒越来越多，他拣选了12门徒，其中著名的有使徒彼得、保罗等。一天，他突然登山训话，劝人虚心和睦，不要仇恨，要爱仇敌。耶稣还通过神迹引人向善，如赠饼奇迹让5000人吃饱，治愈麻风病人、哑巴和先天盲人，并让一位死者从墓中复活。

耶稣后被耶路撒冷人迎进圣城。人们持棕榈枝，把衣服和树枝铺在地上，耶稣骑在驴上，披红斗篷，在欢呼声中走入耶路撒冷。然而贪婪残暴的统治者却决定除掉影响越来越大的耶稣，许多宗教观狭隘的犹太人对耶稣也非常憎恨。十二门徒中的犹大向欲害耶稣的祭司许诺帮助捉拿耶稣，并获赠30块银币。

耶稣预感受难日将至，与门徒共进最后的晚餐。第二天凌晨，耶稣带着门徒出去，在橄榄山祈祷，再次抵制了魔鬼诱惑。后犹大带人闯入，以亲吻耶稣为号出卖了他。彼得欲护耶稣，砍下一士兵之耳，耶稣制止说："凡动刀者，必死于刀下。"

耶稣被带到罗马主持者彼拉多那里。彼拉多本不想处死耶稣——他明知这会引起风波。他让希律王决断。但希律王把耶稣交还彼拉多。于是彼拉多把耶稣命运交到犹太人手上，让他们从耶稣和另一位凶恶的罪犯巴拉巴中，选择释放一位。犹太民众宁愿放过罪犯，也不容耶稣逃过刑罚。耶稣在此过程中遭受鞭刑的痛苦，和戴荆冠的羞辱。受尽苦难的耶稣背着十字架上骷髅山，与另两个囚犯一起被钉死。三天后耶稣复活，向门徒显现。

耶稣事迹主要见于《新约》中的四大"福音书"之中，但是否有耶稣其人，及其出生年代，目前仍有争议。尽管耶稣也是犹太人，但基督教和犹太教不同，它不限于单一民族，而是世界性宗教。所以，随着基督教成为世界三大宗教之一，耶稣许多重要事迹对应的日期也成为世界范围的节日。

罗马第一位元首：屋大维·奥古斯都

奥古斯都原名盖乌斯·屋大维乌斯·图里努斯，是尤利乌斯·凯撒的侄孙，罗马第一任皇帝（前31—14年在位）。

屋大维公元前64年生于罗马。从小熟读古希腊典籍，聪明睿智，被凯撒收为养子，并钦点为继承人。公元前44年，凯撒被刺杀后，引发了罗马十多年的内战。

凯撒被杀时，罗马的执政官是马克·安东尼，他曾以蔑视的态度对屋大维说："青年人，除了凯撒的名字，你还想要得到什么？钱，我已经没有了。难道你还要凯撒的政权吗？"见识过人的屋大维选择转身离开，他明白，有朝一日，他将和安东尼进行争权的斗争。

大　事	国别	地域	公元 单位：年
相传耶稣诞生于此年。公元纪年以耶稣诞生之年算起。	罗马帝国	西亚	元年
屋大维·奥古斯都指定提比略为继承人。			4
希腊奥林匹亚大火，宙斯神殿被焚毁。		东欧	5
罗马废犹太王国，建犹太省统治。		西亚	6

地域	国别	大事
东欧	罗马帝国	罗马镇压伊利里亚人起义，设达尔马提亚和潘诺尼亚行省进行统治。
西欧		日耳曼人在条顿森林之战中大败罗马军团，击毙其指挥官发鲁斯。
		罗马元首屋大维·奥古斯都去世。提比略继位。

单位：年
公元
9

14

屋大维在罗马广场拍卖自己的财产，用钱招募凯撒原来的部下，很快就有了一支装备精良的部队。公元前43年7月，当安东尼出兵在外，屋大维率兵进入罗马，逼元老任命他为执政官。元老也想用屋大维控制安东尼。这样屋大维就和安东尼势均力敌了。当时雷必达是凯撒的骑兵长官，罗马西部各省很多拥护凯撒的人都归依了他。屋大维、安东尼、雷必达都有实力，但谁也不能建立自己的独裁政权，为互相利用，并给凯撒报仇，三人于公元前43年结成了"后三头"联盟，共同执政。当时的屋大维年仅19岁。后来他们击败了杀害凯撒的凶手布鲁图和卡修斯。

后三头掌权后，协议罗马本土由三人共同统治，意大利、高卢、西班牙归屋大维势力范围，安东尼统治东方行省，非洲归雷必达统辖。但是这一脆弱的联盟关系很快遭到破坏，于是重新爆发内战。最后只剩下安东尼和屋大维夺权。安东尼向埃及求援，且私自将利比亚、叙利亚赠与埃及女王克里奥帕特拉七世（后世熟知的埃及艳后）。他希冀可以利用埃及的财富资助他同屋大维的战争。然而，屋大维利用坐镇罗马和亲民的优势，使政敌声名狼藉。公元前31年亚克兴角大海战中，屋大维打败了马克·安东尼。次年，屋大维攻入埃及，安东尼自杀。

内战结束之后，屋大维得到整个帝国的统治权，成为罗马唯一统治者。公元前27年，屋大维被冠以"奥古斯都"这一荣誉称号，意为"神圣至尊"。

奥古斯都为显示对元老的尊重，恢复

了元老院荣誉，认可其首要地位。他保留了共和政体，也精心保持了共和制思想的活力，他宣称自己仅是"第一公民"，是人民的一员，但他通过一次次改革让共和制名存实亡，成为实际上的第一位皇帝。

奥古斯都治下为罗马带来了将近44年的和平时期，为国家建立了良好秩序。

罗马建筑的永恒经典：斗兽场与万神殿

结构基本属于梁柱体系的古希腊建筑曾取得辉煌成就，开创了欧洲建筑的先河，但在古希腊很少能见到拱和穹这种建筑形式。然而，以希腊文化为师的古罗马却在建筑上青出于蓝而胜于蓝，出现许多壮观的拱穹建筑，斗兽场和万神殿是其典型代表。

公元69年7月，韦斯帕芗结束帝国内战，建立了弗拉维王朝，他成为新元首后便下令建造大斗兽场（全称弗拉维斗兽场），使其成为罗马最为宏伟壮观的竞技场。

这个竞技场呈椭圆形，周长为524米，高度达48米，可容纳4.5—5万名观众。斗兽场的建造使用了凝灰岩、灰华石、大理石等建筑材料，并运用了混凝土技术。斗兽场的主体结构由许多拱顶支撑。多层拱形结构支撑一排排座席，这些座席围绕中央圆形竞技场地。斗兽场外部共分上下4层，其底下3层为拱廊，底层共有80个拱券，供人们持票入场。这种多门设计使斗兽场在15分钟内便可入场完毕，而全部疏散也只需3—5分钟。上两

大　事	国别	地域	公元 单位：年
罗马历史学家李维去世，生前著有巨著《自罗马建城以来史》。	罗马帝国	南欧	17
罗马诗人奥维德去世，公元7年完成的《变形记》为其代表作。			18
刘秀建立东汉，定都洛阳。	中国	东亚	25
相传耶稣被罗马总督彼拉多钉死在十字架上。	罗马帝国	西亚	33或30
卡里古拉继承提比略帝位。		南欧	37
卡里古拉皇帝在叛乱中被杀，禁卫军拥立克劳狄为帝。			41
尼禄继承克劳狄帝位。			54
日本遣使来中国朝贡，汉光武	日本	东亚	57

公元年（单位：年）	地域	国别	大事
41			帝授予"委奴国王"印。
64	南欧	罗马帝国	罗马城大火，暴君尼禄趁机迫害基督徒。
66	西亚		犹太地区爆发反罗马大起义。
68	南欧		暴君尼禄被杀。其后韦斯帕芗成为罗马皇帝。
70	西亚		提图斯率罗马军队镇压66年爆发的犹太起义，攻占耶路撒冷。
72	南欧		韦斯帕芗下令修建罗马大斗兽场，80年（一说82年）竣工。
78	南亚	印度	相传迦腻色伽一世开始对贵霜帝国的统治。

层拱廊的拱门空间立有大理石雕像，第四层则是40扇窗户。

斗兽场内部仿希腊剧场，隔段距离便设环状横向通道和放射竖向通道。观众需要顺着回廊走上台阶，对号入座。座席坡度陡峭，使观众从哪个角度都可捕捉赛事瞬间。斗兽场里，5万座位中的60%留给富有公民，只有后排20%座位留给城市贫民、非公民和奴隶。最上面为木质座位。其余在层层座位顶端的空间，是分配给妇女的隐蔽座位，从地面入口上来要爬220级台阶。竞技场地板下有一个由通道、地下室和机械组成的特殊机关，野兽被圈在这里的笼子中。它是一个有三面护栏的升降梯，斗兽时就用绞车把笼子吊起，直到与竞技场地面通道持平，然后打开笼子，让野兽通过活板门，进入竞技场。

此后，罗马人又创造了穹顶建筑。这是罗马建筑的一大发明和特色，希腊人从未用过。罗马城中的万神殿便是古罗马穹顶建筑的佼佼者。万神殿初为奥古斯都统治时期的阿格里帕所建。因为殿内供奉罗马神祇，而且据说罗马每征服一国，就把那国的神请到罗马，故此殿有"万神"之称。后遭雷电袭击，部分毁坏。哈德良在位时，于公元120—124年间重修。

建筑的平面呈圆形，直径约43.5米；顶上覆盖半球形穹窿，高度与直径相同。罗马人发明了混凝土使这种建筑的出现成为可能。混凝土与凹形镶板浇筑在一起减少了穹顶的压力。

万神殿的修建使用了砖块、大理石、混凝土等多种建筑材料。它的环形墙面最厚达 6 米，随穹顶向上合拢且变薄，穹顶骨料为较轻的浮石。穹窿中央有直径约 9 米的圆形采光口。外部正面有科林斯式柱廊。

万神殿是 19 世纪前跨度最宽的穹顶建筑，巍峨壮丽，别具风格，是罗马帝国最具特色的建筑作品，明显区别于古希腊建筑。609 年，万神殿被改为教堂。

罗马帝国"五贤帝的黄金时代"

自奥古斯都建立罗马帝国以后，百年来帝国国势的积累，终于使帝国迎来了它的全盛时代——安敦尼王朝。这一朝代出现了五位贤帝，他们政治清明，勤政爱民，其执政时期被吉本称为"人类史上最幸福的时代"。

开创五贤帝黄金时代的首位皇帝涅尔瓦（96—98 年在位）出身元老。他登基时年已六旬，其政绩多为弥补帝国裂缝，给人民减税，缓和国内矛盾。他因不善军务，故从行省贵族中选日耳曼军团总督图拉真为养子。此法为后几任贤帝效仿。在位 2 年后，他向元老归还政权。

图拉真（98—117 年在位）即位后，罗马帝国进入军事扩张的黄金时代。他战功卓著，把帝国版图扩大至西亚、阿拉伯、亚美尼亚等行省，到 116 年，帝国疆域达到鼎盛。图拉真还因大兴土木而闻名，他在罗马城帝国广场群中建造了最后一项工程，即图拉真广场，其中包括了会堂、纪功柱和藏书库等。113 年竣工的图拉真纪功柱，是为了纪念十年前他在达西亚御驾亲征的功绩。国内政策上，他怜悯穷人，

大　事	国别	地域	公元 单位：年
提图斯继承韦斯帕芗帝位。意大利维苏威火山爆发，庞贝城被摧毁。罗马学者普林尼在维苏威火山爆发时去世，生前著有巨著《博物志》。	罗马帝国	南欧	79
提图斯病逝，图密善继承帝位。			81
图密善皇帝被杀，元老院推举涅尔瓦为帝，开始罗马帝国历史上的"五贤帝"统治时期。			96
哈德良成为罗马皇帝。			117
哈德良下令重建万神殿。著有《希腊罗马名人传》的学者普鲁塔克去世。			120
哈德良下令在不列颠修建"哈德良长城"。			122

单位：公元年	地域	国别	大 事
132	南欧	罗马帝国	犹太人发动第二次暴动，135年起义被罗马人镇压。
138			安敦尼·庇护成为罗马皇帝。
161			马可·奥里略继承罗马帝位，在位期间著有名著《沉思录》。
180			奥里略去世，其子康茂德继位，罗马帝国的"五贤帝"黄金时代结束。
196	东南欧、南欧	罗马帝国	拜占廷在尼格尔与塞维鲁的战争中支持尼格尔，使拜占廷被罗马帝国军围困，受严重破坏。在成为皇帝的塞维鲁重建下，拜占廷很快回复昔日光辉。
约200	南欧	罗马帝国	罗马皇帝瓦列里安出生于罗马元老院阶级的利奇尼乌斯家族，其祖先可上溯至共和末年的克拉苏。
208	东亚	中国	赤壁之战爆发，孙刘联军大破曹操，三国鼎立势成。
211	东亚	日本	相传日本神功皇后征新罗得胜，新罗、百济、高句丽纳贡降服。

允许小土地所有者低息贷款购地。

哈德良（117—138 年在位）是图拉真临终前指定的继承人。他酷爱希腊文化，是首位以游者而非将军身份巡游的皇帝，他给帝国带来了建筑和文化上的黄金时代。122 年游不列颠，造哈德良长城。124 年和 131—132 年游雅典，建哈德良图书馆，奥林匹亚宙斯神庙；成立泛希腊联盟。137 年设泛希腊节、哈德良节、奥林匹亚节，还扩建奥林匹亚建筑，举办冬季乃米亚赛会。他还在希腊以外的各地举办文化节，地中海东部有多座城市庆祝过"哈德良节"。哈德良以建筑师自诩，其设计的作品有蒂沃利的别墅、罗马帕拉丁山脚下的维纳斯和罗马神庙、重修的万神殿等。他生前还为自己设计了哈德良墓，并完工于 140 年。

安敦尼（138—161 年在位）作为哈德良的继任者，创立了罗马帝国财富上的黄金时代。安敦尼素以勤俭著称，对外罢战休兵，不主动进行军事扩张，其治下国库充盈达至顶峰。

马可·奥里略（161—180 年在位）继位后，外患不断，罗马帝国国势开始由盛转衰。他继位第二年，帕提亚就发动进攻，但他成功地把蛮族阻挡于莱茵河另一侧，为帝国夺回不列颠、高卢、西班牙、叙利亚、埃及等地。但他与多瑙河日耳曼军团议和，允其进驻，激励了诸多蛮族的效仿，为日后的帝国留下了后患。

马可·奥里略的统治生涯虽然戎马倥偬，但仍挡不住其富有才华禀赋的光辉。他是淡泊的哲学家，斯多噶学派的代表人物，170—180 年用希腊语写成了著名的《沉思录》，这部哲学著作充满人性关怀，对后世影响深远。

"三世纪大危机"

罗马帝国拥有 200 余年的太平盛世。然而，庞大的帝国很难治理。180 年，马可·奥里略去世，将领间为争权而相互残杀。235 年，军人集体谋杀亚历山大·塞维鲁，宣告塞维鲁王朝终结，也标志着危机的开端。"3 世纪危机"，大致指的是 235 年和 284 年之间内忧外患的罗马史。

公元 1 世纪，军队势力在罗马政治舞台扮演重要角色。后来，韦斯帕芗统治的和平时期军队势力一度淡出。3 世纪初，帝国边界形势紧迫，罗马帝国出现了军人皇帝，军人当政成为 3 世纪罗马帝国的一大特征，其后果就是严重的政治动荡。从 1 世纪末到 2 世纪初，帝国有 8 位皇帝，但 3 世纪却至少有 28 位皇帝，其中大多数皇帝仅在位几个月就死于非命，高层频繁而残酷的内讧和谋杀使国家处于严重的混乱之中。此外，富有的元老贵族和军团之间的矛盾也不断激化，许多有才华的军事人才也被元老谋杀以减少对其权力的威胁。

与此同时，罗马帝国也面临着分裂的威胁。253—268 年间，罗马帝国内共有 30 人割据称帝，其政治诉求竟然是"自治"，其中较为典型的是高卢和巴尔米拉的分裂。高卢在文化上仍保留着与其日耳曼邻居千丝万缕的联系，其经济方式也在很大程度上有别于地中海中心区，尽管高

大 事	国别	地域	公元（单位：年）
罗马皇帝卡拉卡拉被禁卫军杀害。	罗马帝国	南欧	217
阿尔达希尔一世建立萨珊波斯帝国，定都泰西封。这是前伊斯兰时期的最后一个波斯王朝。	萨珊波斯帝国	西亚	226
亚美尼亚被萨珊王朝征服。梯里达底二世之子科斯罗伊斯二世逃亡罗马寻求庇护。	萨珊波斯帝国、亚美尼亚、罗马帝国		238
罗马禁卫军再次发动叛乱，皇帝亚历山大·塞维鲁被杀。	罗马帝国	南欧	235
日本邪马台国女王卑弥呼遣使魏国，获赐亲魏倭王金印。	日本	东亚	239
罗马将军提米斯特乌斯于里萨埃纳击败了波斯人，收复了美索不达米亚的失地。	萨珊波斯帝国、罗马国	西亚	243
罗马帝国内乱，皇帝阿拉伯人菲利普兵败被杀。	罗马帝国	南欧	249
罗马皇帝德西乌斯在与哥特人的战斗中兵败被杀。这是罗马历史上第一位在与"蛮族"战争中丧命的皇帝。		东欧	251
罗马帝国军官驻莱茵河地区将领波斯图穆斯叛乱，建立高卢帝国。	罗马帝国	西欧	259

公元 : 年	地域	国别	大　事
260	西亚	萨珊波斯帝国、罗马帝国	沙普尔一世在埃德萨战役中大败罗马军团，俘虏罗马皇帝瓦列里安。
		萨珊波斯帝国、帕尔米拉王国	沙普尔一世被叙利亚帕尔米拉的统治者奥迪尔纳图斯击败。
266	中亚	拉赫姆王国	一群居住在伊朗南部的阿拉伯基督徒以希拉赫为首都建拉赫姆王国。
269	西欧	罗马帝国	罗马帝国统治下的高卢地区爆发下层人民反对罗马统治的"巴高达运动"。
273			奥勒良灭亡高卢帝国，将高卢、不列颠和西班牙重新纳入帝国版图。
280	东亚	中国	西晋灭东吴，三国归一统。
282	西亚	萨珊波斯帝国、罗马帝国	罗马帝国皇帝卡鲁斯连同波斯境内反对势力联合反对巴赫拉姆二世，罗马军占领泰西封，不过卡鲁斯骤逝，巴赫拉姆二世奇迹般弭平战乱。
	南欧	罗马帝国	罗马帝国发生兵变，普罗布斯皇帝被杀。
284			戴克里先登基为罗马皇帝。

卢贵族已被罗马化，但其民族意识尚存，故能从罗马分离出以自立。260年，罗马皇帝瓦列里安被新崛起的萨珊波斯王朝的沙普尔一世俘获，并死于异国。罗马皇帝继承人伽里恩努斯的部将波斯图姆斯从高卢打出反叛旗号，自封为帝。此时，东方的巴尔米拉国摄政的王后芝诺比娅乘罗马之危，进军罗马行省并攻克其东方的一大部分。3世纪60年代，罗马帝国还发生了"巴高达"（意为战士）起义，持续了3年。

为支付军饷，捉襟见肘的罗马政府开始在金属流通货币的纯度上做手脚，用减少货币中金银含量的卑劣手法敷衍士兵。最后引发了通货膨胀，其危机延续了50多年。

270年继位的罗马皇帝奥勒良，分别击败芝诺比娅和高卢皇帝蒂特里库斯，曾短暂地恢复了帝国的统一，维护了罗马帝国的秩序。但他最终仍成为宫廷政变的牺牲品。奥勒良之后的皇帝（至戴克里先）采取以蛮治蛮政策，为西罗马灭亡埋下定时炸弹。

3世纪危机结束于戴克里先的崛起，他挽救帝国的方略就是推动皇权的神化。

君士坦丁与君士坦丁堡

继耶稣之后，其门徒及一代代信徒不断扩大传教活动的地域。起初，基督徒在罗马帝国屡遭迫害，他们甚至被扔进斗兽场任凭野兽撕咬，但许多基督徒宁死不屈，甘愿为信仰献身。在其精神感召下，基督教渐渐"征服"了罗马，最终被确立为罗马国教。不过，一些君主，如君士坦丁大帝等也对基督教的发展做出了贡献。

君士坦丁早年从军，是罗马帝国晚期典型的军人皇帝。数十年间，他南征北战，打败了帝位竞争者和入侵的蛮族。确立对帝国的统治后，君士坦丁效仿戴克里先，再次巩固中央集权和帝制，并强化官僚管理体制，实行文武分治。他还废除戴克里先的四帝共治制，将罗马分成行政区，派子侄管理。

据传说，312 年君士坦丁在同马克辛提乌斯争权之前，看到天上出现火红的十字，于是确信他的胜利应归功于上帝。这样，他就停止了对基督徒的迫害。

无论这则传说真实与否，君士坦丁后来确实屡有对基督徒示好、热衷于推广基督教的举措。313 年，他与帝国东部统治者李锡尼在米兰共同发布敕令，承认基督教合法地位。统一全国后，君士坦丁又于 325 年在尼西亚（位于小亚细亚）召开第一次基督教主教会议，确定并统一基督教正统教义。

但是最引起热议的，还是君士坦丁本人在临终时皈依基督教一事。

基督教发展初期，信徒相信洗礼具有洗除罪孽之功效，而君士坦丁受洗为教徒的原因可能也在于此。他戎马倥偬的一生中杀戮无数，为此，他希冀在生命结束之前从基督教中寻求精神安宁的慰藉和灵魂洗脱罪孽的安逸。

但是，据天主教会记录，君士坦丁受的是非正统教派（阿里乌斯教派）主教的洗礼。这一说法损害了后来罗马教皇的权

大　　事	国别	地域	公元 单位：年
亚美尼亚的科斯罗伊斯二世被兄弟梯里达底三世暗杀。	亚美尼亚	西亚	287
戴克里先正式确立四帝共治制度。	罗马帝国		
纳尔斯领导的萨珊王朝于幼发拉底河上的卡利尼古姆附近击败罗马皇帝伽勒里乌斯。	萨珊波斯帝国、罗马帝国		296
亚美尼亚王梯里达底三世定基督教为国教，使亚美尼亚成为世界上第一个单一宗教国家。	亚美尼亚		301
戴克里先颁布诏令迫害基督徒。	罗马帝国		303
戴克里先宣布退位，西部帝国的皇帝马克西米安也随之退位。君士坦提乌斯和伽勒里乌斯升为"奥古斯都"，但很快引起新的纷争。			305
罗马帝国西部的皇帝君士坦提乌斯去世，其子君士坦丁被军队拥立为西部帝国的新皇帝。在罗马城，人民不满伽勒里乌斯指派的塞维鲁二世，拥马克西米安之子马克辛提乌斯为帝。		西欧	306
君士坦丁在意大利半岛的米尔万桥战役击败篡位者马克辛提乌斯，获得西部帝国的实际控制权。			312

公元 单位: 年	地域	国别	大　事
312	南欧	罗马帝国	为纪念夺得皇权,君士坦丁在罗马城建起君士坦丁堡凯旋门。
313			君士坦丁巨像落成。此像可能高9—12米,仅头部就高达2.6米。 君士坦丁和帝国东部的皇帝李锡尼一起颁布《米兰敕令》,给予基督教合法地位。
316	东亚	中国	西晋帝国灭亡。
317			司马睿于建康称帝,恢复晋王朝,史称东晋。
	中美洲	玛雅文明	玛雅文明进入"古典期"。
320	南亚	印度	旃陀罗笈多一世建立笈多王朝。
324	东欧	罗马帝国	君士坦丁与李锡尼在卡尔西顿(在博斯普鲁斯海峡)等地决战,后者彻底败降,君士坦丁成为罗马帝国唯一的统治者。
325	西亚		君士坦丁召集基督教会各地主教于小亚细亚的尼西亚集会,史称基督教第一次大公会议,通过《尼西亚信经》。他还以阴谋叛变和私通蛮族的罪名将李锡尼绞死。

威。因此,4世纪时另一则传说被杜撰出来:异教皇帝君士坦丁感染麻风病,在梦中得到神示,立刻延请教皇西尔维斯特一世前来医治,并最终得以治愈。君士坦丁为此很快受洗,并把拉特朗宫改为拉特朗圣约翰教堂。当然,这一"瞬间皈依事件"并不足信。

此外值得一提的是,君士坦丁曾长期信奉一个名为"不败骄阳"的保护神,这是他的家传信仰。这种信仰混合了古希腊与东方宗教的元素,其独尊一神的信仰方式与基督教有相似之处,由这种信仰过渡到(唯)一神论的基督教,已非难事。

君士坦丁人生中另一桩影响历史进程的大事,是用一座新帝都取代了罗马。他统治之时,帝国东部在经济、战略上日益重要。有鉴于此,330年,君士坦丁迁都于帝国东部城市拜占廷,将其重建,重命名该城为君士坦丁堡。

君士坦丁在君士坦丁堡新建成的广场上竖立了一根石柱,顶部雕有太阳神阿波罗(或"不败骄阳")之像,实指君士坦丁本人。一组基督教圣物安置在雕像基座,景象颇为壮观。

由于君士坦丁堡原名"拜占廷",以其为首都的这一帝国便被称作"拜占廷帝国",君士坦丁迁都之日也就成了拜占廷帝国建立之始。476年西罗马沦陷之后,帝国东部仍长期以君士坦丁堡为首都,并成为拜占廷帝国的主体,一直延续到1453年。从拜占廷帝国开始,地中海一带的主体文明——希腊、罗马古典文明,也就逐渐被基督教文明所取代了。

日耳曼人的入侵与西罗马的灭亡

日耳曼民族来自古代北欧。他们主要从斯堪的纳维亚半岛南部海岸、日德兰半岛往欧洲腹地迁徙。

从公元前 1 世纪开始，日耳曼部落连续不断的迁移和袭击给罗马帝国造成巨大威胁。

从奥里略执政第二年开始，蛮族入侵的危险日渐明显。他被迫与多瑙河日耳曼军团议和，同意其定居，以此换取他们的帮助来抵御其他部落。此举激励多方蛮族效仿，给帝国留下潜在的危险。后来罗马的军事力量愈发无力保障边境安全，因此允许更多外族进驻。

378 年，东日耳曼的一支——哥特人起义，罗马皇帝塞奥多西与之和谈。哥特得到大量土地、赎金。塞奥多西还大量吸收蛮族，主要是日耳曼人入伍，罗马人对这些部落的依赖日甚。

410 年，西哥特国王阿拉里克杀进罗马城，其军队在街上横冲直撞 3 天，摧毁了许多宏伟建筑。这是 800 年来，该城的首次陷落。哥特向罗马要求获得高卢南部土地，在那里建国。把罗马城洗劫一空的哥特人又在西班牙占领了另一支东日耳曼人——汪达尔人的居住区。汪达尔人被迫向南攻进北非，在那里与阿哥尼斯特义军合力占领北非大部，攻陷迦太基。实力薄弱的罗马不得不与之签订一系列不平等条约，汪达尔人无视条约的存在，从海上再破罗马，使其又遭铁蹄的践踏。此后，罗马城内正统罗马人已屈指可数，更多的蛮

大 事	国别	地域	公元 单位：年
君士坦丁大帝将罗马帝国首都迁至新建的君士坦丁堡（位于古城拜占廷旧址），以君士坦丁堡为首都的这一帝国被近代以来的历史学家称作"拜占廷帝国"。	拜占廷帝国	东欧	330
君士坦丁去世，临终前受洗成为基督徒，但没有明确指定继承人。死后五子俱不愿共治而争权，帝国分治，罗马处于分裂边缘。后由其次子君士坦提乌斯重新统一。			337
朱利安接替君士坦提乌斯成为帝国皇帝，任内恢复了希腊罗马多神教的国教地位，被基督教学者称为"背教者朱利安"。			361
匈奴人西侵击败哥特人，迫使其向多瑙河以南的拜占廷帝国迁徙。这是日耳曼人大迁徙的开端。	哥特王国		376
内附拜占廷帝国的哥特人发动起义。拜占廷皇帝瓦伦斯兵败被杀。	拜占廷帝国		378
塞奥多西一世成为拜占廷帝国皇帝。			379

单位： 公元 年	地域	国别	大　事
380	东欧	拜占廷帝国	基督教成为拜占廷帝国国教。
381			塞奥多西一世在君士坦丁堡召开基督教第二次大公会议，会议正式确立了"三位一体"的正统信仰。
395			塞奥多西一世去世，遗命帝国东、西部分别由长子阿尔卡迪乌斯和幼子霍诺留继承（东、西罗马帝国）。
410	西欧		阿拉里克率哥特人入侵罗马。
416			西哥特人入侵伊比利亚半岛。
439	北非	汪达尔王国	汪达尔人占领迦太基，在北非建立汪达尔王国。
452	南欧、西欧	拜占廷帝国	被称为"上帝之鞭"的匈奴王阿提拉入侵意大利。
453		匈奴帝国	阿提拉暴卒，盛极一时的匈奴帝国趋于瓦解。
455		拜占廷帝国	汪达尔国王盖塞里克率兵从海上进攻，再次攻陷罗马。
476			帝国西部末代皇帝罗慕路斯被蛮族将领奥多亚克废黜。西罗马帝国灭亡。

族驻扎城内，他们担任官职，逐渐掌控国家事务，使西罗马皇帝变得形同虚设。蛮族的奥多亚克觉得从皇帝身上再无利益可得，于476年9月4日，把西罗马皇帝罗慕路斯·奥古斯图卢斯赶下台。历史上，有人把这一时间看作是西罗马灭亡的时间。这时，虽然实际统治权已经落在了奥多亚克手中，但西罗马最后一位皇帝朱利乌斯·尼波斯（约430—480年）仍然存在。480年，尼波斯在率军远征时，被两位下属杀死。此后，奥多亚克真正独揽大权，并一度获封王衔。因此，也有人把480年作为西罗马帝国的灭亡时间。

　　关于古罗马帝国的覆灭原因，史学界有诸多看法。有一种说法饶有趣味。西罗马地区铅矿储量丰富，因此古罗马人较多地把铅用于建筑和兵器制造，甚至在水利设施中也广泛使用铅管。此外，罗马人的食具炊具，甚至食品添加剂都离不开铅。20世纪70年代考古发现，罗马墓葬中的尸骨含铅量竟是常人的80倍！因此罗马人普遍呈现铅中毒症状：生育能力下降，平均寿命变短。当剽悍的日耳曼人来攻之时，罗马人人口减员、体质虚弱，不堪一击。据此，有人认为"铅中毒"是罗马帝国衰亡的重要因素之一。

世界中古史

　　罗马帝国于上古末期分裂为东西两部，西罗马帝国于5世纪末期的覆亡一般被视作欧洲中世纪的开始。

　　幸存的东罗马帝国得以延续千年之久，被后世称为"拜占廷帝国"。而当初西罗马帝国的地盘，则被入侵的日耳曼人各支占据。它们纷纷割据自立，并大都不约而同地开始接受基督教为国教。9世纪时，法兰克王国的查理大帝暂时结束了各国长期互相攻伐的局面。但是843年的《凡尔登条约》使欧洲重新陷入分裂。不过，近代意大利、德意志和法兰西三国领土自此得到了大体上的确定。

　　无论是法兰克王国，还是拜占廷帝国，都自名为罗马的继承者。尽管曾被当年的罗马人视为蛮族，但是法兰克王国的查理大帝及其多位继任者却承袭了西罗马皇帝的头衔。甚至10世纪，东法兰克王国的奥托一世还建立了"神圣罗马帝国"。而拜占廷帝国则延续了罗马帝国东部的法统，因而能更"名正言顺"地沿用"罗马"的国号。可实际上，自7世纪以后，帝国已悄然发展为以希腊文化、希腊语为核心的新国家，拜占廷帝国史则被视为希腊民族史的一部分。

　　在昔日罗马帝国的大体范围之内，如今又同属基督教世界的东西两大世界，鲜有合作，反而互有交战。拜占廷曾在几次兴盛时期出兵西部领土，力图重现古罗马帝国大一统的荣光。13世纪时，西欧国家发动的第四次十字军东征对拜占廷帝国的洗劫也使后者元气大伤。此外，东西方教会间也充满分歧，并在11世纪最终选择了分道扬镳。

　　即使在东西方基督教世界的各自内部，也是矛盾重重，其中教权和王权之争几乎贯穿了西欧中世纪史的始终。以罗马为中心的西方教会，在西罗马帝国亡后以罗马主教为教会领袖，形成教皇体制。8世纪的"丕平献土"事件，促成教皇国成立。此后，位高权重的教皇过多干涉世俗和政治事务，冲击世俗君王利益，激起相互斗争。教权与王权的力量经常出现此消彼长之局面，一方得势之时，往往褫夺对方权益，甚至任意驱逐或废黜对方。直到14世纪后，教皇势力才最终由盛转衰。当然，教权和王权的矛盾也存在于拜占廷帝国，并成为拜占廷皇帝发起毁坏圣像运动的动因之一。

　　几大宗教世界之间的相互冲击也是中古史的一大主题。伊斯兰教于7世纪建立之后，伊斯兰世界和基督教世界间的交战变得尤为频仍。许多场战事绵延多年，波及甚广，如拜占廷帝国与阿拉伯帝国、奥斯曼帝国之间的相互征伐，以及西欧国家发动的十字军东征。

　　由于常年战事的需要，在西欧便催生出了以军事义务交换封土的采邑制，使封君封臣得以普及，并衍生出"骑士精神"，形成了西欧独特的封建政治格局和文化品相。

长久以来，西欧的中世纪被视为"黑暗时代"。贫瘠落后，瘟疫横行以及基督教会对思想的压制，等等，是那个时代的代名词。然而，如今已证实这种观点是来自启蒙时代思想家的偏见。我们不能否认中世纪存在过"加洛林文艺复兴"这样的黄金时期，也不能无视《自由大宪章》和哥特式建筑这些法制和艺术上的创举。尤其是中世纪后期的西欧，多方面都已呈现复苏之势：国际贸易增多，经济恢复发展，城市和世俗文化兴起，科学精神重塑，等等。除此之外，基督教神学亦非对古典文明的一味否定，在不少修道院中保存了古典文献，经院哲学中的许多思想也是对古希腊哲学的继承和重新阐释。显然，中世纪末期欧洲大学的建立并非是沙滩上的楼阁。

　　随着教皇的逐渐式微，基督教的普世主义和教权主义也开始淡化，各地形成以王权为中心，结合市民阶级的朦胧的民族国家概念。在捷克等地，通过与罗马教会的斗争，各民族教会也发展起来。

　　中古时期的战争也是奠定日后各国间边界的一大推手，如15世纪结束的英法战争，就推动了英法两国疆域的初步形成。

　　俄罗斯是较晚登上历史舞台的一支力量。古代罗斯在几代先君的努力下，最终崭露头角。

　　在中古时期，游牧民族与农耕文明的冲突依旧。从游牧民族起家的阿拉伯帝国、蒙古帝国和奥斯曼帝国曾给多国带来浩劫，并在很大程度决定了欧亚非的政治格局和历史走向。在文化和宗教方面，这些帝国采取了相对宽容的政策，客观上有利于古典文化在各民族间的传播与留存。因此，在那里也涌现出不少震古烁今的博学之士。

　　地处欧亚大陆另一端——东亚的日本和朝鲜，各自经历了多年的分分合合，并吸收了来自中国的儒道佛文化，形成了独具特色的封建制度和社会风貌。

　　而在后来被称为新大陆的美洲地区，也存在着几大文明，其中最具代表性的是玛雅文明。在长度大致相当于欧洲中世纪的时间段内，玛雅文明步入了古典和后古典时期，但在后来的近代初期因各种复杂原因而覆灭。

　　1453年，君士坦丁堡被奥斯曼帝国攻陷，标志着中世纪已临近尾声。从拜占廷帝国灭亡前夕开始，便有大量希腊学者逃往西欧，随之一起前往的，还有大量希腊、罗马的古典文献。它们与中世纪西欧业已取得的文化成就相结合，迎来了人类文明的又一缕曙光——文艺复兴。

阅读三　中古史的开端

西罗马帝国在日耳曼人的入侵中风雨飘摇。公元前 5 世纪末期，西罗马帝国的覆亡一般被看作是欧洲中世纪的开始。

幸存的东罗马帝国，得以延续千年之久，被后世称为"拜占廷帝国"。拜占廷帝国虽然沿用"罗马"之名，可实际上，自 7 世纪以后，帝国已悄然发展为以希腊文化、希腊语为核心的新国家。而当初西罗马帝国的地盘，则被入侵的日耳曼人各支占据。9 世纪时，法兰克王国的查理大帝暂时结束了各国长期互相攻伐的局面。但 843 年的《凡尔登条约》使欧洲重新陷入分裂。不过此后近代意大利、德意志和法兰西三国领土得到了大体上的确定。

中世纪的开端，是以摧毁光辉的罗马文明为前提的。但是，这种破坏却使历史的舞台拉开了新的一幕。

单位：年 公元	地域	国别	大事
481	西欧	法兰克王国	法兰克人首领克洛维建立墨洛温王朝。
482	东南欧	拜占廷帝国	奥多亚克征服达尔马提亚。
483			查士丁尼大帝（查士丁尼一世）出生。
484	西亚	萨珊波斯帝国	卑路斯一世试图击退嚈哒人，在领军途中遭嚈哒人伏击，阵亡。
486	西欧	法兰克王国	法兰克王克洛维在苏瓦松战役中打败罗马军队。
488	西亚	萨珊波斯帝国	喀瓦特一世成为波斯萨珊帝国君主。
489	西欧	拜占廷帝国	东哥特国王塞奥多里克在拜占廷皇帝怂恿下，越过阿尔卑斯山，侵入意大利，打败了奥多亚克，夺取半岛的大部地区。
491	西亚	萨珊波斯帝国	琐罗亚斯德教异端派别马兹达克派领袖马兹达克，在宣教的同时提出社会改革主张，号召人民起义。
493	西欧	东哥特王国	东哥特人首领塞奥多里克诱杀奥多亚克，以拉文纳为首都建立东哥特王国。

克洛维和法兰克王国

法兰克人是入侵罗马的日耳曼人中的一支。

420年，法兰克人渡过莱茵河进入高卢东北，在罗马帝国境内占得一块土地，开始了法兰克王国的历史。

法兰克王国的实体在今日西欧所在地拥有广阔的领域，包括今法国、比利时、荷兰、卢森堡、德国。王国疆域后又扩至南部和东部。王国经历了两个朝代的统治：墨洛温王朝（420—751年）和加洛林王朝（751—800年）。

墨洛温王朝的前两位领导人是法拉蒙德（统治时间约419—约427年），克洛吉奥（约392/395—445/448年）。关于他们的记述，传说色彩多于史实，所以不能确定他们与墨洛温王朝是否有渊源关系。

接下来即位的，是墨洛温王朝中位列第三代的墨洛温（约448—约457年），王朝正是以他的名字命名。但是事实上，现在我们一般视墨洛温之孙——克洛维一世为墨洛温王朝第一任国王，因为他统一了法兰克部落。

克洛维一世（465或466—511年）在481年继承了他父亲希尔德里克一世的法兰克国王王位。486年，他的军队战胜了高卢地区最后的罗马总督——西格里乌斯率领的罗马人，终结了罗马帝国势力在高卢的存在。尽管日耳曼部落灭亡了罗马，但是日耳曼人却接受了罗马的国教——基督教。所以当时基督教的势力依然非常强

大。496 年，克洛维接受兰斯主教洗礼成
为基督徒。但是他和加入阿里乌斯教派的
大多数日耳曼人不同，他皈依的是天主教
的三位一体教派，这一教派是君士坦丁以
来长期确立的"正统"信仰。此举赢得了
基督教传统教区——罗马国民的好感。罗
马的支持是法兰克人政权崛起为一股欧
洲势力的先决条件。他和另两支日耳曼部
落——阿勒曼尼人及西哥特人的战事始
于 496 年，并最终于 506 年和 507 年分
别打败他们，把二者纳入自己领土。508
年，克洛维得到拜占廷皇帝阿纳斯塔修斯
的正式承认。在 509 年他指定国家首都为
巴黎。

克洛维创建了罗马式标准的中央政府，
但也保持着传统的日耳曼民族法律——萨
利克法。他对王国境内所有种族一视同仁，
但对实际而潜在的对手，不论本族或异族
则一律予以剿灭。

克洛维 45 岁时去世于巴黎，随后其
国家被四个儿子瓜分。他被认为是法兰克
国家组织机构和行政管理体制的创建者，
为其后的查理大帝之治奠定了基础。

尼卡起义：血溅赛车场

527 年，拜占廷帝国迎来了其历史上
继君士坦丁大帝之后另一位著名皇帝——
查士丁尼大帝。

查士丁尼成为帝王后，拜占廷帝国曾
爆发一场平民起义——尼卡起义（或称尼
卡暴动），这是他为帝王统治献祭的第一
批牺牲。

赛马是罗马帝国和拜占廷帝国时期社

大　事	国别	地域	公元（单位：年）
北魏孝文帝迁都洛阳，推行改革。	中国	东亚	494
克洛维皈依基督教。	法兰克王国	西欧	496
喀瓦特一世复位。这标志着萨珊王朝第二个黄金时代的来临。	萨珊波斯帝国	西亚	498
喀瓦特一世攻占阿米达。			503
克洛维将西哥特人驱逐出高卢。	法兰克王国	西欧	507
克洛维去世，法兰克王国一度陷入分裂。			511
查士丁尼继承舅父查士丁一世之位，成为拜占廷帝国皇帝。	拜占廷帝国	东欧	527
拜占廷与波斯重新开战。拜占廷人进犯尼西比斯的行动被击退，这使拜占廷帝国加强边境防卫的计划泡汤。	萨珊波斯、拜占廷帝国	西亚	

公元	地域	国别	大事
529	西亚	萨珊波斯帝国	马兹达克起义被扑灭。
530	东欧	拜占廷帝国	查士丁尼下令编纂的《查士丁尼法典》完成。
	西亚	萨珊波斯帝国、拜占廷帝国	贝利撒留打败波斯人。
531		萨珊波斯帝国、拉赫姆王国、拜占廷帝国	卡利尼古姆战役，波斯与拉赫姆王国的蒙齐尔四世联军击败了贝利撒留。
		萨珊波斯帝国、拜占廷帝国	查士丁尼一世强令关闭古典文化的最后营垒雅典学园后，7个新柏拉图主义学者到波斯寻求庇护。

会各阶层广泛参与的消遣方式。5—7世纪，在君士坦丁堡，为参加赛马等体育竞技而按街区组织起各个团体，称为吉莫。每个吉莫在竞技场上都享有一组席位，其余则为皇帝和大臣专座。当皇帝观看竞技时，吉莫可当面向他表示对政府的赞同或反对，并提出要求或申诉。若干吉莫联合为更大的团体，以其赛马和驭手所穿衣服颜色为区分标志，分称蓝党、绿党、红党和白党等。许多历史学家把这些团体定性为介于帮派和党派之间的群体，但他们常常影响统治者的决策。

绿党的上层是与帝国东部各省有密切联系的富商，主张加强元老院和东方自治机构的作用，倾向于被视为异端的基督教一性论派。其下层多为普通城市居民。蓝党上层为大封建主和元老贵族，支持中央集权和东正教，其下层为普通城市居民。除蓝党和绿党外，其余各党影响较小。查士丁尼本人至少在起义之前，都是蓝党的支持者。

当时，人们对查士丁尼统治时期沉重的赋税、独断专行的政府，以及贪赃枉法的官员感到不满。532年1月，起义终于在君士坦丁堡爆发。1月10日，有蓝党和绿党分子被以谋杀罪名处以绞刑，但行刑时发生变故，其中两人逃脱了绞刑台。"绿党"和"蓝党"成员要求查士丁尼将其赦免，但他对群众的呼吁采取了藐视和傲慢的态度，激起了群众普遍的不满。1月11日（一说13日）上午，一场比赛举行开幕式，入口处的皇帝和皇后听到了口哨声和抗议口号，所有呐喊最终汇成了一个声音:"尼卡"（希腊语，意为"胜利"）。随之，骚乱立刻从竞技场扩散到街道和广场上。

示威者袭击官署，焚毁富人宅邸，包围王宫，并损坏了圣索菲亚大教堂。而且起义者数量还在不断增长。

查士丁尼被迫让步，罢黜几名权贵，但难平民愤。聚集在竞技场的人把前皇帝阿纳斯塔修斯的侄子希帕迪乌斯推上皇帝的宝座。查士丁尼一度准备弃城而逃，但他的妻子狄奥多拉极力阻止他："头戴皇冠的人不应该在失败时苟且偷生。……如果你想逃，陛下，那就祝你走运。……至于我，我要留下来。我欣赏那句古老的格言：紫袍是最美丽的裹尸布。"皇后的话令查士丁尼坚定了痛下杀手的决心。起义第八天，当起义者在竞技场集会时，查士丁尼派贝利撒留率哥特雇佣军冲进场，对起义群众实行屠杀，死者逾 3 万人。希帕迪乌斯也被处决，起义失败。查士丁尼用累累白骨筑起了权力的祭坛。

圣索菲亚教堂：拜占廷的奇迹

查士丁尼对拜占廷教会的贡献是巨大的。位于君士坦丁堡（今土耳其伊斯坦布尔）的圣索菲亚大教堂，意译"圣智"大堂，建于查士丁尼统治早期。在大教堂的基址上，曾盖起过两座教堂。圣索菲亚大教堂的前身是一座老巴西利卡式教堂。这座老教堂建于 4 世纪中期，查士丁尼在那里加冕，532 年平民暴动中被烧毁。作为皇权标志，且与天主教争正统的东正教祖堂，查士丁尼在平定暴动后 40 天就着手

大　事	国别	地域	公元（单位：年）
拜占廷与波斯订立"永久"的和平协定。	萨珊波斯帝国、拜占廷帝国	西亚	532
首都君士坦丁堡爆发尼卡起义，最终被查士丁尼血腥镇压。	拜占廷帝国	东欧	
查士丁尼下令编纂的《法学阶梯》和《法理概要》完成。			533
查士丁尼麾下名将贝利撒留攻陷迦太基，灭亡汪达尔王国，北非重新被纳入帝国版图。		北非	534
贝利撒留率军进入意大利，企图灭亡东哥特王国，遭遇后者顽强抵抗。		西欧	535
贝利撒留攻下了那不勒斯及罗马。维提吉斯在对抗贝利撒留的战争中即位为东哥特王国国王。	拜占廷帝国、东哥特王国		536

单位：公元年	地域	国别	大 事
537	东欧	拜占廷帝国	查士丁尼重建在尼卡起义中严重受损的圣索菲亚教堂。
540	西欧	拜占廷帝国、东哥特王国	贝利撒留攻下东哥特首都拉文纳。维提吉斯与其子玛瑟逊莎被俘。伊狄巴德继位。
	西亚	拜占廷帝国、萨珊波斯帝国	科斯罗伊斯一世入侵叙利亚，撕毁 532 年的"永久"和平协定，科斯罗伊斯一世的军队搜掠安条克，又在其他城市攫夺了大量财物。
541	西欧	东哥特王国	伊狄巴德结束了短短一年的统治。艾里里克继位，但旋即被杀害。托提拉被选为东哥特王国国王。
542	西亚、北非、东欧	拜占廷帝国	"查士丁尼大瘟疫"传入拜占廷帝国，造成大量人员死亡。据说，在很多大城市死亡率超过 5 成。
545	西亚	拜占廷帝国、萨珊波斯帝国	拜占廷和波斯签订为期五年的和约。
547			拉齐察再度反叛波斯，使 545 年签订的五年和约作废。拉齐察在拜占廷帝国协助下驱逐波斯守备队。战争再度爆发。

重建。

建筑学家米利都的伊西多尔和特拉勒斯的安塞米（一译安提密阿）负责规划设计。教堂建造用了 1 万名工匠，耗资 14.5 万公斤黄金。查士丁尼常往工地跑，工程进度很快，仅用 5 年 10 个月便正式落成。教堂距君士坦丁堡大皇宫和竞技场仅咫尺之遥，它们构成城市中心建筑群。

作为君士坦丁堡主要的大教堂，圣索菲亚大教堂是整个拜占廷时期教堂建筑的代表和完美典范，被看作是"人间天堂"。教堂体现了该时期惊人的工程技艺。据说查士丁尼在完工后高喊："所罗门，我已经超过你了！"其同时代的人都对这座雄伟、内部紧密相连而有巨大穹窿的建筑大为惊叹。圣索菲亚大教堂是一个在方形根基上修建的带穹顶教堂。占地面积约 5700 平方米。教堂的俯瞰平面图为一副四臂等长的十字形。这种形制的教堂也被称为"希腊十字"教堂。圣索菲亚大教堂就是这种形制中的一个典范。

圣索菲亚教堂结构上是集中式的，其内部空间既集中统一又曲折多变：圆顶由一系列的穹隅和拱顶支撑。东西两侧逐个缩小的半穹顶造成步步扩大的空间层次，但有典型的向心性，层层涌起，突出中央穹顶的统帅地位。穹顶底脚，每两肋间有窗，共 40 个，是照明内部的唯一光源。它们向下与方形的根基相连。在教堂内部，顺着一系列拱门，最后聚于大穹顶上。中央大穹窿顶部离地 56 米。圣索菲亚教堂南北两侧有楼层，是女信士用的，它们的柱列尺度比底层小得多，从视觉上夸大了教堂高度。

除了建筑设计，圣索菲亚还拥有色彩灿烂夺目的内部装饰，内部两侧为大理石柱廊，墩子和四壁后绘画用彩色大理石、彩色玻璃贴面，制成镶嵌画，有白、绿、黑、红等色，组成图案。画面多为《圣经·新约》中的故事，亦有帝王人物。柱子大多是深绿的，少数是深红的，柱头一律用白大理石，镶金箔，柱头、柱础、柱身交界线有包金铜箍。穹顶和拱顶全用马赛克装饰，大部分是金色底子的，少量是蓝底的。穹顶中央用马赛克画着基督像。

圣索菲亚大教堂结合了早期拜占廷式大规模教堂的建筑元素。它的影响在后来的东正教教堂以及奥斯曼帝国的苏莱曼清真寺和苏丹阿赫迈特清真寺的建筑形制上都得到了体现。

流芳千古的《罗马民法大全》

19世纪德国法学家耶林说，罗马人曾三次征服世界，第一次以武力，第二次以宗教，第三次以法律。

罗马法是千余年间无数罗马人智慧的结晶。而查士丁尼则对这些古代法加以总结，创造了《民法大全》，立下划时代的伟业，是法律史上的一座丰碑。

《民法大全》，又译《国法大全》，是《查士丁尼法典》《学说汇纂》《法学阶梯》和《新律》的总称。528年，查士丁尼即位次年下令由法学家特里波尼安（？—约545年）主持，开始编纂这一法律文献，这一工作一直持续到查士丁尼去世。

这部法学巨著是对罗马法的法规和章

大　事	国别	地域	公元 单位：年
拜占廷名将纳尔西斯在塔基奈战役击败东哥特军队，东哥特国王托提拉重伤身亡。东哥特王国不久灭亡，意大利重新回到拜占廷帝国版图之内。	拜占廷帝国	南欧	552
查士丁尼在君士坦丁堡召开第五次基督教大公会议。		东欧	553
科斯罗伊斯一世注意到东方新崛起的突厥人的力量，决定与拜占廷停战。波斯与突厥结盟，双方夹击彻底消灭了嚈哒人的势力。	拜占廷帝国、萨斯帝国	西亚	560
阿尔博因继承其父奥多因，成为住在多瑙河与亚得里亚海间的日耳曼蛮族伦巴德人的首领。	伦巴德王国	南欧	565
查士丁尼下令编纂的《新律》完成，它与之前的三部法典被合称为《罗马民法大全》。	拜占廷帝国	东欧	
查士丁尼大帝去世，拜占廷历史上的第一个黄金时代结束。			

公元·年 单位：年	地域	国别	大事
约565	东欧	拜占廷帝国	史学家普罗科比去世。
568	南欧	伦巴德王国	在来自亚洲的游牧民族阿瓦尔人帮助下，阿尔博因打败另一支日耳曼部落日皮德人。 在阿尔博因的领导下，伦巴德人联合其他日耳曼族群翻越阿尔卑斯山脉，攻占意大利北部，在意大利半岛上建立伦巴德王国。
570	西亚	阿拉伯半岛	穆罕默德约于此年出生于麦加。
	东亚	日本	日本大臣苏我稻目去世。
571	西亚	萨珊波斯帝国、亚美尼亚	萨珊王朝的亚美尼亚总督及其麾下卫兵实施了一场屠杀，动乱蔓延到高加索伊比利亚。
573		萨珊波斯帝国、拜占廷帝国	拜占廷帝国派军围攻尼西比斯，但最后拜占廷将领间的意见分歧令他们的军队放弃围城。
576			科斯罗伊斯一世最后一次亲征，但在马拉蒂亚附近惨败，拜占廷驱赶波斯人横渡幼发拉底河逃离。拜占廷乘胜追击，反攻萨珊王朝领土。

程材料的收集和汇编，也是对当时帝国法律体系的调整，奠定了此后拜占廷法律制度的基础。它由以下部分组成：

《法学阶梯》，4 卷，是阐述法学原理的教科书。它是以罗马帝国法学家盖乌斯（117—180 年）著作为模板的法律文献。"法学阶梯"一名取自盖乌斯的同名作品。

《学说汇纂》，50 卷，搜集了著名法学家解释法律的著作和言论，是许多法学名著的摘编。这些法律书籍的原作者都是罗马历史上（主要是 2—3 世纪）最杰出的法学家。

《查士丁尼法典》，12 卷，汇集从哈德良到查士丁尼（2—6 世纪初）历代罗马皇帝颁布的律令。529 年首次颁布，534 年《查士丁尼法典》经修改再度颁布。

《新律》收入 534 年后到查士丁尼去世之前，由查士丁尼颁布的律令，是对《查士丁尼法典》的补充。前三部法典都是用拉丁语写就，而《新律》是部分用拉丁语，部分用希腊语写成的。

《民法大全》宣扬皇帝的意志就是法律，承认阶级差别，保护私有财产。由于当时奴隶制日益没落，《新律》允许释放奴隶，变为隶农。《民法大全》为罗马法总汇。在西部帝国，它的应用仅限于拜占廷统治下的意大利南部领土。《民法大全》成为几个世纪以来，欧洲"公共法"（欧陆法系）的基础，也是许多其他现代国家法律的基础。

12 世纪，以上四部法典始被总称《民法大全》。博洛尼亚法学派对其进行研究并加以评注。这使当时的人耳目一新，重新认识到古典法学的辉煌成就，与中世纪盛行的蛮族订立的法律形成鲜明对比。

中世纪时，一部《学说汇纂》的抄本，存于阿马尔菲，后来被比萨人作为战利品转移。从 12 世纪以来，一直保存在比萨，被视为珍宝，直到 1406 年，当佛罗伦萨征服了比萨，这一抄本又辗转到了佛罗伦萨。今天，这部"比萨法典"保存在佛罗伦萨的罗伦佐图书馆。

圣德太子的推古改革

日本是多个岛屿组成的国家，其国名意为"朝阳升起之地"。在其"朝阳初升"的 1—3 世纪，各地小邦林立。3 世纪后，诸邦形成联盟，其首领称为"大王"（后改称天皇）。联盟首府设在本州岛中部的大和（今奈良县），称大和政权，是日本史上"大和时代"的开端。

5 世纪，大和政权统一了日本大部，大和成了日本的别称。但限于岛国的地理环境，大和政权无法继续扩张，便开始内斗。大贵族们都为独掌朝政而争斗不止，最后胜出的是苏我氏。但由于贵族疯狂兼并土地，剥削部民，土地和财富不断集中，社会矛盾空前尖锐。

587 年，用明天皇死，因皇位继承问题，稻目之子苏我马子和物部氏进行决战。在衣折战役中，物部氏被打败。苏我马子控制朝廷，先是立崇峻天皇，后又在 592 年将其暗杀，拥立他的外甥女为推古天皇。推古是日本史上首位女天皇，她即位后居飞鸟宫，有人便把这视为日本飞鸟时

大　事	国别	地域	公元 （单位：年）
科斯罗伊斯一世的将军塔姆科斯罗伊斯于亚美尼亚取得胜仗。科斯罗伊斯一世宣布大赦，使亚美尼亚动乱平息，亚美尼亚再度受到萨珊王朝的控制。	萨珊波斯帝国、亚美尼亚	西亚	577
科斯罗伊斯一世在与拜占廷皇帝提比略二世谈判尚无结果之时去世，他的儿子霍尔木兹四世继承王位。	萨珊波斯帝国		579
杨坚建立隋朝。	中国	东亚	581
莫里斯接替提比略二世成为拜占廷皇帝。他继续与波斯萨珊王朝的战争，在索拉孔战役和马蒂罗波利斯战役中击败波斯。	拜占廷帝国	东欧	582
坦尼沙王国（萨他泥湿伐罗国）普西亚布蒂王朝的光增王（波罗羯罗·伐弹那）即位，逐渐吞并邻近小国。印度开始进入了诸雄争霸行列。	印度	南亚	586
隋灭陈，南北朝结束，中国统一。	中国	东亚	589

单位：公元年

地域	国别	大事
592 东亚	日本	推古天皇即位，立侄儿圣德太子为皇太子。
593		圣德太子出任摄政之位。
603		圣德太子实行改革，制定冠位十二阶制度。
604		圣德太子制定《十七条宪法》，确立以天皇为中心的中央集权制，以抑制豪强。
605 西亚	阿拉伯帝国	穆罕默德之女法蒂玛出生。她是伊斯兰教五大杰出女性之一，被什叶派穆斯林尊称为"圣母"。10世纪时，自称是其后代的奥贝德拉在北非以其名字建立了法蒂玛王朝。
606 南亚	印度	光增王逝世。王增即位为坦尼沙王，亲征曲女城，被高达国王设赏迦杀害。喜增在大臣拥护下即位，是为戒日王。
607 东亚	日本	圣德太子派遣隋使小野妹子及其他留学生到中国，朝觐隋炀帝，建邦交。

代的开始。593 年，推古立用明的遗子圣德太子行摄政。之后，圣德太子虽未登皇位，但执掌国政达 30 年。

关于圣德太子生平有许多传说：据说一金身小和尚跳入其母口中，使其怀孕，她走在马厩旁分娩，生下了他。故太子原名厩户。他刚满 1 岁，就面向东方，双手合掌念"南无阿弥陀佛"。他自幼聪慧，7 岁时就遍读百卷经书，还能一次跟十人侃侃讨论 10 件话题。他常独自沉思问题，不得解的问题能在梦中领悟。一次，太子出游，见路边躺着一面黄肌瘦的流浪汉，便立即端食给他，并脱下衣裳给他穿。可第二天流浪汉死在路旁。太子将其安葬。几天后，太子对随从说，流浪汉不是凡人，定是神仙。随从开墓一看，里面果然没有尸体，只有太子相赠的衣裳。人们都说："唯圣人才知神仙事啊！""圣德太子"之名，也许就此而来。不过这个称号在他生前并未使用，而是他死后 100 多年才出现。

圣德太子生活的时代，东亚出现了新局面。隋朝统一中国。新罗采用中国制度，亦强大起来。面临新形势，日本也欲求变。太子首先延续苏我氏崇尚佛教的思路。据说他曾向朝鲜高僧惠慈学习佛典，他提出的一些问题，连惠慈也解答不了。后来，他在全国建造多间佛寺，其中的法隆寺是目前世上保留最古的木建筑。

此外，圣德太子还向中国来的博士学习儒家思想。他欣赏中国的大一统体制，主张加强皇权。他把"大王"改为"天皇"，确立使用"天皇"的名号。他还采用中国农历、编修国史，业绩颇多。

落后的生产关系造成经济贫困，引起社会危机。603 年，他开始进行"推古改革"，制定冠位十二阶，将官位分成 12 级，各级的帽子有不同颜色，以此区分贵族和官员等级，这种按功授爵、不得世袭的制度，打破了按血统确定地位的旧传统，使封建官僚制有了雏形。次年，他又制定"宪法"十七条，以中国儒家三纲五常为主的思想规定礼制。圣德太子积极摄取中国文化，直接向中国派遣留学生。这些为日本日后的进步以及大化改新奠定了基础。

622 年，圣德太子逝世，年 49 岁。他被尊为日本佛教始祖。如今，他仍是日本人心中的圣人，他的头像印在旧日币 1 万元的钞票上，在日本无人不识。

克尔白：麦加朝圣

克尔白或称卡巴天房、天房等，是一座立方体的建筑物，意即"立方体"，位于伊斯兰教圣城麦加的禁寺内。相传是第一个人类阿丹（亚当）兴建的，并由易卜拉欣（亚伯拉罕）和易斯马仪（以实玛利）父子共同修建。伊斯兰传统认为，克尔白是天堂的建筑"天使崇拜真主之处"在地上的翻版，而克尔白的位置就直接在彼天堂建筑之下。克尔白是伊斯兰教最神圣的圣地，所有信徒在地球上任何地方必须面对它的方向祈祷，而且伊斯兰教的五功包括了朝觐，也就是到麦加去朝拜。

克尔白是一座立方体的石造建筑，其四角面对东南西北四个方向，大致上和

大　　事	国别	地域	公元 单位：年
穆罕默德宣称在希拉山洞受到真主的启示，随后开始在麦加传播伊斯兰教。	阿拉伯半岛	西亚	610
在穆克里国的贵族和群臣请求下，戒日王继承曲女城王位，穆克里国与坦尼沙国合并形成戒日帝国，定都曲女城，北印度政治重心由华氏城西移至曲女城。	印度	南亚	612
波斯一度占领大马士革和耶路撒冷，他们同时与阿瓦尔建立联系，入侵小亚细亚。	萨珊波斯帝国	西亚	613
李渊建立唐朝。	中国	东亚	618
圣德太子逝世。	日本	东亚	621或622
穆罕默德离开麦加，前往叶斯里布（后更名为麦地那），史称"徙志"。后来该年成为伊斯兰教历的元年。	阿拉伯半岛	西亚	622
萨摩领导西斯拉夫人打败阿瓦尔人，建立独立的萨摩公国，是为西斯拉夫人最早的封建国家。公国以摩拉维亚为中心，领土从西里西亚延伸至今天的斯洛文尼亚，并领有波希米亚斯洛伐克及其他西斯拉夫部落	萨摩公国	东南欧	623

公元年	地域	国别	大 事
单位：年			
624			所据土地。
624	西亚	阿拉伯半岛	穆罕默德于白德尔之战击败来犯的麦加大军。
627			穆罕默德于麦地那的"壕沟之战"击败来犯的麦加大军。
		拜占廷帝国	希拉克略在尼尼微战役中大败波斯军队，取得了数十年来与波斯战争决定性的胜利。次年，波斯国王被迫签订和约，向拜占廷帝国割地赔款。
629			希拉克略放弃了传统的奥古斯都称号，改用希腊称号"巴西利斯"，意为"君主"。
	东亚	中国	玄奘由长安前往天竺（印度）。
630	西亚	阿拉伯半岛	穆罕默德率领军队进入麦加。麦加贵族接受伊斯兰教，承认穆罕默德的权威。穆罕默德下令将克尔白神庙改为清真寺。

指南针显示的方向一样。东南边的角称为"黑石角"，镶有一块黑色的陨石，一般即称之为"黑石"，是当年穆罕默德清除偶像后唯一得以保留的。其余三个角分别称为"伊拉克角"（东北）、"累范特角或称叙利亚角"（西北）和"也门角"（西南）。

黑石是克尔白的重要部分，目前被镶在东边的墙角，直径大约有 30 厘米长，用银框固定住。前往克尔白朝圣的穆斯林都会像穆罕默德一样，试着亲吻它。然而朝圣的人非常多，不可能亲吻黑石，只能用手掌示意一下。穆斯林认为黑石的颜色本来是洁白的，但由于人们的罪恶而逐渐变黑。

穆罕默德在世的时候，他所属的古来氏部族掌管着克尔白。那个时候克尔白是一个供奉多神教 360 个偶像的神坛。穆斯林相信穆罕默德领受真主指示而宣扬伊斯兰教，并要其还原克尔白上古一神教，利益受损的古来氏贵族们因此开始迫害他。622 年，穆罕默德及其追随者开始迁徙至麦地那。630 年，穆斯林军事上反败为胜，并和平收服了麦加与克尔白。至此，克尔白正式成为伊斯兰教独有的宗教建筑，也确保了穆斯林每年来此地朝觐仪式的进行。

穆罕默德和壕沟之战

穆罕默德是阿卜杜拉·伊本·阿卜杜勒—穆塔利布的儿子。他早年是个商人。根据伊斯兰教的史料记载，他从年轻时就富有领袖气质，并以正直闻名。他年轻时常被称为阿尔—阿明，意为"忠实"或"值得信赖的"。与此同时，穆罕默德开始退居至麦加城外一山洞，忘我地专心沉思。610 年，当穆罕默德 40 多岁时，他宣称天使加布里埃尔造访其洞穴。天使被派遣来转达真主带给他的诗句，并谕示他背诵它们。这便是伊斯兰信仰的基本信条，这些启示持续了 23 年，直到穆罕默德去世。这些诗句的集合构成了古兰经，穆罕默德则肩负起先知的使命，并开始公开宣传一神教。他深刻剖析了那个时代社会的丑恶现象，并预言在即将到来的审判日，所有人类将对他们过去的行为负责。穆罕默德的呼吁最初不为麦加统治阶层重视。但不久，随着他的启示日益普及，统治者开始感受到日益增加的危险，结果，穆罕默德和他的追随者遭受反对势力历时十多年的迫害。

622 年，穆罕默德被迫搬离麦加，此事件被称为"徙志"，或"希吉拉"，成为伊斯兰教的教历元年。流亡者定居在雅什里布地区（现易名麦地那），穆罕默德成为第一个公开的穆斯林社团领袖。随后穆斯林军队与麦加贵族进行了长达八年的对攻，著名的有白德尔战役、伍候德战役和壕沟战役。

627 年，麦加古来氏贵族集团首领阿布·苏富扬联合反对穆罕默德和伊斯兰的势力 1 万多人，围攻麦地那。穆罕默德采纳皈依伊斯兰的波斯人赛尔曼的建议，在城郊挖壕沟据守。麦加联军围城约 20 天，一直无法跨越城壕。最后因内部矛盾和粮食缺乏，被迫解围，史称壕沟战役，亦称围城战役。这一系列战事最终以穆斯林征

大　事	国别	地域	公元 单位：年
日本向唐朝派出第一批遣唐使。	日本	东亚	630
萨摩战胜法兰克人。	萨摩公国、法兰克王国	东南欧	631
穆罕默德去世，其继任者阿布·伯克尔成为这个新兴伊斯兰教政权的第一任哈里发。	阿拉伯帝国	西亚	632
阿布·伯克尔旗下的军官哈立德迅速攻陷萨珊王朝所属美索不达米亚南疆边境的所有要塞后攻占了美索不达米亚。	阿拉伯帝国、萨珊波斯帝国	西亚	633
阿布·伯克尔去世，欧麦尔成为第二任哈里发，不久下令对外发动圣战。	阿拉伯帝国		634
哈立德受命调往叙利亚对抗拜占廷帝国。由于接替哈立德的将领能力不足，萨珊王朝在河桥战役中击败穆斯林。	阿拉伯帝国、拜占廷帝国、萨珊波斯帝国		

公元 单位：年	地域	国别	大 事
636	南欧	伦巴德王国	布雷西亚公爵雅利安·洛塔列继承伦巴德王国国王之位。他在位时期几乎占领了意大利北部全境。他主持编纂了伦巴德王国第一部成文法——《伦巴德法典》（《洛塔列法典》）。
	西亚	阿拉伯帝国	伊斯兰教的第二任哈里发欧麦尔征服大马士革。 阿拉伯军队在亚穆克河战役中大败拜占廷军队，次年攻占重镇安条克。
637	南亚	印度	高达国王设赏迦去世，孟加拉地区归入戒日王统治。
638	西亚	阿拉伯帝国	耶路撒冷被阿拉伯帝国征服，成为阿拉伯帝国的一部分。
639	北非		阿拉伯军队攻入拜占廷控制的埃及地区。
	西亚		卡利尼古姆（今叙利亚的拉卡）为穆斯林征服。此地一度成为阿拉伯帝国阿巴斯王朝的第二个首都。
641	东亚、南亚	中国、印度	戒日王派使节来唐朝访问。
	西亚	拜占廷帝国	阿拉伯帝国占领了叙利亚和巴勒斯坦。

服麦加而告终。

穆斯林摧毁了"克尔白"中一切偶像崇拜的痕迹，大多麦加人也改信伊斯兰教。632年3月，穆罕默德率领信徒再次赴麦加朝觐，后称为朝功（哈吉）。632年6月8日，穆罕默德在返回麦地那后病逝。

大化改新

苏我氏家族凭借外戚的身份，长期成为权倾日本朝野的势力。尽管圣德太子生前在弘扬佛教方面与苏我氏站在同一战线，但是他的其他变革却触犯了国内最大的奴隶主贵族苏我马子的利益。因此苏我氏一直是推古改革的反对者。

圣德太子死后，苏我氏继续专权。628年，推古女皇驾崩，苏我氏便排斥改革势力，追杀圣德太子之子山背大兄王，逼其自尽，圣德太子一族灭亡。苏我氏另立天皇，使改革濒于夭折。此后，苏我氏的当权者，苏我马子之孙苏我入鹿横征暴敛，臣民积怨甚深，皇族也对其不满。此时，皇室的中大兄皇子与中臣镰足一拍即合，谋划推翻苏我氏专权，延续圣德太子的改革。其实，中臣镰足和苏我入鹿青年时还曾是同窗，一起在高僧僧旻的学塾中学过《周易》。据说入鹿当时是勤于治学的聪颖之人。其后两人渐行渐远，入鹿走上极权之路，而中臣投身改革，最后分道扬镳，成为你死我活的敌人。此外，中大兄还笼络入鹿的堂兄苏我石川。石川也不齿入鹿的行径，便与皇子合作，还把爱女嫁于他为妃。

645年6月12日，在飞鸟板盖宫中，

日本朝廷正在接见朝鲜半岛的"三韩"使者。"受贡"盛典上，入鹿作为大臣列席于前。在场的中大兄矫旨关闭宫门，在殿外埋伏勇士。中臣则持弓矢躲在柱后。他们约以苏我石川诵三韩上表文为号，倾出刺杀入鹿。石川读完上表文后，中大兄提枪直取入鹿咽喉，伏兵也四面涌上，入鹿立时倒毙于乱剑之下。在场贵族大惊失色。这一事件史称乙巳之变。接着，改革派组织军队，与拒守于甘樌冈的苏我入鹿之父苏我虾夷对峙。13 日，大势已去的苏我虾夷仿效商纣王烧尽财宝，自焚而亡。苏我氏统治就此垮台。14 日，苏我氏拥立的皇极天皇退位，革新派拥立孝德天皇。夺回实权的皇族以中大兄和中臣镰足为统治核心，仿效中国建元大化，意为"大的变革"，创日本年号之始。另外日本国从原来的"倭"改名为"日本"。新政府迁都难波（今大阪府），摆脱了苏我氏残党盘根错节的势力。

646 年，在使唐归国的留学生支持下，中大兄和中臣接续圣德太子的改新潮流，仿照唐法，参酌日本旧习，颁设诸多新政：首先规定了中央集权的封建国家体制；把很多贵族土地收归国有，国家定期把土地分给农民耕种，向其收取赋税；建立户籍；废旧贡纳制，开始要求农民服劳役或兵役，及向皇室献纳采女；规定地方行政区划，整顿交通、军事制度；以才选官，废世袭制；为防一人专权，设立三内阁大臣职位，此即"大化改新"。

大化改新约经历了半个世纪，改革纲领在实施中不断完善和修改。大化改新完

大　　事	国别	地域	公元 单位：年
阿拉伯军队在尼哈温德战役全歼波斯军队，波斯军伤亡 10 万以上。同年，阿拉伯人几乎全面占领了埃及地区。	阿拉伯帝国	西亚、北非	642
伦巴德国王洛塔列在斯科尔滕纳战役中获胜，占领奥德尔佐、利古里亚、艾米利亚地区。	伦巴德王国	南欧	643
戒日王征服康戈达地区，领土向东南发展。	印度	南亚	
唐朝使节李义表首次赴天竺。	中国、印度	东亚、南亚	
玄奘载誉启程回国，并将 657 部佛经带回中土。			
欧麦尔去世，奥斯曼成为第三任哈里发。	阿拉伯帝国	西亚	644
玄奘回到长安，受到唐太宗的热情接待。	中国	东亚	645
中大兄皇子诛杀权臣苏我入鹿，日本开始大化改新。	日本		

公元 单位：年	地域	国别	大事
647	南亚	印度	戒日王去世，帝国随即瓦解，北印度重新分裂。戒日王朝遂亡。
656	西亚	阿拉伯帝国	奥斯曼遇刺身亡，穆罕默德的女婿阿里成为第四任哈里发。
661			阿里遇刺身亡，四大哈里发时代结束。穆阿维叶在大马士革建立了倭马亚王朝。
664	东亚	中国	玄奘圆寂。
668		新罗	唐朝与新罗联军灭亡高句丽。随后唐朝与新罗发生矛盾，676年新罗统一朝鲜半岛大部。
678	东欧	拜占廷帝国	拜占廷海军使用秘密武器"希腊火"，在君士坦丁堡城下全歼来犯的阿拉伯海军。
680			君士坦丁四世在君士坦丁堡召开第六次基督教大公会议。

善了日本的统治制度，形成以天皇为首的中央集权国家，打击了奴隶主贵族势力，奠定了日本的国家发展方向。从此，日本开始进入封建社会。

改革也使社会经济得到发展，使日本社会环境稳定，为以后的繁荣奠定基础。经历大化改新之后，日本已现"初升之日"的曙光。

丕平献土：教皇国的出现

自从基督教获得合法地位后，捐赠给教会的地产和财富不断增加。西罗马灭亡后，罗马主教开始出面治理教会的领土，后来成为天主教的领袖——教皇。由于他们尊耶稣的门徒圣彼得为第一任罗马主教，故他们亦自视为圣彼得的后继。而教皇的地产有时也被称为"圣彼得的共和体"，并逐渐形成教皇国的雏形。

751年，人称"矮子"的丕平废黜法兰克墨洛温王朝末代国王，篡位自立，创建加洛林王朝。在这一过程中，丕平得到了教皇的赞助。从此，丕平就期待着有朝一日能出现酬谢教皇的机会。6世纪时，从原住地多瑙河一带出发，翻越阿尔卑斯山占领意大利北部的日耳曼蛮族伦巴德人日益崛起，在丕平登基的同一年，他们夺取了拜占廷在意大利的首府拉文纳。伦巴德王国的扩张对教皇驻地罗马城构成威胁。为此，丕平和教皇斯蒂芬二世（752—757年在位）进行过一次会晤，讨论对伦巴德动武之事，试图敦促伦巴德国王阿斯托尔福返还领土，以免诉诸武力。754年3月1日、4月14日，丕平接连召开两次贵族会议，并通过了奎亚兹条约，许诺把意大利中心的这一部分土地捐赠给教皇，名为教皇国；同时决定与伦巴德开战。754、756 年，丕平两度出兵意大利，打败了伦巴德人。756 年，他又把收复的土地捐赠给教会和教皇。这一事件被称为"丕平献土"。所献之土包含从罗马至拉文纳一带的地方，大多是前拜占廷帝国领土和中意大利五城地区——里米尼、佩萨罗、法诺、西尼加利亚和安科纳，以及其他一些城市。至此，从官方名义上，教皇国的创立被正式确定，首都定为罗马城。

然而，教皇国事实上的建立又可追溯到"苏特里献土"事件。"苏特里献土"是 728 年伦巴德国王柳特普兰德和教皇格雷戈里二世在苏特里（罗马大公国边界附近的一个堡垒）达成的协议。协议中规定在拉齐奥（或作"拉丁姆"）地区的城市和一些山城（如韦特腊拉）被正式割让给罗马教皇，该协议使教皇的领土范围延伸到罗马公国之外。从此，"圣彼得的共和体"不再仅仅是"教皇的领地"，同时也是一个有自己领土和治理结构的独立政治实体。应该指出的是，在 728 年之前，尽管教皇在罗马土地上行使独立权力，但在法律上，教皇的教权却臣服于拜占廷总督。而"苏特里献土"则标志着对教皇主权的承认，具有独特的象征意义。

另外，在"苏特里献土"之前，还有一次事件牵涉到教皇国出现的问题——即 321 年的"君士坦丁赠礼"事件。据说罗马皇帝君士坦丁一世给了教皇西尔维斯

大　事	国别	地域	公元 单位：年
阿拉伯军队征服北非的柏柏尔人，同时占迦太基，结束拜占廷帝国对北非的统治。	阿拉伯帝国	北非	698
元明天皇迁都平城京，奈良时代开始。	日本	东亚	701
阿拉伯帝国北非军队入侵西班牙，3 年后灭西哥特王国。	阿拉伯帝国	西欧	711
查理·马特成为墨洛温王朝宫相。	法兰克王国		715
佩拉约击败阿拉伯军队，建立阿斯图里亚斯王国，这是西哥特王国灭亡后伊比利亚半岛建立的第一个基督教政权。	阿斯图里亚斯王国		718
利奥三世颁布《禁止崇拜偶像法令》，揭开了毁坏圣像运动的序幕。	拜占廷帝国	东欧	726
查理·马特率领法兰克军队在普瓦提埃战役击败阿拉伯军队，抵挡了阿拉伯帝国对西欧	法兰克王国	西欧	732

单位：年 公元	地域	国别	大　事
			的入侵。
742	西欧	法兰克王国	查理大帝出生在法兰克王国埃斯塔勒市一个贵族家庭。
750或752	西亚	阿拉伯帝国	阿布·阿拔斯推翻倭马亚王朝末代哈里发，建阿拔斯王朝。阿拔斯王朝旗帜多为黑色，故中国史书称为"黑衣大食"。
751	西欧	法兰克王国	丕平废黜墨洛温王朝末代国王，建立加洛林王朝。
754	东亚	日本	中国高僧鉴真第六次东渡成功，来到日本传播佛法。
756	西欧	法兰克王国	丕平将意大利中部领土献给罗马主教，教皇国由此建立，史称"丕平献土"。
762	西亚	阿拉伯帝国	阿拔斯王朝哈里发曼苏尔迁都至他所营建的巴格达，他的统治便以伊拉克为中心。
768	西欧	法兰克王国	丕平去世，长子查理（后来的查理大帝）和次子卡洛曼分别成为西、东法兰克的君主。
771			卡洛曼病逝，查理统一法兰克王国。

特一世教皇国的主权，而作为皇家标志的拉特朗宫和罗马城也献给了教会。"君士坦丁赠礼"的真实性，在 15 世纪由人文主义者洛伦索·瓦拉（1407—1457 年）提出质疑。他从语言学和文字学角度，证实"君士坦丁赠礼"是君士坦丁去世五百多年后的一份伪诏，此后学者们的质疑不断。故"圣彼得之地"的第一次真实而正式设立还应溯源于"苏特里献土"。不过，当代史学界普遍贬低"苏特里献土"在教皇国和教皇世俗权力创建中的作用，不再认为它是导致教皇世俗权力正式诞生的肇始。

查理大帝

　　查理大帝（768—814 年在位），一译查理曼大帝，矮子丕平之子，法兰克王国加洛林王朝国王。查理的祖父铁锤查理是墨洛温王朝大权实据的宫相。查理的父亲丕平三世原为法兰克王国大臣，在教皇的支持下，废黜了墨洛温王朝的末代君王希得利三世，取而代之，创立了加洛林王朝。查理继任后继续与罗马教皇保持联盟关系。

　　768 年，查理父亲去世，按日耳曼人传统，王国由子嗣瓜分，查理与其弟卡洛曼（751—771 年）共治，查理获封王国西部。771 年 12 月 4 日，卡洛曼突然去世，查理合并了他的全部国土，查理成为法兰克王国唯一的国王。查理统治期间，法兰克王国扩张成为一个庞大的帝国。773—774 年，他征服伦巴德王国，占据意大利北部和中部；778—780 年，他率军越过比利牛斯山，攻打阿拉伯人，并取得埃布罗河以北的地区；772—804 年，他征服了萨克森人；791—799 年，他攻打阿伐尔人，占据了德意志西部和南部以及奥地利等地。至此，他已成为欧洲最强大的国王，所有其他欧洲国王君主都乞求与其结盟。此时的王国疆域西临大西洋，东至易北河及波西米亚，北达北海，南抵埃布罗河及意大利中部。欧洲这种大一统的局面，直到今天都没有再出现过。

799 年，罗马教廷出现反对教皇利奥三世的阴谋，教皇向查理求救。次年，查理第二次赴罗马，助教皇剿灭了叛乱势力。作为反馈，800 年的圣诞节，教皇在圣彼得教堂为其加冕称帝，称"罗马人的皇帝"，法兰克王国成为查理帝国。查理加冕标志着西欧文明不再是属于东罗马帝国的附庸，可以跟东罗马的拜占廷帝国分庭抗礼了。但查理一心所想的是全欧洲的统一。就在加冕后几天，查理就向当年已 50 岁的拜占廷女皇伊琳妮提出联姻建议，以实现东西的大一统。但是随着 802 年伊琳妮遭到朝臣放逐，查理只能放弃这一建议。

查理在帝国边境设立"马克"（边区），委派侯爵统辖，其他地区则委派伯爵治理。由于连年征战，自由农民纷纷破产，沦为农奴，与此同时，封建土地得到了发展，教俗大封建主享有"特恩权"。查理还鼓励发展文化，提倡学习古典。因为当时在西欧，识字率普遍很低，甚至许多贵族都目不识丁。查理本人虽有阅读能力，但不会书写，他深感文化的重要，故大办学校，唯才是举，招聘学者，抄写经

大　事	国别	地域	公元（单位：年）
查理应教皇之请，出兵意大利北部，围困伦巴德首都提奇努姆（今帕维亚）。	法兰克王国、伦巴德王国	西欧、南欧	773
查理占领提奇努姆，灭亡伦巴德王国。结果查理兼任法兰克和伦巴德国王，伦巴德地区逐渐失去伦巴德特色，变成意大利王国。	法兰克王国		774
拜占廷摄政太后伊琳妮下令恢复圣像崇拜，毁坏圣像运动第一阶段结束。	拜占廷帝国	东欧	787
伊琳妮太后废黜亲生儿子，自立为帝，成为拜占廷历史上唯一的女皇。		东欧	797
教皇加冕查理为皇帝，史称查理大帝（查理曼）。	法兰克王国	西欧	800
拜占廷女皇伊琳妮遭到朝臣放逐，结束统治。	拜占廷帝国	东欧	802
查理大帝最后一次出征，讨伐萨克森人。	法兰克王国	西欧	804
保加利亚人发动突袭，击败拜占廷军队，杀死皇帝尼基福鲁斯一世，后者的头骨被保加利亚汗王克鲁姆做成了酒碗。	拜占廷帝国	东欧	811

单位:公元年	地域	国别	大　事
813	东欧	拜占廷帝国	利奥五世登基,随即禁止圣像崇拜,毁坏圣像运动进入第二阶段。
814	西欧	法兰克王国	查理大帝病逝,幼子"虔诚者路易"继位。
843			"虔诚者路易"的三个儿子签订合约,法兰克王国被一分为三。

典,给愚昧的欧洲带来了著名的"加洛林文艺复兴"。

凡尔登条约:三分天下

查理大帝一生致力于欧洲的大一统。查理本应按日耳曼的传统,在死后把法兰克王国平分给诸子。但是由于查理的多数儿子都先他而离世,仅存后被称为"虔诚者路易"的儿子继承帝位,这也使帝国侥幸避免了四分五裂的局面。同时,或许是为了防止女婿分家局面的出现,查理没有让任何女儿出嫁。经过查理的精心设计,"虔诚者路易"顺利继位,没有分家。不过,帝国分裂局面还是不可避免地出现了。

"虔诚者路易"生前育有四子。由于他在继承问题上摇摆不定的态度,导致了四子一直处于对继承权明争暗斗的状态。838年,"虔诚者路易"次子阿基坦的丕平一世逝世。840年,"虔诚者路易"一世病死,其长子洛泰尔即位。翌年,"虔诚者路易"的另两个儿子"日耳曼人"路易和"秃头"查理结成联盟,反对洛泰尔,内战爆发。842年,洛泰尔战败求和。到了次年8月10日,三方不顾当年爷爷的良苦用心,经协商,在凡尔登(位于今法国东北部)签订了《凡尔登条约》,按日耳曼惯例分割了国土。

根据条约,加洛林帝国一分为三,三人各自为王:查理的长孙洛泰尔仍承袭帝号,并分得意大利中部和北部,以及莱茵河和阿尔卑斯山以西,埃斯科(斯海尔德)河、默兹河、索恩河和罗讷河以东地区,建立了中法兰克王国;"虔诚者路易"的第三子，绰号"日耳曼人"的路易分得莱茵河以东地区，建立了东法兰克王国;"秃头"查理分得洛泰尔领地以西地区，建立了西法兰克王国。

855 年，洛泰尔去世。870 年，东、西两个法兰克王国在墨尔森正式签订条约，瓜分了中法兰克王国的大部分。《凡尔登条约》所划分的疆界经过《墨尔森条约》的调整，大体上确定了近代意大利、德意志和法兰西三国领土的雏形：东法兰克王国成了以后的神圣罗马帝国（德意志），西法兰克王国成了以后的法兰西王国，中法兰克王国在被西法兰克王国和东法兰克王国瓜分后，留下的那一小部分，成了后来的意大利。

这样一来，查理大帝就既可以被德意志尊为自己的祖先，也能够被法兰西当成自己的祖先，所以直到今天，两国还都有历史学家为这个问题争论不休。此后，法兰克人的语言也出现明显的分化，形成了法语、德语和其他西欧国家的民族语言。

基辅罗斯的"索贡巡行"

9 世纪，斯拉夫部落征服了波罗的海和黑海之间的广袤区域，并创建了两个商业中心：诺夫哥罗德和基辅。根据传说，862 年，留里克被当地居民请入城中排解纠纷。留里克用和平手段解决了问题，并成为诺夫哥罗德大公，建立了俄罗斯第一个王朝——留里克王朝，因此，862 年被作为俄罗斯历史的起始年。后来，留里克

大 事	国别	地域	公元（单位：年）
东法兰克王国国王日耳曼的路易与西法兰克王国国王"秃头"查理签订《墨尔森条约》，瓜分中法兰克王国的洛林和普罗旺斯等地。日后法、德、意三国雏形形成。	法兰克王国	西欧	870
俄罗斯的编年史记载，传说中俄罗斯第一个王朝——留里克王朝的建立者、诺夫哥罗德大公留里克去世于此年。	基辅罗斯	东欧	879
诺夫哥罗德大公奥列格占领基辅，建立政权，史称基辅罗斯。			882
盎格鲁-撒克逊时期的国王阿尔弗雷德去世，因其英勇抵抗维京海盗入侵，死后被尊为阿尔弗雷德大帝。	英国	西欧	899
朱温废唐哀帝，建立后梁，唐朝灭亡。	中国	东亚	907

公元 单位：年	地域	国别	大事
909	北非	法蒂玛王朝	伊斯兰教什叶派首领奥贝德拉在突尼斯自称哈里发，建都马赫迪亚，是为法蒂玛王朝（中国史书称"绿衣大食"，西方文献又名南萨拉森帝国）。
911	西欧	西法兰克王国	西法兰克王查理三世以诺曼人臣服为条件，将北部沿海大片领土封给诺曼人首领罗洛，建立诺曼底公国。
912	东欧	基辅罗斯	根据俄罗斯史籍《原初编年史》记载，基辅罗斯统治者奥列格死于此年，基辅大公伊戈尔成为他的继任者。
920	西欧	德意志王国	东法兰克王国更名为德意志王国。
936	东亚	高丽	高丽王朝先后灭新罗与后百济，基本统一朝鲜半岛，定都开城。

的继承人奥列格攻克基辅，将统治中心移往基辅，并把东斯拉夫诸部落统一管理，形成基辅罗斯国雏形。而俄罗斯史籍中把奥列格的继承者基辅大公伊戈尔当成留里克之子。由于留里克的生平具有浓重的传说色彩，所以伊戈尔一般被视为留里克王朝的实际创建者。这三位古罗斯国的创始人都是"瓦兰结亚人"（斯拉夫人对北欧维京人的称呼），并非斯拉夫人。而"罗斯"一词最早在史料中就是指称"瓦兰结亚人"，后来词意有所延伸，也指斯拉夫人。

10世纪初，基辅罗斯封建关系尚不发达，最初几个大公在辖境剥削臣民主要是靠定期征收贡赋这种原始形式，其中一种用武力勒索贡献的方式被称为"索贡巡行"制。拜占廷皇帝君士坦丁七世（905—959年）曾在他的著作中，描述了罗斯统治者搜集贡品的过程：每年秋末冬初，大公或其亲信率武士队伍出城，驾着车马，沿伏尔加河"索贡"，巡视于所治之地。他们向被征服的各族人民收贡。一些部落用现钱交贡，以示敬意；有些则交纳其他商品，包括皮草货物、蜂蜜、粮食和一些奴隶等贡物。甚至抗缴居民也会被贬为奴隶掠走，所到之处，十室九空。

大公及亲兵队巡索一冬，迫至翌年春季，大公船队满载征收抢劫得来的贡品，由武装商队押运，沿第聂伯河南下，开进黑海，渡海把贡物和财宝、人丁（奴隶）运到君士坦丁堡出售。从那里他们可以换回纺织品、铁器、酒等。大公在4月回基辅。由此可见，征收贡物是罗斯初期主要经济来源。大公还会把索取的贡物分给亲兵，以维系与臣属的关系，这种无度的搜刮必遭人民的反抗。据 12 世纪初的《原初编年史》记载：945 年的一天，基辅大公伊戈尔在巡行中，企图收取比已商定的数额还多一倍的贡品，结果被忍无可忍的德列夫利安人杀死。他死后，其妻奥丽加害怕再爆发反抗，就变更了收贡方法。她任命官员间接收集贡品，再由他们上缴给自己。在她的一些辖地区域，她不再依赖于当地酋长和"索贡巡行"制。

有学者认为，奥丽加的改革是第一部罗斯法的萌芽，后来被成文编入东斯拉夫法典。随着封建制发展和人民斗争，"索贡巡行"制渐为实物地租和税收所代替。

神秘的玛雅文明

玛雅文明是出现于今天中美洲的一个古老文明，与印加文明、阿兹特克文明并称美洲三大文明，且是三者中文明程度最高的，有"美洲希腊"之称。

玛雅历史可分成前古典期、古典期、后古典期。

前古典期（公元前 1500—公元 300 年）也称形成期。当时，玛雅人已发明"象形文字"。此外，玛雅文明与古希腊文明类似，城邦林立，未形成统一国家。在前古典期，遍布于太平洋沿岸和高原的城邦以大型石刻纪念碑著称，碑上用象形文字刻有历史事件。而分布于中部低地的城邦，其文化特色体现在大型石料建筑，如金字塔等。玛雅历法产生于公元前，以 13 天为一周，20 天为一月，18 个月

大　事	国别	地域	公元 单位：年
里海南岸的德莱木人建立白益王朝。王朝名称来自创建者白益。白益之弟艾哈迈德进入巴格达，哈里发穆斯台克非成为傀儡。白益王朝统治伊朗西部及伊拉克。	白益王朝、阿拉伯帝国	中亚	945
大公伊戈尔率领亲兵进行"索贡巡行"时，因为企图征收双倍贡赋被杀。幼子斯维亚托斯拉夫继位，太后奥丽加摄政。	基辅罗斯	东欧	
基辅罗斯摄政奥丽加前往君士坦丁堡，受洗成为基督徒。			957

公元 单位：年	地域	国别	大 事
960	东亚	中国	陈桥兵变爆发，赵匡胤被拥立为皇帝，北宋建立。
962	南欧	神圣罗马帝国	德意志国王奥托一世在罗马被教皇加冕为皇帝，神圣罗马帝国由此而始。
968	东南亚	越南	丁朝建立，标志着越南独立。
969	北非	法蒂玛王朝	法蒂玛王朝哈里发穆伊兹派部将乔海尔征服阿拉伯帝国统治下的埃及。

为一年，一年 365 天，52 年为一轮回，比古希腊和罗马历法更精确。玛雅人在数学方面也成就显著，他们采用二十位进制，而玛雅人应用"0"的概念比欧洲早七八百年。

古典期是玛雅全盛期（约 4—9 世纪），建筑的兴建达到极盛。如蒂卡尔遗址，由数以百计的金字塔式台庙、祭坛、天文台和石碑组成，气势宏伟。仅中心区域，就有大型金字塔十几座，小型神庙 50 多座。蒂卡尔金字塔斜度达 70°，其外形如欧洲的哥特式教堂般奇峭，其中蒂卡尔 4 号神庙高达 75 米，为玛雅最高的金字塔。作为祭坛，金字塔也体现宗教在玛雅文化中的重要位置。5 世纪中叶，玛雅文字也循商贸路线普及到整个玛雅地区。

玛雅文化在后古典期（约 9—16 世纪）开始式微。这一时期的陶塑和雕刻艺术都较粗糙，世俗文化兴起，并带来好战之风。16 世纪时，玛雅文明被"日不落帝国"——西班牙所灭。玛雅文明虽亡，但其众多神秘之处仍耐人寻味。

首先，这个多方面高度发达的丛林文明，竟然一直处于新石器时代。玛雅人尚未使用金属工具，只知用黄金和红铜做装饰物。而一个以农耕为唯一生活来源的社会，居然有先进的天文与数学的知识，也让人疑窦丛生。此外，在没有先进工具的时代，金字塔的巨石如何被切凿并堆高，也是一大疑问。何况在帕伦格等地的金字塔附近，并无道路、水路可供运输，巨石如何被搬到丛林深处？由此出现了一种解释：外星人是玛雅金字塔的真正建造者，而金字塔和建筑群中间的广场，可能是其飞碟的降落场所。

玛雅人还会制作类似现代足球的橡胶球，并在几乎各大城邦建有球场，以举行球赛。但比赛却具有宗教意味，胜方（一说输方）的队长将被杀作为活祭。这种诡异而残忍的祭祀是现代观念很难理解和接受的。另外值得一提的是，玛雅人和中国人同属蒙古人种，并和中国人一样，喜爱玉石并有精巧的玉器雕琢能力。

《源氏物语》：世界上最古老的长篇小说

《源氏物语》，是日本女作家紫式部的长篇小说，是日本的一部古典文学名著，也是世界上最早的长篇写实小说。"物语"是一种具有民族特色的日本文学体裁，较著名的有《竹取物语》《落洼物语》《平家物语》等。《源氏物语》对于日本文学的发展产生过巨大的影响，被誉为日本古典文学的高峰，在日本开启了"物哀"的时代。作品的成书年代一般认为是在1001年至1008年间，因此可以说，《源氏物语》是世界上最早的长篇写实小说。小说描写了平安京时期日本的风貌，揭露人性，宫中的斗争，反映了当时妇女的无权地位和苦难生活。

全书共54回，近百万字。故事涉及4代天皇，历70余年，所涉人物400多位，其中形象鲜明的有二三十人。人物以上层贵族为主，也有下层贵族、宫妃侍女及平民百姓。全书以源氏家族为中心，上半部写了源氏公子与众妃、侍女的或凄婉或美

大 事	国别	地域	公元（单位：年）
大公斯维亚托斯拉夫从多瑙河前线撤军时，由于拜占廷帝国故意通风报信，使其遭遇宿敌帕臣涅格人的袭击。大公兵败身亡。基辅罗斯一度陷入分裂。	基辅罗斯	东欧	972
德意志国王、神圣罗马帝国皇帝奥托一世去世。	神圣罗马帝国	西欧	973
西法兰克王国加洛林王朝的路易五世去世，他膝下无嗣，卡洛林王朝绝嗣。卡佩家族的雨果·卡佩建立起卡佩王朝，西法兰克王国从此由法兰西王国所取代。	法兰西王国	约10世纪	987
玛雅文明开始了"后古典期"。	玛雅文明	中美洲	约10世纪

公元 单位：年	地域	国别	大　事
988	东欧	基辅罗斯	基辅罗斯大公弗拉基米尔下令罗斯人皈依基督教，史称罗斯受洗。
1008	东亚	日本	紫式部著《源氏物语》，为世界上现存最早的长篇写实小说。
1010	西亚	法蒂玛王朝	埃及的法蒂玛王朝哈里发哈基姆放弃前任的宗教宽容政策，残酷迫害犹太教徒和基督徒，

好的爱情生活；后半部以源氏公子之子薰君为主人公，铺陈了复杂纷繁的男女爱情纠葛。

从体裁看，该书颇似我国唐代的传奇、宋代的话本，但行文典雅，很具散文的韵味，加上书中引用白居易的诗句 90 余处，及《礼记》《战国策》《史记》《汉书》等中国古籍中的史实和典故，并巧妙地隐伏在迷人的故事情节之中，使该书具有浓郁的中国古典文学的气氛。

《源氏物语》的作者紫式部，是日本平安时代的女性作家、和歌作家。生卒年月不详。在宫中供职期间，她写了许多作品，除《源氏物语》外，还有《紫氏部日记》《紫氏部集》等。

"医者之父"阿维森纳

从 9 世纪起，阿拉伯的阿拔斯王朝也进入分裂和逐渐衰落时期，各地封建主或总督趁势拥兵独占一方，在中亚、西亚的领土上，先后建立了许多割据王朝。皈依伊斯兰教的波斯人也在萨珊王朝故地——中亚地区建立了第一个伊朗伊斯兰王朝——萨曼王朝。在萨曼王朝统治时期，塔吉克族开始在中亚出现。从这个族中产生了一位震古烁今的人物——阿维森纳。

阿维森纳，本名简称为伊本·西那，欧洲人尊其为阿维森纳（阿维真纳）。980年，阿维森纳诞生于萨曼王朝首都布哈拉附近的一个村庄（在今乌兹别克斯坦）。他 10 岁时就能背诵全部古兰经和许多阿拉伯诗歌。他阅读并掌握伊斯兰律法，随后学习了医学和形而上学。

后来，身为御医的他治好了波斯萨曼王朝的努哈·伊本·曼苏尔亲王之病，从而被特许进入藏书丰富的宫廷图书馆，几乎读尽图书馆之书。但是，中亚地区的常年交战使阿维森纳长期处于颠沛流离之中。萨曼王朝亡后，他辗转于花剌子模、伊朗的哈马丹、伊斯法罕等地，为几个穆斯林统治者所雇用。他担任过政府行政人员，如哈马丹的大臣之职，并多次遭受危险，甚至面临政治阴谋和牢狱之灾。当哈马丹陷于邻国统治之时，阿维森纳又被作为战利品，服务于新主子。1037 年，他死于新主子军队的一次行军中。

阿维森纳被誉为"医者之父"。他的著述颇丰，据说他所写之书有上百本之多，最重要的是医学方面的著作。他所著《医典》有五卷，内容宏富，集古希腊、阿拉伯医学之大成，堪称医学百科全书。他不仅系统总结了前人的医学成就，还丰富和发展了内科学、解剖学和药物学。12 世纪，《医典》被译成拉丁文，成为西方最重要的医学指南，代替了希腊医学家盖伦的著作，直到 17 世纪仍是欧洲大学的基本教本。蒙古第三次西征时曾将《医典》传入中国。

阿维森纳曾做过一个有趣的试验：把一胎所生的两只体质相同、喂养方式也相同的羊羔，置于不同环境：一只羊羔随羊群在水草地安逸快乐地生活；而另一只羊羔旁拴了一只狼，这只羊羔在惊恐状态下，吃不下东西，不久渐渐消瘦死去。因此他意识到情感等心理活动对健康有重大影响。在《医典》中，他就把情感列为保护

大 事	国别	地域	公元
			单位：年
下令摧毁耶路撒冷所有基督教堂和犹太会堂。			
瓦西里二世率军于贝拉西察战役全歼保加利亚沙皇沙木埃尔大军。瓦西里下令将保加利亚战俘百人为一组，99 人剜去双目，只留一人独自带路。沙木埃尔见状惊骇而亡。瓦西里二世获得"保加利亚人的屠夫"之名。	拜占廷帝国	东欧	1014

单位：公元/年	地域	国别	大事
1025	东欧	拜占廷帝国	瓦西里二世去世，拜占廷帝国的第二个黄金时代结束。
1037	西亚	塞尔柱帝国	日益强盛的塞尔柱人建立王朝。
	西亚	阿拉伯帝国	著名医学家、哲学家阿维森纳去世。
1039	北非	法蒂玛王朝、拜占廷帝国	在埃及，哈基姆的继任者收受一定财物后允许拜占廷重建圣墓教堂，双方关系再次缓和。
1054	东欧	拜占廷帝国	罗马教会与君士坦丁堡教会正式决裂，这是基督教历史上的第一次大分裂。从此基督教分裂为罗马天主教（公教）和希腊东正教（正教）。

健康必需的 6 项内容之一。此外，《医典》还记录了 800 种以上的植物及对人体的效用，并发明了蒸馏精油技术，用于增进身体健康的自然疗法。

除了医学成就，阿维森纳的著作还包括几何、天文、算术和音乐理论的内容。他甚至还研究过炼金术。哲学上，他的思想得益于法拉比，受亚里士多德、新柏拉图主义影响，并创作《知识论》《治疗论》等著作。他创造了自己的学说：肯定物质世界的永恒，主张灵魂不灭，也不轮回。他的形而上学则影响了托马斯·阿奎纳。

诺曼征服：黑斯廷之战

英格兰所在的不列颠岛，史上曾多次遭外族入侵。起初，欧洲大陆上，位于高卢等地的凯尔特人迁入不列颠。43 年，不列颠变为罗马的行省。407 年，罗马放弃不列颠后，属日耳曼族的盎格鲁—撒克逊人乘虚而入，驱逐、消灭或同化了岛上大部分凯尔特人。此后，盎格鲁—撒克逊人对英格兰地区的统治涵盖了中世纪初期的英格兰史，直至 1066 年。而"英格兰"之名也源自"盎格鲁人"（Angles），意为"盎格鲁人之地"。此后，盎格鲁—撒克逊人在各地立国，7 世纪到 8 世纪，较大的王国间互相争权，最后形成七国时代。9 世纪时，七国中的韦塞克斯（意即"西撒克逊"）国势振兴，成为英格兰的宗主。韦塞克斯王朝的阿佛列大帝成为第一位自称"英格兰国王"的君主。但在 1013 年，丹麦人入侵英格兰，当时的韦塞克斯王爱塞烈德无力抵抗，遂于 1016 年流亡。之后丹麦人统治英格兰，建立丹麦王朝。

爱塞烈德逃至位于法兰西的诺曼底公国。而此国的建立还要追溯到来自北欧的维京人。885年，大批维京人劫掠法国，攻击巴黎。911年，法王出于妥协，将法兰西西北一带的地区赐给维京人。维京人将此地命名为诺曼底，并将其扩张为诺曼底公国。维京人后与当地的高卢人混血而成诺曼人。他们在北欧、地中海和近东都扮演过重要军事角色，曾入侵西西里和南意大利，在后来的十字军东征中也作战骁勇。而英王爱塞烈德之妻也正是诺曼底公爵之女爱玛，他们的联姻本是英格兰避免诺曼入侵的对策，但这使他们所生的下一位英王"忏悔者"爱德华与诺曼底公爵产生血缘关系，反而为日后后者入侵英格兰夺取王权埋下伏笔。

1042年，随父流亡诺曼底的爱德华重回英格兰，复辟韦塞克斯王朝。1066年，爱德华逝世。由于膝下无子，他曾指定表弟诺曼底公爵威廉为继承人。但他死后，英格兰贤人会议却推举王后之兄哈罗德伯爵为王。这便引发王位继承问题，哈罗德曾因威廉救过他的命发誓愿做威廉的臣属，待爱德华死后扶助威廉即位。如今哈罗德却自己称王，威廉哪里肯依，遂纠集诺曼贵族和法国各地骑士，准备为此一战。当时挪威维京人首先入侵英格兰北部，哈罗德率兵在1066年9月25日于斯坦姆福德桥战役中将其击败。但威廉乘英军北上之机，于9月28日率领大军横渡英吉利海峡入侵英格兰。他于英格兰南部的佩文西登陆。

大　事	国别	地域	公元
塞尔柱王朝推翻白益王朝，控制了巴格达的哈里发政权。	塞尔柱帝国、白益王朝、阿拉伯帝国	西亚	1055
亚美尼亚被拜占廷征服，巴格拉提德王朝灭亡，亚美尼亚贵族迁到地中海东岸的西里西亚（又称小亚美尼亚或西亚美尼亚）建立卢比尼王朝。	亚美尼亚、拜占廷帝国		1064
诺曼底公爵威廉在黑斯廷战役击败英军，杀死其国王哈罗德二世，进而征服英格兰地区，史称诺曼征服。	英国	西欧	1066

（单位：年）

单位：公元年	地域	国别	大　事
1071	西亚	拜占庭帝国、亚美尼亚	拜占庭在亚美尼亚的统治结束，塞尔柱土耳其开始统治亚美尼亚。
1073	南欧	教皇国	格里高利七世以一致欢呼的方式当选教皇。
1073/1076	西亚	塞尔柱帝国	耶路撒冷为塞尔柱人所占领，对十字军东征产生了刺激作用。
1076	西欧	神圣罗马帝国	罗马教皇格里高利七世将不服从自己命令的神圣罗马帝国皇帝亨利四世开除教籍，废黜其皇位。
1077	西亚	塞尔柱帝国、罗姆苏丹国	苏莱曼·库塔尔米什自称为塞尔柱苏丹，从塞尔柱帝国分裂出来，在伊兹尼克（尼西亚）建都，建罗姆苏丹国。
	南欧	神圣罗马帝国	亨利四世冒雪来到教皇驻地卡诺莎城堡，请求格里高利七世宽恕，史称卡诺莎觐见。

哈罗德率疲惫的部队回援。10月14日双方交战于黑斯廷西北方6英里的森勒克山丘。诺曼军以弓弩手为前导，在距敌90米处射箭，但因英军盾墙坚不可摧，杀伤甚少。诺曼军攻至山腰时，英军向其投射标枪、滚落巨石，诺曼左军溃逃。但英军右翼却在没有盾墙保护的情况下出击追杀，导致队形混乱。威廉乘机率军攻其右翼，几乎得手。战至下午，双方难分胜负。威廉重新集结军队，据称他举起自己的头盔来平息他战死的传言。此后，他利用英军轻率出击的弱点，命左军佯退，乘英军冲击下山，率右军猛攻，杀敌甚众，但未攻占山头。威廉命弓弩手高角仰射，密集的箭矢越过屏障飞进英军阵营。韦塞克斯王朝末代国王哈罗德中箭身亡，英军溃散。威廉乘胜长驱直入直达伦敦，在1066年的圣诞节于西敏寺加冕为王，建立诺曼王朝，确立诺曼人对英国的统治，盎格鲁—撒克逊时代结束。

黑斯廷战役是史上最后一次对英国成功的军事入侵，以后没人能成功征服英国。诺曼征服改变了英格兰的文化，甚至其语言。诺曼统治阶级给英语带来法语的痕迹，盎格鲁—撒克逊的古英语受其影响，在1150年到1500年间大致转变为中古英语。

但自从征服者威廉征服英格兰，英法关系变得错综复杂：诺曼人已成英格兰国王，地位跟法王相同，然而他们仍拥有诺曼底公爵头衔，理应向法王效忠。但是他们反而利用同时作为英王和法国贵族的身份，与法国争夺法兰西领土，始成后来英法百年战争的导火索之一。

卡诺莎觐见：皇帝与教皇

在中世纪的西欧，教皇被认为是上帝在人间的宗教事务代表。而"神圣罗马帝国"建立后，其皇帝则成为上帝在人间的世俗事务代表。但实际上，9世纪以来，教皇身为宗教领袖，却过多插手世俗政务。此外，教皇国在意大利拥有不少土地，使教皇成为实际上的世俗君王。而奥托死后的两个世纪中，神圣罗马帝国也不时和教皇发生摩擦。皇帝作为世俗君主也干涉教廷事务，于是皇权与教权之争便成为中世纪西欧社会的重要特征。

起初，皇权一度压倒教权，控制教会，并多次废立教皇。但自11世纪起皇权日衰，激进的克吕尼派修士强调教皇的至高无上地位，在整个西欧向世俗国王进攻，皇帝再难扶植傀儡教皇。此外，教皇又同意意大利南部的诺曼人，及北部的米兰、威尼斯等城市结盟。为此，神圣罗马帝国皇帝对意大利中、北部的统治被削弱，甚至于在德意志地区内的地位也受到威胁。

1075年，教皇格里高利七世宣称教权高于一切，规定世俗君主不得干预教皇选举和主教任职，打破了百年来皇帝操纵教会的惯例。他还指责时任的神圣罗马帝国皇帝亨利四世属下的贵族和主教犯买卖圣职罪。亨利对此极为恼怒，双方斗争激烈。1076年2月，教皇下诏将亨利开除出教，废止其"统治德意志王国和意大利"的权力。10月，德意志反皇帝一派的主教

大　事	国别	地域	公元
亨利四世第二次被教皇格里高利七世开除教籍。	神圣罗马帝国	西欧	1080
亨利四世攻陷罗马城，废黜教皇格里高利七世，后者转年去世。			1084
苏莱曼·库塔尔米什在安条克附近被叙利亚的塞尔柱统治者突突什一世所杀。	罗姆苏丹国、塞尔柱帝国	西亚	1086
博洛尼亚大学成立，这是欧洲最早的大学。	神圣罗马帝国	西欧	1088
意大利南部皈依基督教的诺曼人从穆斯林手中夺回西西里。伊斯兰势力逐渐丧失了在地中海的优势地位。	法蒂玛王朝	西欧	1091
塞尔柱帝国的马立克沙和尼扎姆·穆勒克相继逝世后，王室诸子争位，塞尔柱帝国分裂成许多小王朝。	罗姆苏丹国、塞尔柱帝国	西亚	1092
教皇乌尔班二世召开克莱蒙宗教会议，号召西欧领主和骑士组成十字军向东方的圣地耶路撒冷进军。	教皇国	西欧	1095

单位：年

单位：公元·年	地域	国别	大　事
1096	西亚	教皇国	3月，在"隐士"彼得和沃尔特·桑萨瓦尔的率领下，平民迫不及待地自行组织起第一次十字军东征的先头部队——"平民十字军"。拜占廷皇帝将其送入小亚细亚战场，随即被塞尔柱突厥军队全歼。
	西欧		秋天，由武装贵族和骑士组成的正规十字军开始出发。
1097	东欧		第一次十字军的主力部队到达君士坦丁堡，塔兰托伯爵博希蒙德领导的十字军主力向南进军，开始围困穆斯林占领的叙利亚重镇安条克（安条克之围）。十字军经过君士坦丁堡附近，渡海进入小亚细亚，占领塞尔柱国家罗姆苏丹国都尼西亚。
	西亚	罗姆苏丹国	十字军中的博希蒙德和他率领的诺曼人获得安条克的统治权，他自封为安条克亲王，建安条克公国政权。
1099		耶路撒冷王国、的黎波里伯国	十字军攻陷耶路撒冷，随后建立耶路撒冷王国、的黎波里伯国。

和贵族赞同教皇褫夺亨利教籍，要求亨利放弃帝位。亨利迫于形势向教皇求免，并于1077年1月到意大利的卡诺莎城堡向教皇请罪。他身披悔罪衣，赤足冒雪哀求三天才得晋见，教皇同意恢复亨利的教籍和统治。这便是史上著名的卡诺莎觐见。但是此时，教皇煽动的德意志诸侯反对派已另立斯瓦比亚的鲁道夫为帝。而教皇采取中立政策，使两个势均力敌的皇帝都企图获得他的支持，坐收渔翁之利。

卡诺莎觐见使亨利获得人民的同情，也使反对派皇帝鲁道夫失去名正言顺的地位。亨利回国后立即与反对派发生战争。1080年1月鲁道夫在弗拉赫海姆战役中获胜。教皇错估形势，放弃中立，于3月再次革除亨利教籍。10月，亨利和鲁道夫在埃尔斯特的沼泽地边缘附近展开决战，经过残酷的交锋，鲁道夫再次取胜，但其本人在战斗中失去右手，腹部也受致命伤，不久后去世。反对派尽管赢得军事胜利，却失掉民心。此后形势急转直下，亨利趁势进军意大利，于1084年率军占领罗马，加冕克雷芒三世为新教皇。格里高利随同前来救援的诺曼人被逐出罗马，客死他乡。亨利又回到权力的顶峰。

皇帝和教皇的关系破裂，使奥托大帝以来皇帝联合教会抑制诸侯所形成的微妙平衡被打破。从此，诸侯和教皇开始有了利益共同点，后来的教皇不断挑唆德意志诸侯起事。亨利四世及继任者亨利五世为维护自己普世帝国的权势，不得不多次进军意大利，或使教皇屈服，或不断扶植新教皇。

　　皇帝为停止恶性循环，被迫在 1122 年与教皇签署不利于己的《沃尔姆斯协定》以结束争端。和约规定，主教的任命由教廷和皇帝共同执行。实际上，皇帝从此失去了对教会的控制，教权逐渐压倒了皇权。

大　事	国别	地域	公元 单位：年
鲍德温成为耶路撒冷国王，把埃德萨伯国交给其表亲伯克的鲍德温治理。	埃德萨伯国、耶路撒冷王国	西亚	1100
伯克的鲍德温继位为耶路撒冷国王，把埃德萨伯国交给乔瑟林治理。			1118
金攻克汴梁，北宋灭亡，史称靖康之变。康王赵构称帝，建立南宋政权。	中国	东亚	1127
突厥人伊马德丁·赞吉建赞吉王朝。赞吉王朝在 12—13 世纪占领叙利亚和伊拉克北部。	赞吉王朝	西亚	

阅读四　黎明的前夜

　　一直以来，人们把中世纪视为一个"黑暗时代"。然而，如今已证实这种观点是来自启蒙时代思想家的偏见。尤其是中世纪后期的西欧，多方面都已呈现复苏之势：国际贸易增多，经济恢复发展，城市和世俗文化兴起，科学精神重塑，等等。

　　1453 年，君士坦丁堡被奥斯曼帝国攻陷。从拜占廷帝国灭亡前夕开始，便有大量希腊学者逃往西欧，随之一起前往的，还有大量的希腊、罗马古典文献。这些新的变化猛烈地冲击着中世纪的旧秩序，文艺复兴的曙光已经出现，人类文明即将翻开崭新的一页。

地域	国别	大　事
单位：公元年		
1128 西欧	法国	路易六世颁发特许状，同意琅城建立公社，实行自治。
1129 西亚	教皇国	教皇承认耶路撒冷圣殿骑士团的地位。
1131	埃德萨伯国	埃德萨伯国国君乔瑟林战死，其子乔瑟林二世继位。
1144	赞吉王朝、埃德萨伯国、耶路撒冷王国	塞尔柱人摩苏尔总督赞吉攻打十字军国家之一的埃德萨伯国，都城埃德萨被攻占。耶路撒冷国王向法王路易七世和神圣罗马帝国国王康拉德三世求援，是为第二次十字军东征的动因。

琅城自治：欧洲城市的兴起

中世纪时期，城市与封建领主的关系非常复杂。一方面，城市有自由的空气，吸引大量原来受封建领主控制的农奴逃往城市；另一方面，领主对城市工商业带来的收入很感兴趣，他们都希望别的封建领主的农奴逃到自己领地内的城市。因为这些城市大多是建立在封建领主的领地内，领主可以对城市进行管理，设立各种名目的摊派勒索，城市与领主的矛盾日益突出。由于城市与领主的关系不同，城市的管理方式也不一样，在那些取得完全自治权的城市，只向国王或领主交纳定额赋税，城市居民可以选举产生自己的市议会，市议会是城市的最高权力机构，有权制定政策、法令和铸造货币。这些城市有自己的武装和法庭，有权宣战、媾和。城市还通过选举产生自己的市长和法官等管理人员，行使行政、司法和财政大权；另一些城市只有不完全的自治权，这些城市由国王与城市代表共同管理；也还有一些小城市无力争取自治权，只好接受领主的统治。

在获得自治的途径上，有的城市通过赎买方式，摆脱了领主的统治；有的城市则通过武装斗争赢得了城市自治权，法国的琅城起义是这一方式中的典型。

琅城是法国北部一个比较富裕的工商业城市，毛纺织业发达，是当时法国毛纺织业的中心。琅城建立在贪得无厌的主教高德理的领地上。为摆脱高德理的统治，12世纪初，琅城的居民凑了一大笔赎金，向主教高德理和国王路易六世买回了城市的自治权。但是，高德理背信弃义，得钱后，他又要重新统治琅城。琅城居民闻讯十分愤怒，于 1112 年发动起义，成立"公社"，杀死高德理等人。1128 年 8 月，路易六世授予琅城特许状，为其设置了一个自治框架。此后，实行自治的琅城公社一直存在了两百多年。

武士的形成

武士是日本 10—19 世纪的一个社会阶层，一般指通晓武艺、以战斗为职业的军人。武士精神被称为"武士道"。

武士的雏形是在日本平安时代律令制下产生的武官，最初是日本桓武天皇为了巩固政权而设立的。在平安时代以前，除了奴隶，所有的自由人男子都有责任和义务成为被天皇募兵的对象。然而这些士兵必须自行补给和养活自己，很多人因此不能回到自己的家乡，而是选择在服兵役的当地定居。人们可以通过交重税来免除兵役，这种主要由农民组成的士兵在日本统称为防人。由于防人士兵的不正规性，且又给农民带来了巨大的负担，在平安时代初期被桓武天皇所废止。这种形式的士兵并不是真正意义上的武士。

在平安时代早期（8 世纪末—9 世纪初），桓武天皇想要在北本州岛巩固和扩张自己的统治范围。天皇对本州北部虾夷人派出的北伐军缺乏士气和纪律，很难在战场上取胜。于是桓武天皇开始向地方世家豪族求助，提出将授予征夷大将军的称号给任何替代自己讨伐北本州的地方势力。这些弓马娴熟的世家豪族很快成为天

大　事	国别	地域	公元 单位：年
为援助遭到塞尔柱人进攻的耶路撒冷王国，西欧领主和骑士组成第二次十字军。	教皇国	西欧	1145
赞吉被人刺杀，其子平分了王朝的领地。长子赛义夫丁·加齐以摩苏尔为首府，领有美索不达米亚，次子努尔丁·马哈茂德以阿勒颇为首府，领有叙利亚地区。	赞吉王朝		1146
莫斯科建城。	基辅罗斯	东欧	1147
大马士革经历十字军围攻。	赞吉王朝	西亚	1148
第二次十字军东征以惨败告终。	教皇国		1149
伊斯兰教阿萨辛派首领拉希德丁暗杀了的黎波里伯国的国王雷蒙德二世。	的黎波里伯国		1152

公元 单位：年	地域	国别	大　事
1154	西亚	赞吉王朝	赞吉王朝的努尔丁征服大马士革，将其作为首都。
	西欧	英国	亨利二世成为英国国王，建立金雀花王朝，并实行了一系列加强王权的改革。
1156	东亚	日本	日本爆发保元之乱，后白河天皇在其支持者平清盛和源义朝的帮助下战胜了崇德上皇。武士作为双方都倚重的力量开始登上日本历史舞台。
1157	西欧	英国	9月8日，"狮心王"理查一世出生在英格兰牛津。
1159	东亚	日本	日本爆发平治之乱，源氏武士首领源义朝被平氏武士首领平清盛击败。

皇用来剿灭反抗力量的工具。为了应付征战，完全专职的军人制度——武士制度出现了，并开始流行于日本国内。武士制度的另一起源是守卫领主庄园的郎党与臣籍降下的王子。12世纪末，武士首领源赖朝出任"征夷大将军"，创立幕府，统帅天下军政，标志着武士时代的来临。尔后的军事领袖多半袭用"征夷大将军"之官位实施统治。从1192年开始，大部分幕府势力掌有日本实际政权，直到1868年明治维新，江户幕府交出政权给天皇为止。

日本武士理论上必须是文武双全的人，除了要擅长剑道、马术、射箭等武艺，也须读书、习汉文、练书法、做文章；尤其兵法、韬略更须精通。品行、操守、勇气也都是被评鉴的内容，武士的道德和精神被称为武士道。武士在上小学的年纪就需现场参观死刑的执行，甚至上战场作战。日本战国时代，失去主人的武士被称为浪人。

源平合战和镰仓幕府的形成

794年，桓武天皇迁都平安京（即京都），开启了日本的平安时代。这是一个由举止优雅柔弱、生活奢华的公卿统治的时代，但浮华表面下隐藏着黑暗腐朽的政治。

801年，崛起的藤原氏开始干政。他们在天皇幼年时摄政辅佐，成年时以关白之职独掌朝政，人称摄关政治。为抵抗摄关，许多天皇选择退位，成为太上皇。但他们只是假意禅位，实则开设院厅，握有实权，设"院政制度"。

摄关、院政之争使天皇大权旁落，连年权力斗争导致朝政腐败。不甘心的天皇亦欲争权，加入战团。由于各股势力都企图拉拢武士以增强实力，于是身份低微的武士家族源氏和平氏悄然登上政坛。1156年，时任的上皇和天皇争权，支持天皇的源平两家携手消灭上皇党羽。但此后，他们却互为雠敌。3 年后，平氏几乎剿灭源氏，专揽朝政，其统治日益残暴。1180 年，77 岁的平氏宠臣源赖政，眼看平氏为万人诟骂，便悍然举起反旗，向各地发布讨平令旨。平氏则发兵征伐，赖政战死。源氏遗孤源赖朝于 8 月在关东兴兵，与许多豪族会合，势力迅速壮大。10 月，在富士川之战中，源家军发动夜袭，尚未抵达敌营时，平家军却被惊动的水鸟叫声吓到，误以为敌军已到，未触即逃。

平氏退去后，赖朝未追击，而是稳居其祖先在关东的经略地镰仓，不再亲征，着手建立与公卿政治不同的武家政体：他把收拢的豪族改编成御家人（家臣），创"侍所"对其统一管辖，后又设公文所（掌行政）和问注所（掌司法）。他巩固根据地之举使自己日后在与平氏和群雄的争霸中脱颖而出，也为以后统治日本奠定基础。

1181 年 9 月，平氏征剿义仲。在横田河原之战中，义仲让设伏的部队高举平氏的红旗，诱使平氏以为自家援军赶来，在对方靠近时，把红旗换成源氏白旗，出敌不意，大破之。1183 年 4 月，平氏再伐源义仲。义仲避敌锋芒，将平氏引至其大军无法齐攻的俱利迦罗谷，并不断派小队搦战。平家武士逐一出阵厮杀，义仲埋伏的

大　　事	国别	地域	公元 单位：年
赞吉王朝的努尔丁应埃及法蒂玛王朝之请，派遣将领希尔库及其侄萨拉丁率军到埃及迎战十字军，多次得胜，后叔侄二人先后任法蒂玛王朝大臣。	赞吉王朝、法蒂玛王朝	西亚、北非	1164
平清盛被任命为从一位太政大臣，平氏政权辉煌达到顶峰。	日本	东亚	1167
英国宗教领袖、坎特伯雷大主教托马斯·贝特克被亨利二世的支持者刺杀身亡。	英国	西欧	1170
萨拉丁推翻法蒂玛王朝，在埃及建立阿尤布王朝，但仍臣属赞吉王朝的努尔丁。	埃及阿尤布王朝、赞吉王朝	北非	1171
赞吉王朝的努尔丁去世。他生前继其父赞吉捍卫伊斯兰教的事业，在抗击十字军的斗争中	赞吉王朝	西亚	1174

公元 单位：年	地域	国别	大　事
			取得重大胜利。其子伊斯玛仪·麦利克·萨利赫继位。
1176	西亚	罗姆苏丹王、拜占廷帝国	密列奥塞法隆战役。罗姆苏丹国的基利杰阿尔斯兰二世击败曼努埃尔一世的拜占廷帝国军，沉重打击了拜占廷帝国的势力。
1180	西欧	法国	路易七世于 9 月 18 日去世后，15 岁的腓力二世成为唯一的法国国王。
	东亚	日本	源义朝之子源赖朝在关东起兵反对平氏政权，并于富士川之战击败平氏大军。同年，源赖朝在镰仓设立侍所，为日本幕府政治开端。

部队趁机绕到平家军背后，将其合围。平家大军顿时被挤入峡谷，他们拼命涌向谷外，殊不知谷外地势高而险峻，便大多摔死在谷底。俱利迦罗谷之战后，平氏几无兵力布防。7 月，平氏挟天皇西逃，义仲进京。但义仲不擅政治斗争，陷入孤立，且其军队大肆掠夺，人心遂望源赖朝进京平乱。1184 年 1 月，赖朝遣将于京都近郊与义仲会战。义仲遭截杀而亡，这位叱咤一时的将领成了悲剧英雄。

源氏内讧期间，平氏欲趁机反扑。但在一之谷之战中，源氏首尾夹击平氏，后由赖朝的九弟源义经率一队人马从山谷后方山崖俯冲奇袭平氏。平氏大败，一路溃逃，被逼至本州岛西端。1185 年 3 月，在坛浦海战中，平氏英勇抵抗，但大势已定，平氏大将陆续悲壮地投海自尽，平氏血脉的幼天皇也被外祖母抱着跳海，落得与南宋幼帝赵昺相似的下场。源平合战结束，平氏覆亡。

源平合战旷日持久，波及甚广，其间英雄辈出。但笑到最后的是源氏的源赖朝。他最后剿灭、收服其他武士势力，甚至逼死功高震主的弟弟源义经，独揽大权。统一日本后，赖朝极少进京，依然长期入驻镰仓，使其变为实际上的政治中心，开启了日本的镰仓幕府时代。而他当年在镰仓创制的以武门为核心的新政体，也被推及全国，成为在日本延续 700 余年的幕府制。1192 年，他出任征夷大将军，大抵确立了幕府制度的基本形式：以世袭的征夷大将军（俗称幕府将军）为领袖，架空天皇实权，进行军政统治。从此，日本政治从奢靡的公卿政治演变到武家政治。武士道精神的形成及日本此后所走的军国政治之路皆源于此。

高耸入云的哥特式建筑

哥特式建筑，是 12—16 世纪初期在欧洲出现并盛行的一种建筑风格。它由罗曼式建筑发展而来，法国圣丹尼教堂为其早期代表。1144 年在庆祝圣丹尼教堂重修完成的典礼上，各国主教发现这种建筑有不可抵挡的魅力。25 年后，凡有代表参加庆典的地区都出现了哥特式建筑。后来，哥特式也成为德国建筑的主流样式。"哥特式"一词出现于文艺复兴后期，因为当时的意大利人视中世纪为野蛮时代而以蛮族"哥特"之名称之，带有贬义。但文艺复兴时期的建筑还是对哥特式建筑有所继承。

哥特式建筑最常见于欧洲的天主教堂。它们一反罗马式厚重阴暗的半圆拱门的教堂式样，而广泛运用线条轻快的尖拱券，造型挺秀的小尖塔，修长的立柱或簇柱，轻盈通透的飞扶壁。这些建筑结构上的创举，使建筑摆脱承重墙和厚重石材的束缚，给墙壁等处留出更多空间以进行雕塑、绘画创造，丰富了建筑立面的层次感。

教堂内彩色玻璃镶嵌的窗，运用了从阿拉伯国家学得的玻璃工艺。花窗玻璃拼组成五颜六色的宗教故事，起到了向目不识丁的民众宣教之功用。花窗以红、蓝二色为主，蓝色象征天国，红色象征基督的鲜血。细高的玻璃花窗造就了教堂内部如

大　事	国别	地域	公元 单位：年
平清盛病逝。	日本	东亚	1181
萨拉丁攻占阿勒颇。赞吉王朝在叙利亚的各地领主臣服于阿尤布王朝。	赞吉王朝、埃及阿尤布王朝	西亚	1183
萨拉丁攻占摩苏尔。赞吉王朝在美索不达米亚的各地领主臣服于阿尤布王朝。			1185
伊斯兰教英雄萨拉丁攻克耶路撒冷，耶路撒冷王国灭亡。	耶路撒冷王国		1187
第三次十字军东征开始，德皇腓特烈一世、法王腓力二世和英王理查一世参与。	德、法、英等	西欧	1189
塞莱斯廷三世被选为教皇。	教皇国		1191
英王理查一世与萨拉丁苦战后达成和平协议，第三次十字军东征结束。	英国	西亚	1192
源赖朝建立镰仓幕府，任征夷大将军。	日本	东亚	
教皇塞莱斯廷三世去世。英诺森三世继位。	教皇国	西欧	1198
源赖朝猝逝，其子源赖家继承征夷大将军之位。	日本	东亚	1199

公元 单位：年	地域	国别	大 事
1199	西欧	英国	英王"狮心王"理查去世，其弟"失地王"约翰继位。
1200		神圣罗马帝国	泽林根公爵决定在弗莱堡城中修建大教堂。
1202		教皇国	教皇英诺森三世发起了第四次十字军东征。
1203	东亚	日本	镰仓幕府爆发比企能员之变，源赖家被罢黜征夷大将军之位，其弟源实朝继任。
1204	西欧	英国、法国	法国国王腓力二世兼并诺曼底公国的全部领土，法英交恶。
	东欧	拜占廷帝国	第四次十字军转向包围并攻克君士坦丁堡。十字军首领在拜占廷帝国故地上建立拉丁帝国。拜占廷皇族后裔在小亚细亚、伊庇鲁斯和黑海东岸等地建立地方政权。
1206	东亚	蒙古帝国	铁木真统一蒙古各部，被推举为"成吉思汗"。
	南亚	德里苏丹国	阿富汗古尔王朝统治德里的总督艾贝克自立为统治印度的苏丹，定都德里，标志着德里苏丹国统治的开始。其后的320年间经历了5个王朝的统治。

天国般神秘灿烂的光影幻觉和升华感。此外，窗棂的构造工艺也十分精巧繁复。哥特式建筑的最高点一般落于其高耸的大尖塔，强调一种拔地而起、垂直向天的空间动感。哥特式建筑的整体风格可简单概括为"高、尖、直"，所以又被译作"高直建筑"。其高耸的大尖塔，以及其内部繁复细腻的装饰、高度写实的雕塑，令后世一直叹为观止。

现今最高的哥特式教堂是位于德国的乌尔姆大教堂，高达 161.5 米。其他著名的哥特式建筑还有：英国威斯敏斯特大教堂（西敏寺），德国弗莱堡大教堂、科隆大教堂，西班牙巴塞罗那圣家堂、巴塞罗那圣埃乌拉利亚主教座堂，意大利哥特晚期米兰大教堂，捷克圣维特大教堂（布拉格），香港圣母无原罪主教座堂和圣约翰座堂等。1861 年建造的广州石室圣心大教堂是中国最大的哥特式建筑之一，它采用了双尖塔式结构，塔尖高 58.5 米。

儿童十字军：一场圣战?

1212 年，欧洲有数以千计的孩童在教士带领下，离家前往耶路撒冷，开始踏上"解放圣城"的旅途。这些小"十字军战士"并未想象要使用武力，而是相信凭借对上帝的信仰，就能"解放圣城"。

"儿童十字军"主要由两个人组建而成。

1212 年 5 月，一位来自莱—卢瓦河畔克卢瓦埃县（靠近福芒杜瓦的沙托丹），名叫斯蒂芬的牧童，步行去圣丹尼省朝见国王腓力二世，汇报说他看见上帝显圣的异象，请求让他领导一支十字军东征。他最后聚集起许多青少年信徒，并向国王腓力二世保证说，这次东征是上帝召集的，故上帝会在征途中提供食物和水，直至他们安全抵达圣地；只要他们到达法国南部，上帝就会把地中海之水分开，形成道路让其通过。

　　大约同时，一个德国青年，科隆的尼古拉斯在莱茵兰动员起了一支类似的朝圣大军。沿途不少年轻人扔掉手中的农具，或弃牧群而不顾，义无反顾地加入大军。

　　儿童十字军口中一直呼唤着"万能者基督"之号。此外，还有成年人和牧师加入其中。

　　法国这一支儿童十字军中大部分孩童年龄在 15 岁以下，有来自贫苦人家的，也有出身显贵的。许多儿童因贫病饥乏死于路上，还有中途掉队的。但是最终到达马赛的仍有 3 万人之众。在那里，海水分开的圣迹并没有显现。一些朝圣者认清了现实，离开了队伍。大部分却选择留待奇迹出现。不久，有两位马赛商人给他们提供了 7 艘船，让其前往圣地，于是斯蒂芬率众登船。此后这些孩童再也未在法国露面。据后来人的目击报告（可能是幸存者）说，其中两艘船只因风暴沉没于撒丁岛附近，其他船只驶往北非的布伊和亚历山大里亚，幸存的孩子在那里被卖给阿拉伯人为奴。

　　德国这支大军穿过阿尔卑斯山进入意大利北部，向热那亚进发，其中一些参军者选择留住热那亚，其他的则继续前往比萨，甚至有人最后到了罗马，并参见了教

大　事	国别	地域	公元 单位：年
英诺森三世发起了"阿尔比十字军"，讨伐整个法国南部的基督教另一教派阿尔比派（又名卡特里派）。"十字军"的定义逐渐转变为泛指"奉教会旨意，以基督之名从事圣战的活动"。	法国	西欧	1209
意大利亚西西的圣方济各得教宗英诺森三世批准成立圣方济各会。	教皇国		
剑桥大学建校。	英国		
成吉思汗于野狐岭之战以少胜多，大破金军。	蒙古帝国	东亚	1211
"儿童十字军"启程前往耶路撒冷。	法国	西欧	1212
教皇英诺森三世要求信徒组织第五次十字军东征。这是受教皇支配的最后一次十字军东征。	教皇国		1213
法王腓力二世于布汶战役大败英王约翰的盟友奥托四世，确立了法国的强国地位，并因此获得"奥古斯都"的称号。	法国		1214
英王约翰签署《自由大宪章》。	英国		1215

公元 单位：年	地域	国别	大事
1215	西欧	教皇国	英诺森三世在拉特朗大堂主持召开第四次拉特朗会议。会议内容包括宣布第五次十字军东征以埃及为目标，通过战胜埃及的穆斯林王朝而重夺耶路撒冷。
	东亚	蒙古帝国	蒙古军队攻陷金朝首都中都。
1216	西欧	英国	英王约翰暴卒。
1218	中亚	蒙古帝国	成吉思汗部将哲别灭西辽，蒙古势力开始侵入中亚地区。
1219	东亚	日本	镰仓幕府将军源实朝遇刺身亡，源氏嫡流灭绝，幕府完全政归外戚北条氏。
	中亚	蒙古帝国	成吉思汗发动第一次蒙古西征，次年攻陷花剌子模王朝都城撒马尔罕，令伊斯兰世界两面受敌。
	西亚	阿尤布王朝	大马士革的苏丹下令将耶路撒冷城墙拆毁。
	北非		十字军攻克达米埃塔。第五次十字军东征终尝胜果。
约 1210	西亚	亚美尼亚、蒙古帝国	亚美尼亚被蒙古统治。

皇英诺森三世。教皇谕示他们返家，但要保留热情，以待成人时再参与东征。到达比萨的孩子被载上两艘大船，此后便音讯全无。

有史学家提出，13世纪在欧洲出现过贫民大迁徙运动，这些背井离乡的穷人被称为Pueri（在拉丁语中也有"儿童"之意）。正是这一史实后来被误读，或演绎成"儿童十字军"的传说。

而中世纪《花衣魔笛手》的传说也与儿童十字军的故事有关联：传说，德国一个城镇哈默尔恩受鼠疫之害，魔笛手受雇驱除鼠害。他吹奏魔笛把城中之鼠集体引至河中溺死，但此后城中居民却拒绝付清承诺的报酬。故魔笛手趁城中居民集中于教堂之时，吹奏魔笛把城中孩童悉数引出城外。这些孩童再也没有回返，正像儿童十字军一样。而把孩童们引上不归路的祭司、布道者或许正是魔笛手的原型。

"失地王"约翰与《自由大宪章》

1135年，英格兰诺曼王朝的第三代君主亨利一世去世。由于亨利指定继位的女儿马蒂尔达当时已嫁予法国的安茹伯爵，所以她的表兄斯蒂芬抢先赶到英格兰继位。1153年，马蒂尔达与她的儿子亨利登陆英格兰，经过几场战斗后，她与斯蒂芬达成协议：斯蒂芬继续担任国王，死后由亨利继位。次年斯蒂芬死去，亨利继位为亨利二世。亨利二世的登基标志着英国史上的诺曼王朝的结束，由于他是马蒂尔达与法国安茹伯爵所生之子，所以他开启的新王朝在法国被称为"安茹王朝"。由于

"金雀花"是亨利二世父亲的绰号，所以这一王朝又被称为"金雀花王朝"。

亨利二世从父亲处继承了在法国的安茹伯爵领地，后又迎娶了法国西南阿基坦地区的女公爵埃莉诺，得到她的嫁妆阿基坦公国，再加上诺曼王朝时便已兼领的诺曼底公国和英国领土，这使他在英吉利海峡两岸都有大片土地，金雀花王朝的领土疆域就此达到极盛。

亨利的晚年遭到诸子和埃莉诺的联合反叛。反叛失败后，他的第五子约翰因没有参与阴谋而得其欢心。不过，约翰的野心显然被低估了，后来他便联合兄长理查反对父亲，并将其击败。1189 年，老国王逝世，理查即位，人称"狮心王"理查一世。

理查热衷战事，他于 1190—1194 年间参加了第三次十字军东征。期间，蠢蠢欲动的约翰便联合法王腓力二世图谋篡位。理查归国期间被神圣罗马帝国俘获，约翰又欲乘机推翻理查在国内安置的总督。但他非常不得人心。理查最终获释回国，但他还是原谅了阴谋未遂的约翰，任命他为继承人。1200 年，约翰在法王腓力支持下成为英格兰国王。

当时的英格兰在今法国领土上还占有很多地盘。为争夺普瓦图地区，约翰迎娶了已与普瓦图望族吕尼济昂的于格订婚的未婚妻，而惹怒了吕尼济昂等家族。1202 年，法王腓力向其质问，约翰却拒绝离婚，二人就此开启战端。1214 年 7 月 27 日，约翰在布汶（法国东北）被打败，英格兰在今法国的领地大半丧失。因年少时不曾分

大　　事	国别	地域	公元 单位：年
第五次东征的十字军企图进攻开罗，但反遭包围。9 月，穆斯林收复达米埃塔。第五次十字军东征失败。	阿尤布王朝	北非	1221
承久之乱爆发，镰仓幕府击败后鸟羽上皇讨幕的军队，确立了自己对朝廷的优势地位。	日本	东亚	
成吉思汗第二子察合台建察合台汗国。	察合台汗国	中亚	1222
法王腓力二世去世。	法国	西欧	1223
铁木真把今阿尔泰山以南以及稍偏西的一些土地封给其子窝阔台，窝阔台汗国建立。	窝阔台汗国	中亚	1225
成吉思汗率蒙古大军征西夏，攻灭西夏前夜病逝。	蒙古帝国	东亚	1227
皇帝腓特烈二世领导第六次十字军东征。	神圣罗马帝国	西亚	1228
腓特烈二世通过谈判收回耶路撒冷等地，成为耶路撒冷的国王。	耶路撒冷王国、神圣罗马帝国、埃及阿尤布王朝		1229
成吉思汗三子窝阔台继承大汗之位。	蒙古帝国	东亚	

公元 单位：年	地域	国别	大 事
1229	西欧	法国	支持阿尔比派的法国图卢兹伯爵雷蒙德七世被击败，被迫签订《莫城条约》（《巴黎条约》）。
1234	东亚	蒙古帝国	蒙古与南宋联军攻破蔡州，金灭亡。
1235			拔都率领蒙古军团向高加索、东欧、中欧进行第二次蒙古西征。远征到达当时意大利威尼斯共和国的达尔马提亚（前锋已到今意大利东北部）、南斯拉夫地区。
1237	东欧	弗拉基米尔大公国	蒙古军队击破弗拉基米尔大公国首府弗拉基米尔。
	中亚	蒙古帝国	蒙古第二次西征期间，钦察斡勒不儿里克部落首领八赤蛮拒降，被蒙古人腰斩，钦察联盟解体，大部分国土并入后来的金帐汗国。
1239	西亚	神圣罗马帝国、耶路撒冷王国	神圣罗马帝国皇帝腓特烈二世重建耶路撒冷城墙，但不久又被拆毁。
1240	东亚	蒙古帝国	蒙古王子拔都率蒙古西征军攻克基辅，代表着蒙古对其240年统治的开始。

得领地而得名"失地王"的约翰，成为国王之后，依然秉承了"失地"的风采。

约翰对内还增加捐税，没收贵族土地，引起各阶层不满。1215年，贵族在骑士与市民支持下，起兵反抗约翰。1215年6月15日（一说19日）贵族强迫约翰在伦敦以西约32公里一地签署《自由大宪章》，成为君主制史上第一部具有宪法性质的文献，其主要内容是：维护贵族和骑士的领地继承权及教士的选举权；未经由贵族、教士、骑士组成的"王国大会议"同意，国王不得违例征收苛捐杂税；取消国王干涉封建主法庭从事司法审判的权利；未经同级贵族判决，国王不得任意逮捕或监禁任何自由人或没收他们的财产。此外，少数条款还涉及城市，如确认城市已享有的权利、保护商业自由、统一度量衡等，国王如有违背，由25名贵族组成的委员会有权对国王使用武力。

约翰不久背约，导致1216年内战爆发。他长期在政治和外交问题上施展阴谋，兴风作浪，但往往不能得逞，并被迫委曲求全。且多次被饶恕的他仍反复无常，屡教不改，最终死于内战。他7岁的儿子即位为亨利三世。亨利三世在位期间，于1216、1217和1225年连续颁行大宪章。《自由大宪章》开创了君主立宪制的先河。17世纪初，资产阶级给予其新的解释，使其成为资产阶级法治和近代民主制的法律基石。

巴黎大学

西欧中世纪（5—15世纪）一般被认

为是一个文化衰落期，甚至是"黑暗"和"文化倒退"的时期。但随着研究的深入发展，中世纪晚期，尤其是 12 世纪之后的阶段在人类生活各领域的重要性显得愈发明显，以至于有学者认为，"12 世纪在很大程度上标志着现代世界的开端"。这一时期奠定了近代欧洲社会的基础，具体表现是城市兴起，市民阶层出现，法治、平等、自由、博爱观念树立，科学精神开始形成，于是新的教育机构——大学应运而生。

最初的大学是在学者自由研究和讲学的基础上发展起来的，如意大利萨莱诺大学。学校对希腊、拉丁文化进行重新研究，并从东方阿拉伯等地输入新思想、新文化，吸引众多青年慕名而来。1131 年，德意志国王巴巴罗萨发布敕令，承认它是一所专门的大学。与萨莱诺大学同时存在的，还有意大利的博洛尼亚大学及法国巴黎大学，它们作为欧洲最早的 3 所大学，被誉为"欧洲大学之母"。欧洲各主要大学的建立均受其影响。

教会的活动客观上也奠定了中世纪西欧教育的基础。巴黎大学最早便是从教会学校发展起来的，其前身是草创于 9 世纪末期的索邦神学院。这一时期，神学院最著名的教师首推伟大的经院哲学家阿伯拉尔，他也是巴黎大学的创始人之一。这位才华横溢，风流倜傥的神学教师开始在巴黎教书时，年仅 25 岁。他演讲时，口若悬河，极富感染力。他的学生为他所倾倒，以致于当他一度退出教坛，归隐荒原之时，他的学子纷纷跑出巴黎跟随他，并携

大　　事	国别	地域	公元 单位：年
拔都率西征军于莱格尼茨战役中击败波兰与诸骑士团联军。同年，蒙古大汗窝阔台去世，西征军返国。	蒙古帝国	东欧	1241
拔都在萨莱（今伏尔加河下游阿斯特拉罕附近）定都，正式建立金帐汗国。	金帐汗国	中亚	1242
凯霍斯鲁二世在克塞山战役败于蒙古的拜住。此后，塞尔柱人逐渐沦为蒙古人的附庸。	罗姆苏丹国、蒙古帝国	西亚	1243
基督徒再次占领耶路撒冷，又重建城墙。	耶路撒冷王国		
被蒙古亡国的花剌子模在逃亡途中，得到埃及支持，占领耶路撒冷。	花剌子模、耶路撒冷王国、阿尤布王朝		1244
窝阔台之子贵由成为蒙古帝国第三位大汗。	蒙古帝国	东亚	1246
法王路易九世发动第七次十字军东征，入侵埃及，兵败被俘。	法国	北非	1248
神圣罗马帝国盛极一时的霍亨斯陶芬王朝终结。	神圣罗马帝国	西欧	1254
路易九世和他的士兵被释放	马木鲁克	北非、	

公元 单位：年	地域	国别	大 事
	欧洲	王朝、法国	回国。第七次十字军东征以失败告终。
1256	东亚	蒙古帝国	成吉思汗之孙旭烈兀奉其兄蒙哥汗之命进行第三次西征。
			元世祖忽必烈命刘秉忠建王府于开平（位于今内蒙古自治区锡林郭勒盟正蓝旗）。
1257	西欧	法国	法国第一所高等学府索邦神学院建立。1261 年，正式使用"巴黎大学"一词。
1258	西亚	蒙古帝国	蒙哥之弟旭烈兀率西征军攻破巴格达城，阿拉伯帝国阿拔斯王朝灭亡。
1259	东亚		蒙古大汗蒙哥在进军南宋时去世。
	中亚	察合台汗国、蒙古帝国	争夺汗位的忽必烈和阿里不哥派自己支持的察合台系宗王夺取汗位。
1260	西亚	蒙古帝国、阿尤布王朝	蒙古攻占叙利亚首府大马士革。蒙古人对叙利亚的入侵终结了阿尤布王朝的统治。

带帐篷为其遮风避雨。

在欧洲，知识分子自始至终就是劳动阶级的一部分。为了保护自身的知识生产利益，他们结成师生综合化组织，与地方的宗教、政治、世俗势力抗争。如果师生对现状不满，就会效仿古罗马平民的撤离运动，离开巴黎，使巴黎的经济陡然滑坡，这便令当政者和教会认识到大学对城市是何等的重要。他们会赶紧发布包括办学自主、法律特赦令在内的各种优惠政策，吸引师生回来。大学的自治权就是这样一步步争取来的。

1789 年法国大革命爆发，拿破仑实行教育改革，以"帝国大学"对法国所有大学教育机构进行中央集权式的管辖，巴黎大学遂名存实亡。直至 19 世纪末，巴黎大学才渐渐恢复中世纪时的声望。如今，巴黎大学是一所在国际上享有盛誉的综合大学。

托马斯·阿奎那与经院哲学

在中世纪欧洲，基督教取代古典文化，得到万流归宗的地位，并控制了西欧的思想文化。最初，基督教神学以《圣经》为信仰的惟一来源。从教义上看，基督教信奉的一神论和希腊罗马古典时的泛神教是格格不入的。所以基督教神学与泛神教背景下产生的古典哲学也理应是相悖的，信奉基督教的罗马和拜占廷皇帝亦下令关闭哲学学园，以终结古典文化。从 2 世纪开始，为充实基督教知识体系，使基督教更具号召力，神父们开始将《圣经》教训与古典哲学融合。4—5 世纪期间，以神学家奥古斯丁、安布罗斯和杰罗姆为代表的教父哲学形成，它用新柏拉图主义论证基督教教义，从而把神学和哲学结合起来。后来，天主教会为训练神职人员，在经院中教授理论，产生经院哲学。

托马斯·阿奎那（约 1225—1274 年）就读于巴黎大学，31 岁时由教皇授予神学博士头衔，获得教职。他算不上一个引人注目的人：默不出声，将圆鼓隆冬的身躯裹在僧袍里，常迷恋于自己的思想中。为此，他获赠外号"哑牛"。但他深为法王路易九世赏识，后者常请教于他，并邀他为座上宾。他有非凡的集中思想的能力，能在烦扰的环境中思索问题。在一次法王的宴会上，阿奎那全神贯注于如何辩驳波斯摩尼教教义的办法，对周围的盛况全然无视。突然间，他挥拳击案而起，猛喝道："这下可就搞定摩尼教徒的邪说了！"他一心向神，常边祷告边沉思，有时甚至达到狂喜的状态。

在他生活的年代，亚里士多德学说大量涌入，教会深恐之，试图封锁与天主教正统信仰不相容的自然主义和理性主义哲学。可阿奎那并不害怕，他和老师阿尔伯特一起研究亚里士多德之作，创造性地将其中的形而上学体系加以发挥，通过亚里士多德的逻辑分析法将其融入基督教神学体系，建起庞大的经院哲学体系，使它成为天主教官方哲学的基础。他还将同时代正兴起的自然科学和天主教神学结合。他认为自然科学可通过学习、教育等低级感知获得，而作为高级感知的神学只能由上帝偶尔闪现的神迹和启示来获得，这就为

大　事	国别	地域	公元 单位：年
蒙哥之弟忽必烈在开平即位为蒙古大汗。同年，蒙古西征军在叙利亚被埃及马木鲁克王朝军队击败。	蒙古帝国	东亚	1260
米哈伊尔八世收复君士坦丁堡，灭拉丁帝国。拜占廷帝国复国。	拜占廷帝国	东欧	1261
忽必烈下诏升开平为上都。	中国	东亚	1263
阿鲁忽死，兀鲁忽乃立木八剌沙为可汗。因未经忽必烈同意，忽必烈派八剌回国夺取汗位。木八剌沙在八剌的威胁下退位。	察合台汗国	中亚	1266
海都、八剌和金帐汗国君王在塔拉斯河会盟，反对忽必烈和伊儿汗国，商议以海都为盟主。	蒙古帝国		1268
法国国王路易九世发动第八次十字军东征。	法国	北非	1270
忽必烈改国号为大元，正式建立元朝。	中国	东亚	1271
爱德华王子进行第九次十字军东征。	英国	西亚	

公元 单位：年	地域	国别	大　事
1271	西亚	蒙古帝国、马木鲁克王朝	一支蒙古军队到达叙利亚，并在阿勒颇以南地区四处掠夺。拜巴尔发动反攻，蒙古军被赶回幼发拉底河彼岸。
	中亚	察合台汗国	八刺去世。海都拥立聂古伯为察合台汗。聂古伯不想成为海都的傀儡，当年12月，海都击败聂古伯并杀了他，立秃里帖木儿为可汗。
1272	西亚	马木觉王朝、英国	第九次十字军东征结束。
1273	西欧	法国、英国	爱德华王子取道意大利、加斯科尼和巴黎返回故土英国。
1274		英国	爱德华王子回故国，加冕为英格兰之王，是为"长脚"爱德华一世。
	东亚	中国	元朝入侵日本，因遭遇台风失败，史称文永之役。
	南欧	意大利	中世纪经院哲学家和神学家托马斯·阿奎那去世。
1276	东亚	中国	元攻陷临安，南宋灭亡。
1281			元第二次入侵日本失败，史称弘安之役。

神学和自然科学并存提供了可能。

阿奎那只活了49岁，但他在短暂的生命中却有着丰富的经历。在不到20年的时间里，他一边在巴黎大学和意大利的大学讲课，一边写下18部卷轶浩繁的巨著。包括集基督教思想之大成的《神学大全》，此作与《圣经》和《教谕》并列。他去世后，被天主教会封为"天使圣师"，并被认为是史上最伟大的神学家。

阿奎那的全部理论都是为天主教信条服务的。他明确提出哲学须为神学服务。他在《神学大全》中，利用亚里士多德哲学中的目的论的唯心主义思想，为上帝存在这一最高信条作了有趣的五大论证。比如，其中的第一条：凡事物运动，总要受其他事物推动，因而任何运动都是由在它之前的另一个运动引起，这样一直推论下去，最后追到有一个不受其他事物推动的第一推动者，此第一推动者就是上帝。

封君与封臣

封君封臣是西欧封建制度的重要内容。11世纪时，西欧封建主之间普遍结成封君封臣的关系。为缔结这种关系出现了更为规范的仪式，即行臣服礼和宣誓效忠。封臣对封君承担各种义务，一为"效忠"；二为"帮助"；三为"劝告"。封君对封臣也有诸多义务，主要为"保护"封臣，使其荣誉、财产和生命不受伤害。封君封臣关系与重大的政治、军事和经济利益相联系，一经缔结，无论封臣还是封君都不能随意解除。封君封臣任何一方若不履行其义务，就可能导致封君封臣关系的破裂，酿成武装冲突。在西欧封建社会国家行政管理体系极不完善的情况下，封臣制不失为一种有效的管理办法。但封君在向封臣赐地并赋予其一定义务的同时，也将土地上的统治权一并下放给了封臣，从而使土地所有权和政治统治权浑然一体，构成西欧社会的领主权。封君封臣所奉行的一整套道德规范和培养后代的制度，构成了"骑士制度"的主要内容。

最初封臣和封土并非一一对应。封君有保护封臣生存的义务，一开始是通过在家中宴请封臣，或者赏赐封臣实物来表现；但是随着战争的扩大，这种报酬开始无法维持，封君所需的封臣人数上升，报酬方法也开始改变，以赐予人们相应的土地使其获得生存这一手段来维系双方之间的关系。最初分封的土地称为"采邑"，在墨洛温时期已经存在；到了查理·马特时期，由于开始和阿拉伯作战，于是进行大规模的封臣。同时"采邑"也开始变为封土，获得封土的条件逐渐以履行军事义务为主要内容而固定下来。

从理论上来看，封君对土地拥有所有权，而封臣只有使用权，而且在死后必须归还。但现实与之大相径庭，封君很少能够真正收回土地，因为多层分封的关系，使得封臣封君之间关系错综复杂，而且土地零散，如果封君要收回土地则容易引发战争。因此，封土实际上变成了可继承、可转让、可买卖的私人财产。从一定程度上来讲，封君封臣制是政治、经济、法律制度的替代品，它使社会连成整体，有了秩序，形成了某种责任"链条"。这种关

大　事	国别	地域	公元 单位：年
海都联合蒙古东部以乃颜为首的诸王，进攻和林。	窝阔台汗国、中国	中亚	1287
埃及马木鲁克军队攻陷十字军耶路撒冷王国占据的最后据点阿卡城，耶路撒冷王国不复存在。	马木鲁克王朝、耶路撒冷王国		1291
方济各会会士孟高维诺抵达元大都（今北京），是为最早的来华天主教传教士。 元世祖忽必烈去世，铁穆耳在上都大安阁即位为元成宗。	中国	东亚	1294
威廉·华莱士和安德鲁·莫瑞率领苏格兰民军于斯特灵桥战役大败英军，这是第一次苏格兰独立战争中重要的一场胜利。	英国	西欧	1299
塞尔柱罗姆苏丹国发生分裂。西突厥人奥斯曼率领部族从罗姆苏丹国独立，建立奥斯曼国家雏形。	奥斯曼帝国	西亚	
英王爱德华一世征服威尔士。	英国	西欧	1301
都哇、海都联军越过金山东侵，被元将海山和甘麻剌一战击溃，海都重伤后死于归途，	察合台汗国、窝阔台	中亚	

公元 单位：年	地域	国别	大　事
		汗国、中国	都哇也中箭瘫痪。海都之子察八儿继承窝阔台汗位。
1302	西欧	法国	法王腓力四世为向教会征税首度召开三级会议。
1303	中亚	察合台汗国、窝阔台汗国、中国	察合台汗国国君都哇与窝阔台汗国国君察八儿开始同元成宗铁穆耳讲和。
1304			都哇在元朝的支持下，掠夺窝阔台汗国西部城池，元朝怀宁王海山也在东部袭击窝阔台汗国。
1306			窝阔台汗国的君主察八儿被元朝怀宁王海山击败，逃奔都哇。都哇并尽收海都生前所占的原察合台国地。同年，都哇去世，元朝册封其子宽阔继位。
1307	西亚	罗姆苏丹国	罗姆苏丹从历史记录上消失。
	东亚	中国	元成宗在大都玉德殿病逝，享年43岁。
	西欧	法国	法王腓力四世将教廷迁到法国南部的阿维农，史称"阿维农之囚"。
1308	中亚	察合台汗国	宽阔去世。塔里忽夺取了汗位。

系通过与庄园生产制度相结合，形成了井然有序的社会形态。

但丁：中世纪最后的诗人

但丁（1265—1321年），意大利中世纪诗人，现代意大利语的奠基者，欧洲文艺复兴时代的开拓性人物，以史诗《神曲》留名后世。恩格斯评价说："封建的中世纪的终结和现代资本主义纪元的开端，是以一位大人物为标志的，这位人物就是意大利人但丁，他是中世纪的最后一位诗人，同时又是新时代的最初一位诗人。"他的《神曲》以梦幻文学的形式，通过对幻游地狱、炼狱和天堂三界的过程中所遇到的各类人物的描写，抨击了教会的贪婪腐化和封建统治的黑暗残暴，歌颂了自由的理性和求知的精神，呼吁思想解放和宽待异教。

但丁的代表作《神曲》由100篇14行诗组成，包括《地狱》《炼狱》和《天堂》。主要情节是假托诗人在古罗马诗人维吉尔和他的恋人碧雅特丽丝的引导下游历地狱、炼狱和天堂的故事。诗人用隐喻的笔法描写现实社会，力图说明经过苦难的历程才能进入理想的境界——天堂。《神曲》既是中古时期神学、哲学、文学、艺术的综合，又是近代现实主义文学和艺术的先声。它既宣扬灵魂不灭、来世赏罚、天堂地狱等纯粹是中古时期的教会观念，又闪烁着民贵君轻、学识永恒、爱情至上等人文主义思想的火花。

《神曲》向人们展示了一幅中古末期和近代初期社会生活的画面。但丁愤怒谴责教皇的野心、教会的贪婪和僧侣的腐化；极力赞扬理性、思想解放和学识美德。但丁热衷于古典文化的研究，积极提倡用民族语言进行创作，对意大利民族文学的发展做出了重要贡献。

"钱袋"伊凡大公

9 世纪成立的留里克王朝是俄罗斯的第一个王朝，其所建之国称古罗斯。此国以基辅为中心，故史学家也将其称为"基辅罗斯"。基辅罗斯是 3 个现代东斯拉夫国家（白俄罗斯、俄罗斯、乌克兰）的前身，国境内除中心基辅公国外，还包括诺夫哥罗德公国、梁赞公国、明斯克公国、斯摩棱斯克公国等各公国。基辅罗斯的统治十分松散，各公国存在相对独立性。

1169 年，弗拉基米尔公国攻陷基辅，于是，弗拉基米尔大公逐渐取代基辅大公成为各罗斯王公之长。1240 年，蒙古西征军攻占基辅，灭亡基辅罗斯，这代表蒙古 240 年统治的开始。在蒙古统治时期，"弗拉基米尔大公"才真正成为罗斯各王公的领袖头衔。大公由金帐汗国册封，不由某家族世袭。为牵制罗斯各公国，金帐汗把忠于自己的王公封为弗拉基米尔大公。罗斯王公们便围绕大公头衔展开激烈争夺。

在此期间，莫斯科大公逐渐强大起来。莫斯科起初只是小集市，没有自己的王公。蒙古人的蹂躏使古城衰落后，莫斯科才引起王公们的注意。从 13 世纪开始，莫斯科出了一代代能干的统治者，他们也成为弗拉基米尔大公头衔的有力竞争者。

大　事	国别	地域	公元 单位：年
窝阔台汗国被察合台汗国及大蒙古国瓜分。察八儿乘内乱力图恢复窝阔台汗国，失败，东归元朝。	察合台汗、窝阔台汗国、中国	中亚	1309
怯别再破察八儿，兼并窝阔台国领地。			1310
瓦迪斯瓦夫在克拉科夫加冕为波兰国王，波兰结束分裂，走向统一。	波兰	东欧	1320
著有《神曲》的伟大诗人但丁去世。	意大利	南欧	1321
法王查理四世去世，卡佩王朝绝嗣。腓力六世开创瓦卢亚王朝。但英王爱德华三世也主张自己拥有法王王位继承权。双方矛盾迅速加深。	法国	西欧	1328
英王爱德华三世与苏格兰国王布鲁斯签订合约，承认苏格兰独立。	英国		

单位：公元年	地域	国别	大　事
1333	东亚	日本	后醍醐天皇属下的武士新田义贞攻陷镰仓，镰仓幕府灭亡。后醍醐天皇开始实行旨在恢复朝臣统治的新政，史称"建武新政"。
1335	中亚	察合台汗国	不赞被堂弟敞失推翻。即位的敞失反对伊斯兰教，信奉基督教。
1336	东亚	日本	后醍醐天皇的新政引起部分武士不满。足利尊氏起兵，拥立光明天皇，据京都，称北朝。后醍醐天皇逃亡吉野，称南朝。日本历史进入南北朝时代。
1337	南欧	意大利	著名画家，文艺复兴的先驱乔托去世。
	西欧	法国	英法正式宣战，百年战争爆发。
1338	东亚	日本	足利尊氏任征夷大将军，建立室町幕府。
1340	西欧	英国	英国海军在斯鲁伊斯海战全歼

但在争当罗斯未来领袖的斗争中，莫斯科大公面临许多强有力的竞争者，如特维尔大公等。这些竞争者曾多次从莫斯科大公手中夺走弗拉基米尔大公的封诰。1304年，弗拉基米尔大公安德烈去世，特维尔和莫斯科之间旋即爆发弗拉基米尔大公权位的争夺战。同年，佩列斯拉夫尔—扎列斯基大公和特维尔大公联合进攻莫斯科。在莫斯科大公尤里·达尼洛维奇缺阵的情况下，他的弟弟伊凡·达尼洛维奇独力保卫了莫斯科。攻城第四天，伊凡聚集了部下，借助当时莫斯科波雅尔（贵族）的骑兵优势，出击到城墙外击败敌人。伊凡一战成名。1319年尤里·达尼洛维奇被月思拜格汗（又译月思别乞、月即别、乌兹别克）钦点为弗拉基米尔大公后，去往诺夫哥罗德，留下的伊凡就此全面控制莫斯科。

1325年，尤里·达尼洛维奇被特维尔大公德米特里杀害，伊凡尽管随即继承了哥哥的莫斯科大公之职，但弗拉基米尔大公之位却就此被特维尔大公兄弟把持。1328年，伊凡替换了特维尔大公亚历山大一世，成为弗拉基米尔大公，伊凡获得金帐汗国的信任，并说服金帐汗国可汗让他的子嗣继承弗拉基米尔大公之衔，此后该头衔几乎为莫斯科大公家族垄断。此举大大增加了莫斯科大公家族的势力和影响力。

伊凡不仅获得了可汗政治上的充分信任，还利用其在金帐汗国境内各俄罗斯公国代为收税的特权，大肆敛财，从而积累起一大笔有稳定来源的财富（因此获绰号卡利塔，俄语意为"钱袋"），并把这些财富用于向资金周转不灵的毗邻公国借贷，最终使这些公国逐渐臣服，被并入莫斯科公国。1340 年，伊凡卒于莫斯科。伊凡一生一边对金帐汗国巧妙应付，一边尽力削弱其他罗斯王公的力量，为最终向金帐汗国挑战准备条件。1378 年，莫斯科大公德米特里·顿斯科伊击败金帐汗的军队，打破了蒙古不可战胜的神话。莫斯科在大公伊凡三世时代最后摆脱了蒙古人的统治，并且消灭了大多数有封邑的公爵，基本完成了俄罗斯国家的统一。1547 年，大公伊凡四世加冕为沙皇。

恐怖的黑死病

黑死病是人类历史上最严重的瘟疫之一，以老鼠和跳蚤为传播媒介，其症状是高烧、淋巴腺脓肿、吐血和皮肤出现黑斑等。一般认为此病源于亚洲，14 世纪传入西西里。6 世纪瑞典和丹麦的年鉴第一次使用"黑色的"来描述这一疾病的蔓延，不只因为患者晚期的皮肤会因皮下出血变黑，更确切的是指此事件给人带来可怕的阴霾。

黑死病约在 1340 年传播到全欧洲，据估计，14 世纪的这次大瘟疫，在几十年间共夺去 2500 万欧洲人的生命，约占当时欧洲人口的 30%。此后，黑死病在全世界造成约 7500 万人死亡。以英国为例，1348 年瘟疫刚爆发之时，人们误以为瘟疫是通过呼吸传染的，于是未感染地区便拒绝被感染区的居民入境，但最终还是难逃瘟疫的魔爪。最后，全英国都被瘟疫袭击，墓园装不下死尸，人们便用农田来埋死人。许多村庄被完全废弃。瘟疫几乎夺去英国

大　事	国别	地域	公元 单位：年
法国海军。			
伊凡一世去世。	莫斯科公国	东欧	1340
也孙帖木儿被窝阔台系的阿里算端推翻。阿里算端在首都阿力麻里大力传播伊斯兰教，也曾在阿力麻里屠杀方济各会基督徒。同年，麻哈没的继位。	察合台汗国	中亚	1342
突厥贵族异密加兹罕杀死合赞算端，在河中地区拥立新汗。从此，察合台汗国分裂为东西两部。答失蛮察成为西察合台汗国的可汗。			1346
英法爆发克雷西战役。英军大败法军，占领加莱。	法国	西欧	
黑死病传入西欧地区，人口大量死亡，英法两国暂时休战。	英国、法国		
秃忽鲁帖木儿成为东察合台汗国第一代可汗。在他统治期间，察合台汗国重新统一。	东察合台汗国	中亚	1347

单位：公元年	地域	国别	大　事
1353	中亚	东察合台汗国	秃忽鲁帖木儿入伊斯兰教，教名为艾布伯克里·穆罕默德。
1356	西欧	神圣罗马帝国	皇帝查理四世签订《黄金诏书》，规定日后皇位由帝国境内的七大选帝侯选举产生。北德意志52个城市在吕贝克召开第一次汉萨同盟大会。
		法国	英军在普瓦捷战役大败法军，俘虏法王约翰二世。
1358			法国爆发扎克雷大起义。
	中亚	西察合台汗国	阿布达拉赫派人在撒马尔罕暗杀拜延忽里，拥立铁穆尔沙为新汗。
1360		察合台汗国	秃忽鲁帖木儿进攻河中地区，控制大部分地区，并收帖木儿为参赞。他废黜西部可汗铁穆尔沙，统一了察合台汗国。
1362	东欧	奥斯曼帝国	奥斯曼土耳其军队攻占巴尔干半岛艾迪尔内，以此为根据地开始大举进攻东南欧地区。

一半人口，紧随而来的，是许多地区的饥荒，粮价上涨。城乡劳动力锐减，有些村里已无任何纳税人，国家陷入危机，间接导致了1381年的英国农民起义。

14世纪的这次大瘟疫持续时间长、影响深刻。同时代人将此次瘟疫叫作"速死病"，16世纪这种瘟疫开始被称为"黑死病"。黑死病对欧洲人口造成严重影响，改变了欧洲的社会结构，动摇了当时支配欧洲的罗马天主教会的地位，并因此使一些少数族群受到迫害，如犹太人、穆斯林、乞丐及麻风病患者等。

据考证，黑死病大爆发也与中世纪欧洲大量的屠杀"女巫"有关，因为当时迷信宗教的人认为，猫是女巫的助手，猫从而被大量消灭，导致鼠患猖獗，为黑死病爆发创造了条件。18世纪这种致命的疾病才在欧洲消失。

阿维农之囚

8世纪，法兰克国王丕平向教皇献土扩大了教皇国的区域，为教会做出了贡献。然而这也带来一个法理上的问题：既然教皇的领土是法兰克王国所赠，那么教皇在世俗政治中是否应成为法兰克国王的附庸呢？为提高教皇国威望，教廷采取了很多手段，以消除丕平的继承人利用献土来控制教廷的可能，但4个世纪后，法国国王还是利用这一问题向教皇发起了挑战。1285年，腓力四世成为法国卡佩王朝的君主，并不惜一切代价追求国王的绝对权威，他继位后，依靠武力把许多伯爵领地并入王室。此后，他又因统治权和教会财产而与教皇卜尼法斯八世发生争端。当时，教皇严密控制着法国天主教徒，神职人员享有无上的特权，这阻碍了腓力政治目标的实现。腓力为了统一法国和夺取英国位于法兰西地区的领土，便向教会神职人员征税，此举严重地损害了教皇的利益。

1296 年，教皇发布《一圣教谕》，宣称世俗君主无权对教会及神职人员行使权力，人要得救，就必须服从罗马教皇，他还为此开除了腓力的教籍。教皇的教谕成为冲突的导火索，腓力四世针锋相对，禁止法国货币出境。随后，1301 年法王又把法国大主教以叛国罪投入监狱，两年后，腓力四世派人攻入教皇住所，把教皇凌辱殴打一顿，致使其几周后死去。

1305 年，在腓力的影响下，一名法国主教当上了教皇，取名"克雷芒五世"。由于惧怕意大利人的反对，克雷芒五世始终未去罗马的梵蒂冈就职。1307 年，教皇把教廷迁到法国控制下的意大利北部紧靠法国边境的阿维农。同时，教皇同意法国国王有权向教会和神职人员征税，解散拥有大量财产的圣殿骑士团，并通谕承认世俗王国是上帝直接设立的，法国人同旧约中的以色列人一样，是神的选民。这一史无前例的行为，被史学家借圣经里"巴比伦之囚"的典故称为"阿维农之囚"，以形容阿维农教廷的不堪。不过，此后也不再有哪位皇帝或国王以法兰克王国继承者的身份对教皇国提出宗主权要求。此后的 70 年间，担任阿维农教皇的都是法国人，且大都在法国国王的干预下当选。阿维农教皇大都贪婪无度，道德败坏，使这一时期

大 事	国别	地域	公元 单位：年
阿的勒算端被忽辛拥立为新汗，东西察合台汗国重新分裂。阿的勒算端在位时间很短，忽辛将他废黜。	西察合台汗国	中亚	1363
东察合台汗国第二代大汗，秃忽鲁帖木儿的儿子也里牙思火者退回伊犁。也里牙思火者被叛乱的哈马儿丁所害。哈马儿丁屠杀汗室成员 18 人，自立为东察合台汗国可汗。	东察合台汗国		1365
朱元璋在应天称帝，建立明朝。	中国	东亚	1368
突厥人帖木儿杀死西察哈台汗国的忽辛，自称成吉思汗后裔，建立帖木儿汗国。	帖木儿帝国	中亚	1369
法王查理五世重新向英国开战，在之后几年连续收复普瓦图、布列塔尼等重要领土。	法国	西欧	
汉萨同盟战胜丹麦，迫使对方签署《施特拉尔松德条约》，垄断了波罗的海贸易。	神圣罗马帝国		1370
帖木儿杀忽辛和合不勒沙后称王，建帖木儿帝国，定都撒马尔罕。但他并未自称可汗，而称苏丹。昔兀儿海迷失成为西察合台汗国可汗，实为帖木儿的傀儡。	西察合台汗国、帖木儿帝国	中亚	

公元 单位：年	地域	国别	大事
			西察合台汗国名存实亡。
1371	东亚	中国	元朝辽阳行省平章刘益降明，明朝控制今辽宁南部。
1372			明军将领冯胜大败元军，从元朝治下收取甘肃行中书省地区。
		中国、北元	明将蓝玉在土拉河大败扩廓帖木儿。不久，扩廓帖木儿击败明将徐达的明军。自此之后，明军十几年不再进攻漠北。
1375	西亚	亚美尼亚、马木鲁克王朝	穆斯林为彻底阻止十字军骚扰，将西亚美尼亚王国征服。
1377	西欧	法国	教皇将驻地迁回罗马，"阿维农之囚"结束。
1378	南欧	佛罗伦萨	佛罗伦萨爆发梳毛工大起义。
1379	东亚	北元、中国	脱古思帖木儿改年号为天元，继续和明军对抗，屡次侵犯明境。
1380	东欧	金帐汗国	莫斯科大公德米特里·顿斯科伊在库利科沃战役击败蒙古军队。
1381	西欧	英国	英国爆发瓦特·泰勒为首的农民大起义。

成为教皇史上的黑暗时期。因而阿维农教廷被人文主义者佩特拉克斥为"全世界的臭水沟"。但阿维农教廷在扩大传教范围、兴办大学教育、制定教会法典等方面也有所建树。

1337年，英法百年战争开始，尽管法国国王已取得对教皇的优势，但因与英国交战，无暇顾及教廷事务。1370年，格里高利十一世当选教皇后，意大利社会动荡，罗马城内出现威胁教皇国的骚乱，于是他决定率兵返回罗马稳定局势。1377年他率兵从海路进入罗马，平息了意大利内乱后在圣彼得大教堂再次举行加三重冠礼，宣布自己为正统的罗马教皇。

"阿维农之囚"事件后，尽管教廷迁回罗马，最终避免了成为法国附庸的尴尬，但法国也借此控制住了国内的天主教势力，摆脱了罗马教皇的遥控。

"苍狼的后裔"帖木儿

帖木儿（1336—1405年），是来自撒马尔罕地区的蒙古征服者。他也被称为"铁木尔伦克"或"瘸子帖木儿"，是突厥化的蒙古人。出生于今乌兹别克斯坦地区，初期在西察合台汗国供职。1364年至1370年间，他逐渐边缘化西察合台汗国势力，最终取而代之，独自掌权。他自封为成吉思汗的继承人，并声称是成吉思汗的直系后代。

1369年，帖木儿已经控制围绕首都撒马尔罕的整个地区。1387年，帖木儿几乎控制了波斯全境。后来，他又占领了延伸至幼发拉底河东部的所有领土。1392

年,他沿幼发拉底河进军,夺取里海和黑海之间的区域,并入侵金帐汗国在俄罗斯南部的几个地区,并削弱了克里米亚鞑靼人,为征服莫斯科大公国铺平了道路。但后来他选择放弃俄罗斯的领地,返回撒马尔罕,然后转而沿印度河侵略印度(1398)的新德里,并瓦解了印度的苏丹国。1400年,帖木儿入侵格鲁吉亚,接着一路朝地中海方向进军,占领了巴格达和大马士革。1402年,他在安卡拉沉重地打击了奥斯曼帝国,并一举擒获了巴耶塞特一世。之后,他便横扫小亚细亚全境,到达了士麦那。奥斯曼帝国的这场失利使已弱不禁风的拜占廷帝国意外得救,并再苟延残喘了半个世纪。

帖木儿有性情凶狂残暴的一面。每当攻打城镇遇到抵抗,城陷后他就会屠杀成千上万人来泄愤。据史料记载,仅在新德里就有大概 8 万人遭屠,巴格达则有 2 万人遭屠,并用他们的头骨堆起金字塔。当然他也不乏积极的成就,包括鼓励艺术、文学、科学的发展,支持建设庞大的公共工程等。1404 年,帖木儿准备入侵中国,但这一计划因他死亡而流产。他死于哈萨克斯坦额答剌。不久,帝国便陷于四分五裂。

圣女贞德

中世纪后期,由于英格兰诺曼王朝和金雀花王朝的国王身上都有法国血统,而且英王室与法国贵族联姻,使得英格兰在法兰西地区拥有许多领地的继承权。1328年,法王腓力四世的第三子查理四世未留

大 事	国别	地域	公元 单位：年
镇守云南的元朝梁王把匝剌瓦尔密自杀,元朝云南大理总管段氏投降明军,元朝对云南的统治结束。	中国	东亚	1382
海德堡大学建校。	神圣罗马帝国	西欧	1386
冯胜、傅友德、蓝玉等人发动第五次北伐,明朝控制原辽阳等处行中书省的东北地区。	中国	东亚	1387
北元后主脱古思帖木儿被也速迭尔(阿里不哥后裔)杀害。从此,蒙古不再用年号、帝号,大元国号被废弃。北元时期结束,为鞑靼所代替。	北元		1388
高丽大将李成桂自立为王,定国号为朝鲜。	朝鲜		1392
室町幕府第三代将军足利义满结束南北朝时代,以北朝的胜利告终。	日本		
最后一位西亚美尼亚国王卢西尼的莱翁六世在巴黎去世,卢比尼王朝正式结束。	亚美尼亚	西欧	1393
驰援拜占廷的最后一支十字军队伍在尼科堡战役中被土耳其军队打败。	拜占廷帝国、奥斯曼帝国	东南欧	1396

公元 单位：年	地域	国别	大　事
1400	西亚	帖木儿帝国	帖木儿严重破坏了大马士革，他将城中的手工艺人迁到其首都撒马尔罕。
1402	中亚	西察合台汗国	西察合台可汗麻哈没的死标志着察合台—窝阔台家族在中亚河中的王统彻底结束。察合台汗国只有东察合台汗国一个可汗。
	东亚	中国	明朝赐足利义满日本国王称号。
	西亚	帖木儿帝国	帖木儿于安卡拉之战击败奥斯曼军队，俘虏其苏丹巴叶齐德。
1405	东亚	中国	郑和第一次下西洋。
	中亚	帖木儿帝国	帖木儿远征明朝，病死军中。
1409	西欧	神圣罗马帝国	莱比锡大学建校。
1410	东欧	波兰—立陶宛	波兰—立陶宛联军在格隆瓦尔德会战中彻底击败条顿骑士团，后者所有重要将领几乎全部阵亡。
1415	西欧	法国	英国在阿金库尔战役中大败法军，再次夺得战争主动权。

男嗣而死，卡佩王朝血脉终止。当时的英王爱德华三世是查理四世的外甥，便提出了兼领法国王位的要求，但法国三级会议推举了腓力四世之弟瓦卢瓦伯爵之子腓力六世继承王位，由此开创了瓦卢瓦王朝。1337 年，赌气的爱德华三世自称法国国王。腓力六世对此予以还击，没收了英王在阿基坦的领地。爱德华三世遂决定以武力实现王位继承的主张，这便引发了英法百年战争。

1428 年 10 月，英军围攻巴黎以南的奥尔良城，妄图侵占整个法国。奥尔良是通往南方的门户，保卫奥尔良关乎法国命运。这时，出现了一位来自法国农民家庭的女英雄贞德。

据说，贞德 13 岁时，在自家园中看到一团光，有一个自称是天使的声音告诉她：拯救法国是她的使命。于是，她萌生了上战场的想法。1428 年，她不顾家人反对离家出走，去朝见王储查理。1429 年，她在一位贵族的骑士和随从护送下，前往查理居住的锡农。在宫内，查理对贞德的身份将信将疑，决定测试她是否真是"圣女"。查理换上卑微的衣装，躲在人群中，宝座上则坐着一位假装他的贵族。入宫后的贞德直接认出查理，她说服查理委派自己为奥尔良的军事指挥。当年 5 月间，贞德抵达奥尔良战场，她一反法军将领们谨慎的战略，毫不犹豫地用正面攻势攻陷了几座英军堡垒。后在一次攻打英军堡垒的战役中，贞德被箭射中肩膀，但她很快把箭拔了出来，重返战场。在贞德率领下，法军只用 10 天便解除了被英军围困了 7 个月的奥尔良。在奥尔良战斗中，贞德荣获了"奥尔良姑娘"的尊号。

后来贞德又率军北上收复一些失地，连战连胜。同年7月，查理正式加冕，成为法王查理七世。贞德深孚众望，引起查理和大贵族的猜忌。而且查理这时倾向靠谈判巩固疆域，主张出兵进攻巴黎的贞德，就成了绊脚石。他不再增援贞德，使其军队只剩几百人。1430年5月，贞德在贡比涅城（巴黎以北）为英军同盟勃艮第人所俘，以4万法郎卖给英国人，并被教会法庭审判。1431年5月24日，贞德在卢昂被宗教法庭以异端和女巫的罪名判处火刑，骨灰被抛入塞纳河。1456年，英军被彻底逐出法国后，教皇重审贞德案，并为她平反。500年后，贞德被梵蒂冈封圣。

贞德的事迹曾是许多影视、戏剧、音乐作品的素材。但有学者认为贞德所看到的所谓神迹只是心理疾病造成的幻觉，他们认为贞德只是精神领袖，而非有军事才能的将领。1999年吕克·贝松执导的电影《圣女贞德》，对贞德究竟是靠意志还是神迹创造奇迹，及其身上的神性与人性这些问题，作了反思性的思考。

《天方夜谭》：阿拉伯文学的明珠

《天方夜谭》又称《一千零一夜》，（"天方"是麦加旧译名），一部最初源于东方口头文学，后以阿拉伯文成书的故事集。《天方夜谭》汇集了波斯、印度等各民族的故事，是波斯、印度和阿拉伯等地人民智慧的结晶。

相传古代印度与中国之间有一萨桑国，

大事	国别	地域	公元（单位：年）
布拉格大学教授，杰出的宗教思想家胡司因异端罪被罗马教廷判处火刑处死。	神圣罗马帝国	东欧	1415
波西米亚王国爆发农民起义，史称胡司战争或波西米亚战争。			1419
贞德迫使英国军队放弃对奥尔良的包围，她第一次出现在英法战争的舞台之上。	法国	西欧	1429
奥斯曼军队攻陷拜占廷第二大城市塞萨洛尼基。	奥斯曼帝国	东欧	1430
贞德兵败被俘。	法国	西欧	
贞德被处以火刑。			1431
柯西莫·德·美迪奇在佛罗伦萨建立僭主统治。	佛罗伦萨		1434
胡司战争结束。	神圣罗马帝国	东欧	

单位:公元年	地域	国别	大　事
1435	西欧	法国	法国在杰布华战役中击败英军。
1436			法军收复巴黎。
1450	西亚	阿拉伯	《天方夜谭》定型成书。
1453	中亚	帖木儿帝国	伊斯法罕重新被建立。
	东欧	拜占廷帝国	奥斯曼帝国军队攻陷君士坦丁堡,拜占廷帝国灭亡。
	西欧	法国	波尔多的英军宣布投降,法国收复除加莱外的所有失地。英法百年战争以法国的胜利告终。

国王山鲁亚尔生性残暴嫉妒,因王后行为不端,将其杀死,此后每日娶一少女,翌日晨即杀掉,以示报复。宰相的女儿山鲁佐德为拯救无辜的女子,自愿嫁给国王,用讲述故事的方法吸引国王,每夜讲到最精彩处,天刚好亮了,国王不忍杀她,允其下一夜继续讲。她的故事一直讲了一千零一夜,国王终于被感动,与她白头偕老。一份 987 年的阿拉伯语文本就提及过一本名为《一千则故事》的波斯语著作。这表明《天方夜谭》中某些故事受到波斯的影响。而《天方夜谭》中有些故事的起源则可以追溯到古印度,当然,也有些故事出自阿拉伯民族。

《天方夜谭》最初口头流传,到1450年开始定型成书。《一千零一夜》成书后一直在阿拉伯地区传阅,但只是普通的民间文学,不太受重视。现存最古老的阿拉伯文手稿,出自 15 世纪。这卷手稿是一部残篇,1701 年由法国的东方学者安托万·加朗(1646—1715 年)收购,并因此而命名为"加朗手稿"。1704 年,加朗把这一故事集译成法语出版,并在欧洲广受欢迎。《天方夜谭》的魅力历久不衰,影响了西方的文学创作,塑造了西方人心目中阿拉伯世界的形象。这部作品在 20 世纪初经西方传到中国。

1453 年的悲歌:君士坦丁堡陷落

15 世纪,衰落的拜占廷帝国领土只剩首都君士坦丁堡及其近畿,还有被切断联系的伯罗奔尼撒地区。君士坦丁堡已成为一座孤城。拜占廷末代皇帝君士坦丁十一世（1449—1453 年在位），面临强劲的对手奥斯曼帝国，注定其在劫难逃。

1452 年，年仅 20 岁的奥斯曼苏丹穆罕默德二世（1432—1481 年），在即位不久就开始筹划对君士坦丁堡的进攻，以实现奥斯曼历代君主的夙愿。1453 年 4 月 6 日，他以 25 万亲兵，280 艘战舰和一支庞大的炮兵部队发起了攻击。

虽然防守君士坦丁堡的兵力捉襟见肘，但城墙毕竟经过千年修筑，被一道海墙和三道陆墙围护，依然固若金汤。城北的金角湾港口，除了有海墙保护，还有横陈港口的铁链，让敌船难以驶近。起初，土耳其人用攻城器械猛击城墙，并填平壕沟，架设云梯，还在地下挖掘坑道，但都成效不大。4 月 12 日，土耳其人开始炮击，但效果也十分有限。4 月 18 日，穆罕默德耐不住性子，下令全面进攻。土耳其人冲向护城壕，但遭到来自城中枪炮的猛烈反击。同时，奥斯曼在海战中也告失败。气急败坏的穆罕默德改变策略，转而买通敌军中的热那亚人，通过其控制的加拉塔地区，潜入金角湾。他调动 5 万军队，并在博斯普鲁斯海峡和金角湾之间铺设一条长约 1.5 公里的陆上圆木船槽，趁夜间把 80 艘轻型战船拖过船槽，滑进金角湾。当希腊人发现腹背受敌后，士气骤然衰落。5 月 28 日，日落时分，穆罕默德决定趁守军正对强光、不利视觉之时，发起对君士坦丁堡城墙的猛攻。兵多将广的奥斯曼军队的一波波冲击，消耗了守军的锐气。但是他们还是与来犯者彻夜厮杀，展开了近身的白刃战。29 日清晨，穆罕默德发动新一

大 事	国别	地域	公元（单位：年）
兰开斯特家族与约克家族爆发王位争夺战，史称红白玫瑰战争。	英国	西欧	1455
奥斯曼军队攻占特拉比仲德，拜占廷最后一个皇族后裔政权被消灭。	奥斯曼帝国	西亚	1461
日本爆发应仁之乱，从此日本进入了长达一个多世纪的战国时期。	日本	东亚	1467
西班牙地区最主要的两个基督教国家的王储——阿拉贡王国的斐迪南和卡斯提亚王国的伊莎贝拉联姻。	阿拉贡王国、卡斯提亚王国	西欧	1469

单位：公元 年

地域	国别	大事
西欧	阿拉贡王国、卡斯提亚王国	阿拉贡王国和卡斯提亚王国合并，西班牙王国雏形初现。
东亚	日本	日本高僧一休宗纯去世。
西欧	英国	红白玫瑰战争结束。

公元年份：1479、1481、1485

波进攻，君士坦丁十一世战死，君士坦丁堡终告陷落，历时1000多年的拜占廷帝国灭亡。穆罕默德举行了正式的入城式，并把首都由埃迪尔内迁到此处，君士坦丁堡也被更名为伊斯坦布尔。

君士坦丁堡陷落后，很多希腊人携带古典文献逃往西欧，促进了"文艺复兴"的兴起。

世界近代史

  1500 年至 1900 年是世界近代史时期。对于世界史分期，西方学界一般把从史前文明到 476 年西罗马帝国的灭亡这段历史称为"古代史"，把 476 年到 1500 年这段历史称为"中世纪史"（也有人认为 1453 年君士坦丁堡的陷落标志着中世纪的结束），将公元 1500 年以后的历史称为"现代史"。因此，西方史学界没有"近代史"这一概念。中国史学界曾长期受苏联影响，把西方学界所说的"现代史"部分又以"十月革命"为界分为世界近代史（资本主义产生、壮大并逐渐衰落的历史）和世界现代史（社会主义制度的建立、发展壮大并对资本主义的世界秩序进行挑战的历史）两部分。自 20 世纪 90 年代起，中国著名历史学家吴于廑等提出把 1500 年到 1900 年左右的历史时期称为"世界近代史"时期（欧洲国家崛起、扩张并支配世界其他地区的时期），而将 1900 年以后，到 20 世纪 90 年代初的历史，称为"世界现代史"时期或 20 世纪史（资本主义由自由资本主义发展到垄断资本主义阶段，欧洲的支配地位逐渐丧失，经济和科技的发展让世界真正成为一个整体）。

  从 15 世纪末开始，商品经济的发展让欧洲人对黄金和香料的渴望异常强烈，在葡萄牙和西班牙两国君主的赞助和支持下，达·伽马、哥伦布、麦哲伦等航海家穿越大洋，开辟了欧洲直接通往亚洲、非洲和美洲的海上航线，从而打破了各地区、各民族彼此封闭隔绝的生活状态，一个全球性的整体世界开始形成。欧洲人通过商业和殖民活动获得了大量财富，为欧洲经济发展和社会进步提供了强大推力，但亚、非、美洲等地的大批原住民也付出了财富、生命和生存尊严的惨重代价。

  欧洲人的对外开拓伴随着自身的思想解放，兴起于 13 世纪末的文艺复兴运动让人们从禁欲主义的枷锁中走出，但丁、达·芬奇、拉斐尔、莎士比亚等大师的佳作让人们看到了人性的光辉和伟大及天主教会的腐化与虚伪。伴随着马丁·路德《九十五条论纲》的传播，欧洲人对罗马教会的不满和愤恨在宗教改革运动中达到了高潮。路德宗、加尔文宗等新教教派的出现让西欧宗教界出现了各个新教教派与罗马天主教并立的局面，随着新教徒把《圣经》翻译成各国语言，欧洲各国丰富多彩的民族文化也得到了发展。

  随着近代欧洲经济的迅速发展，资产阶级的力量也不断壮大，他们保护私有财产、节制税收、扩大再生产的要求与专制君主对权力绝对垄断的理念和现实发生了尖锐矛盾，这一矛盾在英国首先引发冲突。英国资产阶级和新贵族联手，在以清教为旗帜的革命中把国王查理一世送上了断头台，建立了共和国，但克伦威尔的军事独裁和斯图亚特王朝的复辟让英国人意识到，专制君主的死亡并不意味着专制统治的结束。在一场不流血的"光荣革命"后，英国议会通过《权利法案》等法律文献来限制君主权力，确立了议会权力至上的君主立宪制政体。

英国的政治经验让很多知识分子重新思考统治者与民众的关系。以英国的洛克，法国的伏尔泰、孟德斯鸠、卢梭，美国的富兰克林、杰斐逊等人为代表的思想者提倡自由、反对专制，提倡理性、反对愚昧，提倡平等，反对压迫，他们的思想在欧洲和北美掀起了影响深远的启蒙运动。在启蒙思想的激励下，英属北美殖民地人民推翻了英国的殖民统治，建立了第一个现代共和国，而法国大革命不但推翻了波旁王朝的专制统治，自由、平等、博爱的启蒙精神还伴随着拿破仑大军的铁蹄传播到欧洲各地。

在北美和法国先后爆发革命之时，政局稳定的英国却孕育着一场全面改变人类社会的工业革命，随着詹姆斯·瓦特对蒸汽机的改造成功，社会生产效率得到了大幅度提高，工业也逐渐取代农业成为创造社会财富的主要部门，人类开始迈向工业时代。工业革命的摇篮英国也一跃成为支配世界经济领域的"世界工厂"。工业革命的浪潮很快扩展到北美和欧洲大陆，而蒸汽轮船和火车的出现则把世界各地的人们更紧密地联系在一起，全球化趋势加快。

工业革命的开展离不开科技的不断进步。自哥白尼提出"日心说"以来，欧洲的科学发展逐渐摆脱了神学的枷锁，在伽利略、牛顿、达尔文等几代科学家的努力下，欧洲人在数学、物理、化学、生物学等近代科学诸多领域的研究上取得了非凡成就，极大地推动了生产进步和社会发展。

工业革命带来了西方资本主义国家经济的迅速发展，但贫富差距问题却越来越严重，西方社会日益分裂为资产阶级和无产阶级两大阶级。为解决资本主义制度造成的诸多社会问题，马克思和恩格斯共同创立了"科学社会主义"学说，号召全世界无产阶级团结起来，推翻资产阶级统治，建立社会主义社会，这一学说对后来世界历史的发展产生了深远的影响。

在欧美国家开始工业革命之时，中国、日本、朝鲜等东方国家和地区仍徘徊在农业社会的循环往复之中，这些落后的东方国家很快在西方列强的入侵下经历了"旷古未有之变局"，沦为了欧美列强的殖民地或势力范围，只有日本通过明治维新，"脱亚入欧"，摆脱了民族危亡的局面，崛起为新兴的工业强国。

西方发达国家在一轮又一轮经济危机的催生下，完成了从自由资本主义向垄断资本主义的过渡。在对亚、非、拉广大地区的殖民侵略中，欧美列强国内的民族主义和社会达尔文主义情绪恶性膨胀，"上帝的选民""优秀民族"等论调一时间在西方国家中甚嚣尘上，而欧洲各国之间的矛盾也因为对海外殖民地和地区霸权的争夺而日趋尖锐。19世纪末到20世纪初，伴随着德奥意三国组成的同盟国集团和英法俄组成的协约国集团的形成，作为世界经济、政治和文化中心的欧洲已经面临着严重的战争危险。

阅读五　开拓进取的欧洲人

伴随着欧洲人寻找黄金和香料的脚步，人类社会开始进入近代时期，在中世纪长期被封堵在西欧一隅的欧洲人在探索新航路的过程中成为各大洋的主人。

游走于世界各大洋的欧洲人并非目不识丁的莽夫，文艺复兴给了他们人文主义的精神；宗教改革赋予了他们"上帝选民"的信念；他们创造了许多脍炙人口的文学作品，写下了隽永的诗句；他们制定和写下严谨的法律条文；在神学枷锁下，他们却开始用头脑去思考和重新认识自然万物的规律与变化。这时的欧洲人尽管还打着恢复古代希腊、罗马文化的旗帜，但他们正在创造一个不同于中世纪的新世界。

地域	国别	大　　事
西欧	葡萄牙	葡萄牙航海家迪亚士发现好望角。
	法国	法王将布列塔尼收归统辖之下。
西班牙		西班牙完成再征服运动，收复伊比利亚半岛绝大部分领土，结束了伊斯兰教徒在该地区的统治。
中美洲		哥伦布到达美洲的加勒比海岛屿，但以为到达了印度，亚欧大陆与美洲之间开始了直接联系。
西欧		西班牙和葡萄牙在教皇的干涉下，达成瓜分世界的《托尔德西里亚斯条约》。

单位：公元年：1488、1491、1492、1494

地理大发现

15世纪，经历了黑死病严重威胁的欧洲社会在经济和文化等方面都得到了恢复和发展，欧洲人的生活需求也随之提高。他们渴望得到东方的黄金和香料，但土耳其人的崛起切断了欧洲通往东方的陆上通道。为了实现与东方的直接贸易，欧洲人开始探索从海上直通东方的航线，而当时地圆学说的流行和航海、造船、印刷术等技术的进步使得西方人开辟新航路的梦想成为可能。

1488年葡萄牙航海家迪亚士的船队到达了非洲南端的海角，葡萄牙国王若昂二世将其命名为好望角，这意味着欧洲人进入印度洋的通道已经打开。1492年，西班牙女王伊莎贝拉资助意大利航海家哥伦布向西探寻通往东方的航线，有意思的是，哥伦布选择向西探寻通往亚洲航线的原因，是他错误地计算了地球周长，认为向西航行到达亚洲的航线是最短的。哥伦布在这一年的10月到达了中美洲地区，并错误地认为自己到达了印度。哥伦布到达"印度"的消息刺激了葡萄牙国王若昂二世，为阻止西班牙人独霸海洋，他加快向东方的探索。1497年，若昂二世派达·迦马寻找通往印度的航线，达·迦马在进入印度洋后，在著名的阿拉伯航海家艾哈迈镕·伊本·马吉德的帮助下到达印度，带回了大批的香料，获得了丰厚的利润，葡萄牙就此开辟了由欧洲直通印度的海上新航路。

在哥伦布西航美洲、发现"印度"之

大　事	国别	地域	公元 *单位：年*
瓦斯科·达·伽马到达印度。	葡萄牙	南亚	1498
阿美利哥·维斯普西考察美洲。	佛罗伦萨	美洲	1499
伊斯麦尔一世定都大不里士，建立萨菲王朝。	伊朗	西亚	1501
达·伽马率舰队征服印度卡利卡特。	葡萄牙	南亚	1502
金帐汗国灭亡。	金帐汗国	东欧	
记载中国明代典章制度，以行政法规为主的官修书籍《大明会典》问世。	中国	东亚	

后，欧洲人逐渐发现哥伦布到达的并非亚洲，而是一块不为欧洲人熟知的新大陆，尽管西班牙人通过殖民征服在新大陆上掠夺了大量黄金，但并未获得梦寐以求的香料，因此西班牙人希望继续向西探寻通往亚洲的航路。

1519 年，葡萄牙人麦哲伦受西班牙国王卡洛斯一世的委派开始了人类历史上第一次环球航行，航程历经三年，十分艰苦，麦哲伦本人则在与菲律宾当地部落冲突中丧生，最终麦哲伦的部下于 1522 年 9 月成功返回西班牙，从而证明了地圆学说。

在葡萄牙和西班牙开始海上探险后，英国、法国、俄国等欧洲国家都纷纷开始了自己的海上探险。对于为何是欧洲人开辟了新航路，不少受到马克思思想影响的人认为，资本主义经济的发展和人文主义思想，给欧洲带来的思想解放刺激了欧洲人的对外探险精神；但有的学者反对这一说法，认为葡萄牙和西班牙是西欧商品经济发展最落后的地区，而航海家们大多数是狂热的教徒，而不是开放的人文主义者。对新航路开辟的后果，有的学者强调这一壮举打破了欧洲、亚洲和非洲相对孤立和隔绝的状态，开始产生真正的世界历史；有的学者则认为，欧洲人通过海上霸权和殖民扩张，开始形成以欧洲为中心的国际新秩序。

马丁·路德与《九十五条论纲》

中世纪欧洲，罗马教廷势力强大，包括国王在内的每个人从生到死的每一项重要活动都要由教会掌控。然而在 1517 年，

单位：年 公元	地域	国别	大事
1506	西欧	西班牙	哥伦布去世。
1510	南亚		葡萄牙征服印度重镇果阿。
1511	东南亚		葡萄牙占领马六甲。
1512	西欧	西班牙	西班牙完成统一。
1514	南欧	佛罗伦萨	马基雅维利著成《君主论》。
1515	西欧	法国	法国发动马里尼亚诺战役，占领米兰公国。
1516		英国	托马斯·莫尔著成《乌托邦》，其中把英国圈地运动形象地称为"羊吃人"。
1517	北非	奥斯曼帝国	奥斯曼帝国征服埃及。

从德意志一个普通教士对教会和教皇的攻讦开始，一场影响巨大的宗教改革运动席卷欧洲，罗马教会的统治在很多欧洲国家瓦解，这个"普通"的教士就是马丁·路德。

马丁·路德1483年生于德意志。他本是一个虔诚的天主教徒，曾获得神学博士学位。1510年他被派往罗马，在那里，路德见识了教皇和高级教士们对神职工作的怠慢和生活上的腐化堕落，这使他对教会深感失望。回到德意志后，路德开始对《圣经》和教义进行重新思考，逐渐形成了"因信称义"的宗教理念，即，只要人相信耶稣基督，他就可以获得神的永久正义，而不需要教会作为中介。这样，整个中世纪的教会神学体系在路德"因信称义"的宗教理念下完全坍塌。

1517年，教会在德意志兜售赎罪券借机敛财的行为给了马丁·路德发难的契机。10月31日，路德写下了著名的《九十五条论纲》。在这份文件中，路德认为兜售赎罪券不仅不会使人得救，而且完全与《圣经》和理性相违背，是在纵容和鼓励处于罪恶中的人。路德的言论得到了德意志广大民众甚至是封建诸侯的支持。

1519年，马丁·路德与神学家约翰·艾克在莱比锡进行辩论，路德断言《圣经》权威至上，提出教会使用的《圣经》是教皇伪造的，而且他赞同曾被教廷判为"异端"的约翰·胡斯的观点，此举使路德和教廷彻底决裂。路德连续发表《关于教会特权制的改革致德意志基督教贵族公开信》《论教会的巴比伦之囚》和《论基督徒的自由》等文章，公开提出教皇无权干预世俗政权，信徒人人都可直接与上帝相通而成为祭司，无需神父做中介。

路德对教会的反抗开启了欧洲宗教改革的序幕，在此后百年间欧洲各地纷纷进行宗教改革，与天主教和东正教不同的新教产生。1555 年签订的《奥格斯堡和约》确立了"教随国定"的原则，新教取得了在欧洲与天主教和东正教鼎足而立的地位。同时，各国纷纷把拉丁文版的《圣经》翻译成本民族语言，加快了欧洲各国语言本土化的进程。

莫卧儿王朝的建立

16—19 世纪，在南亚次大陆上曾经出现过一个强大的帝国，它的兴起来自于统治者的能征善战，它的衰败也源于统治者执迷于武力，这个国家就是莫卧儿帝国。

莫卧儿帝国的创建者是来自中亚的札希尔·乌德丁·穆罕默德·巴布尔，他是著名的征服者成吉思汗（母系）和帖木儿（父系）的后裔，生于 1483 年，在进入南亚地区前曾试图在中亚建立自己的王国，但却屡遭失败。巴布尔在长期战乱和漂泊中锤炼出优秀的军事指挥才能和冒险精神，拥有了一支战斗力很强的军队，并学会了使用火器。此时，统治北部印度的德里苏丹国的日益衰败使得巴布尔决定向印度发展。当时德里苏丹国已经瓦解，印度北部处在阿富汗人建立的洛提王朝统治下，统治者易卜拉欣为人残暴，激起臣民不满，洛提王朝的统治危机四伏。

1525 年，巴布尔率 1.2 万人攻入印度旁遮普地区，击败当地守军。第二年，巴

大　事	国别	地域	公元 单位：年
马丁·路德提出《九十五条论纲》，反对罗马教会兜售赎罪券的行为，成为宗教改革运动的开端。	神圣罗马帝国	西欧	1517
麦哲伦开始环球航海的壮举。	西班牙		1519
意大利著名画家列奥纳多·达·芬奇去世，生前绘有《蒙娜丽莎》等诸多名作。	法国		
著名画家拉斐尔去世，生前绘有《西斯廷圣母》《雅典学派》等著名画作。	意大利	南欧	1520
马丁·路德被罗马教皇逐出教会。神圣罗马帝国皇帝查理五世随后召开沃尔姆斯会议，裁定马丁·路德的观点为非法的。	神圣罗马帝国	西欧	1521

公元 单位:年	地域	国别	大事
1521	东南亚	西班牙	麦哲伦在菲律宾被杀。
	中美洲		西班牙征服墨西哥地区,阿兹特克帝国灭亡。
1522	南美洲		西班牙在委内瑞拉建立其在南美的第一个殖民地。
	西欧		麦哲伦部下历经三年环球航行,回到了西班牙,用事实证明了地圆学说。
1524	神圣罗马帝国		德意志爆发农民战争。
1525	法国		法国国王弗朗索瓦一世在帕维亚战役中战败被俘,被迫放弃先前占领的意大利领土。
	神圣罗马帝国		德意志农民战争的领袖闵采尔被俘后被处死。
1526	南亚	莫卧儿帝国	帖木儿后裔巴布尔灭亡德里苏丹国,在印度建立莫卧儿帝国。

布尔乘胜向德里进军,洛提王朝的国王易卜拉欣率4万军队迎击巴布尔,双方在德里附近的帕尼帕特进行决战,是为第一次帕尼帕特战役。尽管巴布尔的军队在人数上处于绝对劣势,但巴布尔巧妙地运用帕尼帕特地势平坦的特点,在敌军用密集阵型向自己进攻时用战车挡在阵前,火枪手埋伏在战车后利用火器的优势大量杀伤敌军,同时用骑兵迂回到敌阵侧后,在德里苏丹国的军队出现混乱后立即从其侧后进攻。德里苏丹国军队溃不成军,国王易卜拉欣战死,巴布尔乘胜占领了印度重要的城市德里和亚格拉。1526年4月,巴布尔在大清真寺的礼拜仪式上,自封为帝,以德里为都,莫卧儿帝国建立。

刚刚登基的巴布尔地位并不巩固,他登基当年,印度南方的拉吉普特人和阿富汗人联手,共同对抗巴布尔。信仰印度教的拉吉普特人勇猛善战。在与拉吉普特人作战前,巴布尔摔碎金杯,对自己的将士进行激励:"拥有荣誉,即使我死了,我也感到满足。"经过两年的艰苦战斗,巴布尔击败拉吉普特人,1529年又歼灭了盘踞在孟加拉地区的阿富汗人。1530年12月,巴布尔病逝于德里,尽管他未能如愿征服整个印度,但他缔造的强大帝国已具雏形。

不过,作为外来的信仰伊斯兰教的征服者,如何与印度人口中占多数的印度教徒相处一直是困扰莫卧儿帝国的难题。17世纪后期登上皇位的奥朗则布因激进的伊斯兰化政策引起印度教徒的激烈反抗,最终导致帝国瓦解,也给印度留下困扰至今的宗教和民族矛盾。

莫尔与《乌托邦》

16世纪初的欧洲社会处于动荡之中，商品经济发展的同时一些农民和手工业者却面临破产的窘境，而法国王室和控制西班牙、奥地利的哈布斯堡王朝间的战争让广大西欧地区常受战乱之苦。因此，很多文学家在作品中绘制出一个个生活安定、没有压迫的人间天堂，以表达人们对美好生活的向往，莫尔的《乌托邦》是其中最杰出的代表。

1478年，托马斯·莫尔出生在伦敦，他的父亲当过律师，后曾任皇家高等法院法官。莫尔从小接受良好教育，13岁时在英国政坛上的重要人物坎特伯雷大主教莫顿家中任少年侍卫，博学的莫顿对聪明好学的莫尔很赏识，常对朋友讲："这个孩子将来一定会成为名人。"他在14岁时进入牛津大学就读，在那里，莫尔受到了人文主义思潮的影响，后来迫于父命，专攻法律。但他一直都对文学保持着浓厚兴趣，并于1497年与荷兰著名人文主义者伊拉斯谟结为好友。

莫尔曾在亨利八世时代权重一时：1523年出任下院议长，1529年成为英国大法官，是当时英王之下最显赫的人物。然而莫尔深知亨利八世的反复无常和冷漠无情，他说："假使我莫尔的人头真会让他得到任何一座无足轻重的法国城池，这颗头准得落地。"1529年，因教皇克莱芒七世拒绝批准亨利八世与王后凯瑟琳离婚，亨利八世决定与罗马教廷决裂，进行宗教改

大　事	国别	地域	公元 单位：年
神圣罗马帝国部分叛军洗劫罗马。	神圣罗马帝国	南欧	1527
帝国议会中的宗教反对派产生抗议宗，基督新教形成。		西欧	1529
奥斯曼帝国入侵匈牙利，占领布达，但随后围攻维也纳失败。	奥斯曼帝国	东欧	
葡萄牙向巴西殖民。	葡萄牙	南美	1530

公元 单位：年	地域	国别	大事
1533	南美	西班牙	西班牙灭亡南美洲的印加帝国。
	西欧	英格兰	亨利八世不顾教皇反对迎娶安·波林，并下令禁止英国教会向教皇缴纳岁贡。教皇随后将亨利八世革出教门。
1535			《乌托邦》的作者托马斯·莫尔因反对亨利八世宗教改革被处死。

革。由于莫尔笃信天主教，他与亨利八世的矛盾无可避免。最终，由于莫尔拒绝承认亨利八世作为英国宗教首脑的地位，被以叛国罪处死。

伊拉斯谟为莫尔的被害深感悲痛，他评价道："他的灵魂之纯洁胜过白雪，在英国从来没有过像他这样的天才，而且将来也不可能再有。"

莫尔的代表作是《关于最完美的国家制度和乌托邦新岛的既有益又有趣的全书》（简称《乌托邦》），在这部书中，莫尔阐述了空想社会主义的基本思想。全书分两部分，采用对话体的形式。在第一部分中莫尔用"羊吃人"来揭露和抨击英国由于圈地运动给农民带来的巨大苦难。莫尔提出私有制是劳动者陷入贫困和社会上各种灾祸的根源，公有制是保证人人幸福的唯一途径。在第二部分中，莫尔通过介绍"乌托邦岛"上的情况描绘了他心中的理想社会：没有私有制，没有商品货币关系，人人参加劳动，没有脑力劳动和体力劳动对立，采取民主选举，公民一律平等，按计划组织生产，按需分配，对儿童实行集体教育。在他的理想社会里，没有酒店、妓院，也没有堕落和罪恶。

《乌托邦》对后世产生了很大影响。这本书不仅被视为空想社会主义早期重要著作，而且"乌托邦"这个词也被后世广泛使用，常被引申为"美好但不可实现"之义。

哥白尼与《天体运行论》

地球围绕太阳进行公转，现在是一个人人皆知的常识。然而500多年前的欧洲，教会却用古希腊流传下来的"地心说"来解释宇宙的构成，认为地球不动地处于宇宙中心，所有天体围绕地球旋转。所有不同于教会的观点都被看作异端邪说，甚至坚持这种观点的人可能遭受杀身之祸。然而有一位波兰天文学家却凭借良知和对科学的执着，向"地心说"发起挑战，从而为人类社会开启了近代自然科学的大门，这个人就是哥白尼。

1473 年，哥白尼出生于波兰维斯瓦河畔的小城托伦。12 岁时，哥白尼父母先后去世，他被舅舅收养。1491 年，哥白尼进入克拉科夫大学学习，在这里他对天文学产生了兴趣。1496 年，他进入欧洲最古老的大学——意大利博洛尼亚大学学习数学、天文学、医学和法律等方面的知识。在这里，哥白尼受到人文主义思想的熏陶，并得到了天文学家德·诺瓦拉的指导，学到了天文观测技术和古希腊天文学理论，这对他后来在天文学上取得的巨大成就影响极大。此时，哥白尼已经对地心说产生了严重的怀疑。

1506 年，哥白尼回到波兰，成为弗伦堡的一名教士。为了方便天文观测，在弗伦堡的 30 年间，他自己搭建了一个小天文台，后来被称为"哥白尼塔"。1513 年左右，哥白尼在他的朋友中间散发一份简短的手稿，初步介绍了经过他研究和论证的日心说理论。1514 年，哥白尼写成了对后世影响巨大的《天体运行论》，在这本书中他推翻了长久统治欧洲的地心说，详细论证了日心说。在《天体运行论》中，哥白尼通过观测和计算得出的数据精准度

大　　事	国别	地域	公元 单位：年
日内瓦的加尔文发表《基督教的原理》。	瑞士	西欧	1536
哥白尼以"日心说"为核心内容的《天体运行论》出版，不久之后哥白尼与世长辞。	波兰	东欧	1543
特伦托宗教会议召开，天主教阵营的反宗教改革运动开始。	意大利	南欧	1545

公元 单位：年	地域	国别	大 事
1547	东欧	俄罗斯帝国	莫斯科大公伊凡四世正式改称沙皇，莫斯科公国也改为俄罗斯帝国。
1553	西欧	法国	《巨人传》的作者拉伯雷去世。
	东亚	中国	开始有葡萄牙人在澳门居住，次年通过贿赂当地官员，得以在澳门长期居住并实际控制了澳门。
1555	西欧	英格兰	英王玛丽一世残酷迫害新教徒，处决300多人，被称为"血腥玛丽"。
		神圣罗马帝国	《奥格斯堡条约》签订，实际上承认了"教随国定"的原则。
		西班牙与德意志	神圣罗马帝国皇帝查理五世退位，将西班牙王位和美洲广大殖民地传给儿子腓力二世，将奥地利王位和神圣罗马帝国皇位传给了弟弟斐迪南。
1558	西欧	英格兰	著名的"童贞女王"伊丽莎白一世继承英国王位，在她治下的40多年，英国逐渐崛起成为西欧强国。

高得惊人，例如，他得到恒星年的时间为365天6小时9分40秒，比现在的精确值约多30秒，误差只有百万分之一；他得到的月亮到地球的平均距离是地球半径的60.30倍，和现在的60.27倍相比，误差只有万分之五。

哥白尼学说不仅改变了人类对宇宙的认识，而且动摇了欧洲中世纪宗教神学的理论基础。尽管后来的天文学证明，太阳也不是宇宙中心，但哥白尼"日心说"的提出，使人类宇宙观发生了革命性改变，人们开始用理性而非神学的眼光看待世界，自然科学逐步从神学的束缚下解放出来。

值得注意的是，哥白尼并非无神论者，他直到去世一直都是虔诚的天主教徒，并反对新教学说。他在《天体运行论》导言里就提到研究天文学的目的在于："……人类果真见到天主管理下的宇宙所有的庄严秩序时，必然会感到一种动力促使人趋向于规范的生活，去实行各种道德，可以从万物中看出来造物主确实是真美善之源。"

"雷帝"伊凡四世

伊凡四世是俄国历史上第一个沙皇，传说他出生时天空中电闪雷鸣，因此被称为"伊凡雷帝"。事实上，人们这样称呼他更多的是因为他如雷神般的反复无常和凶残暴虐的性格。

伊凡生于1530年，父亲是莫斯科大公瓦西里三世。在他3岁时，父亲去世，由母亲格林斯卡娅摄政。她废除摄政会议，独揽大权，导致与大贵族关系紧张。伊凡8 岁时，格林斯卡娅突然去世，以舒伊斯基和别林斯基为首的大贵族趁机叛乱，彼此争权夺利。宫廷中的残酷斗争让幼年的伊凡逐渐养成猜忌、多疑、冷酷无情的性格。后来别林斯基在一起民变中被打死，伊凡得以大权独揽。1547 年，伊凡加冕，自称"沙皇"，以示拥有无限权力之意。

伊凡四世掌握权力后，对童年时代的贵族乱政记忆犹新，因此他力图把一切重要权力掌握在自己手中。他对中央和地方的政治、军事、法律、财政和宗教等进行了大刀阔斧的改革，把权力集中到自己手中。军事上，他设立常备军，整顿地方军队，奠定了俄国正规军的基础；政治上，于 1565 年建立了沙皇特辖区制度，消除了过去的领主制度，给贵族很大打击。从此，俄罗斯形成了中央集权政体。在改革过程中，伊凡对任何反对他的人都毫不留情，甚至用手杖打死反对他改革的亲生儿子。

伊凡四世也是俄国对外扩张政策的奠基者，可以说后来俄国辽阔的版图就是伊凡四世奠定的。他先后吞并了喀山汗国、阿斯特拉罕汗国和西伯利亚汗国，还打败了克里木汗国，俄国的领土向东大幅推进。曾被沙皇通缉的哥萨克首领叶马尔克在俄国贵族支持下率领 840 人向西伯利亚汗国进犯，于当年攻占了西伯利亚汗国首府卡什雷克，沙皇决定赦免叶马尔克的罪责。17 世纪 30—40 年代，俄国扩展到了太平洋沿岸，整个西伯利亚都落入了俄国手中。

大　事	国别	地域	公元 单位：年
罗马教廷正式颁布《禁书目录》，对新教等"异端"现象进行扼杀，该禁令直到 1966 年才被废除。		西欧	1559
明代著名文学家、被称为明代三大才子之一的杨慎逝世，其著作颇丰，后人将其编为《升庵集》。	中国	东亚	
西班牙国王腓力二世迁都马德里。	西班牙	西欧	1561
法国宗教战争开始（胡格诺战争）。	法国		1562
曾权倾朝野十几年的内阁首辅大臣严嵩被罢免。	中国	东亚	
戚继光、俞大猷等人在福建大败倭寇，此后倭患被逐渐平定。			1563
著名的文艺复兴艺术三杰之一的米开朗基罗去世，生前创作了雕像"大卫""摩西"和西斯廷教堂穹顶壁画等传世名作。	意大利	南欧	1564
著名宗教改革家加尔文去世，他创立了新教加尔文宗。	瑞士	西欧	

公元 单位:年	地域	国别	大 事
1565	南美	巴西	里约热内卢建城。
	东南亚	菲律宾	西班牙人开始向菲律宾殖民。
1566	西欧	荷兰	在西班牙统治的尼德兰发生大规模的"圣像破坏运动",尼德兰革命开始。
	东亚	中国	明世宗朱厚熜驾崩,穆宗朱载垕即位,年号隆庆。
1568	中欧	神圣罗马帝国	神圣罗马帝国与奥斯曼土耳其帝国签订和平条约。
	西欧	荷兰	荷兰人为争取独立而进行的"八十年战争"爆发。
1570	北欧	瑞典与丹麦	瑞典与丹麦签订《什切青和约》,第一次北方战争以丹麦的失败告终。
1571	南欧	塞浦路斯	奥斯曼土耳其帝国占领塞浦路斯。
	东南欧	希腊	教宗、西班牙和威尼斯共和国结成神圣同盟抵抗奥斯曼帝国,联军在勒班托海战中击败了奥斯曼帝国海军。
	东欧	俄国	克里木汗烧毁莫斯科,掳走15万人。

伊凡四世尽管有"雷帝"称号,但他绝不是一个胸无点墨的武夫。事实上,伊凡酷爱读书,学识渊博,尤其阅读了大量历史类书籍,并擅长写作。他对俄语有很高造诣,是俄罗斯历代大公、沙皇中文化水平最高的统治者。他在位期间积极推广印刷术,促进了俄国文化的发展。他的雄心与权谋、杀伐决断和残忍嗜杀等特点,甚至成为后世沙俄统治者一脉相承的政治基因。

尼德兰革命:"海上马车夫"的出场

在新航路开辟以后,作为海上探险先行者的葡萄牙人和西班牙人控制了16世纪的海上贸易,但到了17世纪,西北欧的荷兰人却在航海技术和商业贸易领域后来居上,一度成为海上霸主,而这一现象的产生与尼德兰革命密切相关。

16世纪的尼德兰处在西班牙王室的统治之下。为了满足西班牙庞大的宫廷和军费开支,国王腓力二世不断地向尼德兰征收苛捐杂税,给尼德兰的工商业带来沉重打击。西班牙官吏还在尼德兰设立宗教裁判所,大搞宗教迫害,有5万多尼德兰人因异端罪被杀害或流亡。这让尼德兰人从贵族到平民都对西班牙人极为不满,贵族们上书总督,请求停止镇压新教徒,却被轻蔑的拒绝,这把尼德兰人的忍耐逼到了极限。1566年8月,尼德兰民众发动起义,捣毁各地天主教堂中的圣母像和圣物。但这次起义在第二年春天就被镇压,西班牙任命残暴的阿尔法为新的尼德兰总督,他颁布严酷的法令镇压革命者,同时开征一系列新税来筹集尼德兰占领军的军费。尼德兰民众在陆上、海上组成游击队对抗西班牙侵略军。

　　1572 年北方各省举行大规模起义，在南方的布鲁塞尔等地也获得响应，西班牙在尼德兰的统治崩溃。1576 年 11 月，尼德兰南北方各省代表缔结《根特协定》，恢复南北统一，共同反对西班牙统治。然而由于南方大部分居民信仰天主教，经济上与西班牙和西属美洲联系密切，南方几省贵族于 1579 年结成阿拉斯同盟，承认西班牙国王的统治和天主教的神圣地位。1581 年，北方各省代表组成的三级会议宣布废黜腓力二世，建立联省共和国（也称荷兰共和国）。1609 年，西班牙被迫与荷兰签订《十二年停战协定》，事实上承认了荷兰的独立，但最终荷兰的独立地位在 1648 年《威斯特伐利亚和约》中才获得国际承认。

　　荷兰在摆脱了西班牙的专制统治后，充分利用其地理位置优越，造船业和工商业发达的特点，发展对外贸易。荷兰人对自己的商船进行改进，去掉武器，又因为一些欧洲国家按照甲板宽度征收船税，荷兰人设计出容量大而甲板较窄的商船，这种独特的设计让荷兰航运业拥有了他国难以比肩的价格优势。同时，荷兰人的商业精神也为人称道，在 16 世纪末，一艘荷兰商船被困俄罗斯北极海域达 8 个月之久，船上人员有 8 人冻饿而死，但丝毫没有动货物，最终幸存的水手们在第二年春天将货物完好地带回，荷兰商人的这种遵守契约的精神赢得了其他国家的尊重。

大　事	国别	地域	公元 单位：年
天主教徒在巴黎对新教徒制造了圣巴托罗缪大屠杀，法国宗教战争迅速升级。	法国	西欧	1572
明穆宗朱载垕驾崩，神宗朱翊钧即位，年号万历。内阁首辅大臣张居正辅政，他推行了"一条鞭法"等一系列改革措施，使万历初年的政治经济状况有了很大改善。	中国	东亚	
织田信长放逐足利义昭，足利幕府灭亡。	日本		1573
奥斯曼帝国攻占突尼斯。		北非	1574
李时珍著成中国古代医学巨著《本草纲目》。	中国	东亚	
尼德兰北方诸省结成了"乌德勒支同盟"，成为后来荷兰共和国的基础。	尼德兰	西欧	1579
葡萄牙国王亨利去世，西班牙兼并了葡萄牙及其殖民地，哈布斯堡王朝从此统治葡萄牙及其殖民地，直至 1640 年。	葡萄牙		1580
英国议会立法惩治天主教徒。德雷克完成环球航行，返回英国，被伊丽莎白一世封为爵士。	英国		1581

公元 单位：年	地域	国别	大　事
1581	东欧	俄国	叶尔马克率领 840 人向西伯利亚汗国进军。
1582	东亚	日本	织田信长在本能寺之变中被明智光秀刺伤后自杀，羽柴秀吉（丰臣秀吉）杀死明智光秀，取代了信长的位置。
	北亚	俄国	叶马尔克率部击败库楚姆汗，进占西伯利亚汗国首都卡什雷克。
	东亚	中国	首辅大臣张居正病死，不久他的家产被抄没，长子被逼自尽，家人被流放，其改革措施也被废弃。
			著名文学家，《西游记》的作者吴承恩去世。
1584	东欧	俄国	俄国第一位沙皇伊凡四世（伊凡雷帝）去世，他在位期间的政治、军事改革强化了中央权力，俄国开始走向强大。
	西欧	荷兰	荷兰共和国首任执政奥伦治的威廉被西班牙间谍刺杀。
1587		英格兰	苏格兰女王玛丽一世被英格兰女王伊丽莎白一世处死。

17 世纪，荷兰的商业帝国达到鼎盛，它击败了葡萄牙海军，控制了欧洲到非洲和亚洲的航道。荷兰的船只达到 1.5 万艘，超过其他欧洲国家的总和，因此 17 世纪的荷兰被称为"海上马车夫"。尽管荷兰的海上霸权不久被英国夺走，但直到今天，荷兰依然是世界最发达的国家之一，其城市鹿特丹是世界上最大的港口，"海上马车夫"的传统在今天的荷兰仍依稀可见。

胡格诺战争与《南特敕令》

马丁·路德发起宗教改革后，新教和天主教之间的宗教对立和战争已经开始，而天主教阵营的反宗教改革运动进一步加剧了双方的对抗。1562 年，信奉天主教的吉斯公爵弗朗索瓦·德·洛林在路过瓦西镇时，发现新教徒违反国王的禁令在城内举行新教仪式，他认为这是对他的权威的公然挑战，立即下令对犯禁的新教徒进行攻击，死伤近 200 人。"瓦西镇屠杀"成为持续 30 多年的胡格诺战争的直接导火线。

胡格诺战争开始后，双方都依靠外国列强的帮助，天主教阵营得到了西班牙的支持，而新教阵营依靠荷兰、英国、德意志等地新教诸侯势力。此后 30 年时间里，双方进行了八次宗教战争，其中发生在 1572 年的圣巴托罗缪大屠杀对后世影响深远，天主教阵营利用新教徒庆祝其领袖波旁家族的亨利的婚礼，向新教徒发动突然袭击，当场杀害 2000 多名新教徒，宗教仇杀活动很快蔓延到法国各地，根据当时的记载，一些地方死难者尸体堵塞了河道，人们甚至不敢吃河里的鱼。但教皇却为此兴高采烈，所有罗马的钟都为庆祝"胜利"而敲响，教廷还为此发行了纪念币。

这场战争断断续续一直持续到 16 世纪 90 年代，信仰加尔文教的纳瓦拉国王亨利成为法王亨利四世，但天主教阵营拒不承认他的王位，亨利决定采取妥协措施。1593 年 7 月 25 日，亨利在圣德尼大教堂改信天主教，由此得以进入巴黎，成为得到法国各派势力承认的国王——亨利四世，法国由此进入了波旁王朝时代。

亲历多年战乱的亨利深知宗教战争对法国的伤害，他在 1598 年颁布了著名的《南特敕令》，敕令首先承诺对天主教和新教双方在宗教战争中的行为不做进一步的追究；胡格诺派教徒获得信仰自由，有权建造教堂和召开宗教会议；在法律上新教徒享有公民的一切权利；在审讯新教徒时组成包括新旧教法官的混合法庭；新教徒享有平等的政治权利，可以担任官职；在军事上，新教徒可以保留 100 多座城堡，拥有军队和武器。

《南特敕令》是欧洲基督教国家颁布的第一个宗教宽容法令，它为天主教国家如何对待新教国民提供了一个良好的范例。它的颁布让当时的法国避免了分裂的危险。亨利四世在首相苏利的帮助下进行整顿和改革，法国的农业与工商业迅速恢复和发展起来。然而在路易十四时代，《南特敕令》被废止，大批有才能的新教徒逃往国外，法国也很快走向衰败。

大　事	国别	地域	公元 单位：年
强大的西班牙"无敌舰队"被霍金斯、德雷克率领的英国海军击败，又遭遇台风，全军覆没，西班牙走向衰落，英国开始崛起为新的海上强国。	英格兰	西欧	1588
法王亨利三世被多明我教会修士刺杀，亨利四世即位，开始了波旁王朝对法国的统治。	法国		1589
统一日本的丰臣秀吉率军进攻朝鲜，壬辰战争爆发。	朝鲜	东亚	1592
亨利四世改信天主教。	法国	西欧	1593
改信天主教的亨利四世得到法国全国的承认，加冕为法国国王。			1594
莎士比亚的《罗密欧与朱丽叶》首演。	英格兰		1595
日军对朝鲜的再度进攻被中朝联军击败，朝鲜名将李舜臣战死，丰臣秀吉战败后不久抑郁而死。	朝鲜	东亚	1598
法王亨利四世颁布《南特敕令》，给予新教徒信仰自由，法国胡格诺战争结束。	法国	西欧	

阅读六　早期殖民扩张中的欧洲与世界

新航路开辟之后，商业与殖民活动带来的巨大利润让更多的欧洲国家加入了殖民扩张的行列中去。在欧洲诸国中，英国较早地建立了民族国家并实现了政治制度的转型，从而促进了经济和社会的快速发展，在科学和文化上也走在了时代的前列。英国整体上的强大也带来了它在国际社会中的强势表现，英国在对外战争中击败了西班牙、荷兰和法国等殖民对手，建立了世界上最大的海外殖民帝国。在英国之后建立民族国家的法国和俄国成为欧洲的陆地强国，而远在东方的日本、中国等国并未感受到西方世界的变化，仍处于传统社会中的它们已经被未来的对手们远远地甩在了身后。

单位： 公 元 年	地域	国别	大 事
1600	东亚	日本	德川家康在关原之战中获胜，奠定了他统一日本的基础。
	南欧	意大利	坚持"日心说"的意大利思想家布鲁诺被罗马教廷烧死在罗马鲜花广场。
	西欧	英国	英国东印度公司获得特许状。
1601	东欧	捷克	著名丹麦天文学家第谷·布拉赫在布拉格去世。
	东亚	中国	葡萄牙传教士利玛窦到达北京，他为中西文化与科技交流做出了重要贡献。
1602	西欧	荷兰	荷兰东印度公司成立，开始对印度尼西亚实施殖民统治。
	东亚	中国	著名思想家李贽在狱中自尽，生前著有《焚书》《续焚书》《藏书》等著作，对禁锢人性的理学思想进行了激烈批判。

英国东印度公司

在历史上，有这样一家公司，在上百年的时间里它不仅财力雄厚，富可敌国，还拥有自己的土地和军队，它的权势和财富就连一些国家也自叹弗如，这就是为英国海外扩张充当先锋的英国东印度公司。

1588 年打败西班牙无敌舰队后，英国女王伊丽莎白一世志得意满，加快了英国海外扩张的步伐。1600 年，英国东印度公司成立，它得到了女王的特许状，垄断英国与好望角以东各国的贸易特权。东印度公司最初有 125 个持股人，资金为 7.2 万英镑。1609 年，公司在印度西海岸的苏拉特建立第一个商业事务所，很快与垄断欧洲东方贸易的葡萄牙人发生冲突。当时的莫卧儿帝国的皇帝为了对抗葡萄牙人，颁发敕令，允许英国东印度公司在苏拉特设立商馆，并给予公司以系列贸易特权，此后公司又获得在莫卧儿帝国全境进行贸易的权利。1687 年，查理二世把作为葡萄牙公主嫁妆赠与英国的孟买转让给东印度公司，公司随即把商馆迁往孟买。两年后公司董事会决定在印度增加税收、扩大贸易、建立武装力量和政治管理机构。从此东印度公司就不再是一个单纯的贸易机构，而是一个拥有武装的政权机构。

随着奥朗则布治下的莫卧儿帝国分崩离析，东印度公司开始在印度大举扩张，英国在 1756—1763 年的七年战争中打败了最大的殖民竞争者法国，到 19 世纪中期，东印度公司占领了整个印度。

东印度公司通过洗劫宫廷国库、强征

田赋、垄断贸易等方式从印度掠夺了大量财富，这些财富大都流入公司管理者的口袋。为英国在印度打败法国立下汗马功劳的孟加拉总督罗伯特·克莱武曾在议会炫耀："在我的脚下有富裕的城市，在我们手中有雄强的国家，在我一个人的面前打开了充满金条银锭、珍珠宝石的宝库。我总共取得了 20 万英镑。诸位先生，直到现在，我还奇怪自己为什么那么客气呢？"

随着东印度公司治下领地的不断扩大，其管理弊端日益显现。1770 年，孟加拉发生大饥荒，约六分之一居民饿死。由于东印度公司管理层腐败横行，引起英国议会的不满。1813 年议会通过《特权法案》，取消公司对印度贸易的垄断权。1857 年，印度发生反英民族大起义，英国在印度的统治几乎崩溃。1858 年，英国议会通过《关于改善治理印度法案》，设立印度事务大臣来管理印度，东印度公司被撤销，英国政府开始直接管理印度殖民地。尽管东印度公司作为殖民统治的工具而变得臭名昭著，但它也显示了股份公司所潜藏的巨大力量。

日本从战国走向统一：织田信长、丰臣秀吉与德川家康

15 世纪，日本处于室町幕府的统治之下。1449 年，足利义政成为将军，他耽于酒色，不理朝政，将军的权力逐渐衰落，实权旁落到大名细川胜元和山名持丰手中，各路诸侯围绕两人形成两大阵营。1467 年，双方在京都附近发生冲突，这就是日本历史上著名的"应仁之乱"，此后

大 事	国别	地域	公元（单位：年）
德川家康成为幕府将军，日本战国时代结束，江户时代开始。	日本	东亚	1603
女王伊丽莎白一世去世，英国都铎王朝绝嗣，苏格兰国王詹姆斯六世即英国王位，称詹姆斯一世。	英格兰	西欧	
顾宪成在无锡重建东林书院，明末很多文人和官员在此进行学术交流和议论国事，形成明末重要的文人集团——"东林党"。	中国	东亚	1604
塞万提斯发表长篇小说《堂吉诃德》。	西班牙	西欧	1605
法国人开始在加拿大进行殖民活动。		北美	
莫卧儿帝国最杰出的君主阿克巴去世。	印度	南亚	
英国人开始在弗吉尼亚进行殖民活动。		北美	1606
荷兰与西班牙签订了《十二年停战协定》，事实上已获得独立。	荷兰	西欧	1609
伽利略制作出第一台遵循科学原理的望远镜，开始用它观测宇宙天体。	意大利	南欧	

公元单位：年	地域	国别	大　事
1609	东欧	俄国	瑞典军队占领莫斯科。
	西欧	法国	波旁王朝创立者亨利四世被一名狂热的天主教徒刺杀，其长子路易十三继承法国王位。
1611	南欧	意大利	伽利略通过望远镜观测确认了太阳黑子的存在。
	北美	加拿大	英国探险家亨利·哈德逊航行到哈德逊湾，宣布此地归英国所有。
1612	东亚	日本	德川家康担心基督教势力过大，颁布禁教令。
1614	西欧	法国	法国召开了1789年前最后一次三级会议。
	北美	美国	荷兰人探索了哈德逊河流域和长岛地区，首次用新尼德兰称呼这一地区，并开始在此建立港口，即后来的纽约。
1616	东亚	日本	德川幕府的创立者德川家康逝世。
		中国	被后世称为清太祖的努尔哈赤建立后金政权。明代著名文学家，《牡丹亭》的作者汤显祖逝世。

日本进入了"战国时代"。

在战国时代，传统的封建贵族势力逐渐衰落。16世纪中叶，在日本大名中有一位脱颖而出，这就是织田信长。织田信长生于1534年，1551年继承父业成为尾张国的大名领主。几年后他在桶狭间战役中以少胜多，从此名声大振。1568年，信长拥立足利义昭为幕府将军，从此掌握实权，成为日本中部的霸主。然而就在他准备进一步平定四方之际，却在1582年的本能寺之变中，被部将明智光秀袭击负伤，后自杀。本能寺之变时，信长杰出的部将丰臣秀吉正在进攻西南地区的毛利氏，得到消息后，秀吉立即与毛利氏议和，回师诛灭明智光秀，此后在信长其他一些部将支持下，秀吉成为织田信长的后继者。

丰臣秀吉智谋过人，他以巧妙的外交手腕先后降服了信长之子织田信雄，逼和德川家康，消灭了各派反对力量，相继征服了四国、九州和奥羽等地。1585年，他被天皇授予关白（相当于丞相）之职，第二年兼领太政大臣，居大阪号令全国。1590年，秀吉消灭关东北条氏，统一了日本。1592年和1597年，丰臣秀吉还两次出兵朝鲜，占领了汉城、平壤等要地。但在朝鲜名将李舜臣和明朝援军的打击下，他的两次远征都以失败告终，1598年，丰臣秀吉病逝。这给了隐忍已久的德川家康夺取政权的机会。

1600年，德川家康讨伐丰臣家重臣，双方在关原展开决战，德川家康获胜。1602年，家康被天皇册封为征夷大将军，立幕府于江户，开创了日本最后一个幕府——江户幕府。家康执政后，没收或削减敌对大名的领地；建立起幕藩体制，规定大名定期到江户朝觐。这些措施削弱了地方大名的势力，日本在江户幕府治下终于结束战国时代，开创了200多年的统一局面。

伟大的剧作家莎士比亚

提到西方戏剧，很多人立刻会想到莎士比亚。这位生活在400多年前的英国剧作家，在短短的52年生涯中，给后世留下38个剧本、154首十四行诗、2首长诗。他的作品不但在英语世界享有盛誉，而且被译成多种文字在世界各地流传。

1564年，威廉·莎士比亚生于英国中部的斯特拉特福镇的一个富裕的商人家庭。7岁时，莎士比亚进入当地文法学校读书，掌握了丰富的知识和写作技巧。后因父亲破产，莎士比亚未能毕业就被迫独自谋生，他做过肉店学徒，在乡村学校教过书，极大地丰富了他的社会阅历和人生体悟。在当时的斯特拉特福小镇上，时常有旅行剧团演出，莎士比亚在看剧时惊奇地发现，几个演员在一个小舞台上就能够展现世间百态、古今人物，使他逐渐喜欢上了戏剧。1586年，他到了伦敦，先是在剧院做马夫、杂役，后来做过演员、导演、编剧，并最终成为剧院的股东。约从1588年始，莎士比亚开始戏剧写作。他先是替别人改编剧本，不久后开始了独立的戏剧创作，并迅速显露出戏剧创作上的天赋。从1590年到1612年这20多年里，莎士比亚共创作出37部戏剧，其中有被

大　事	国别	地域	公元 单位：年
天主教会禁止哥白尼的书和学说流传。	意大利	南欧	1616
伟大的人文主义作家，创作了《堂吉诃德》的塞万提斯逝世。	西班牙		
伟大的人文主义剧作家莎士比亚去世。	英国		
愤怒的新教徒将两名神圣罗马帝国的大臣和一名书记官扔出窗外，引发了三十年战争。	捷克	中欧	1618
努尔哈赤以"七大恨"为由，起兵伐明，次年在萨尔浒战役中大败明军，明朝在辽东的统治开始瓦解。	中国	东亚	
神圣罗马帝国军队击败波西米亚与普法尔茨联军，占领了波希米亚。		中欧	1620
明神宗朱翊钧驾崩，光宗朱常洛即位，仅30天便驾崩，其子明熹宗朱由校即位，宦官魏忠贤把持朝政，迫害忠良，明朝迅速衰败。	中国	东亚	

公元（单位：年）	地域	国别	大　事
1624	西欧	法国	黎塞留出任法国宰相，他被后人称为法国历史上最伟大、最具谋略、也最无情的政治家。
1625			黎塞留提议英国、荷兰和丹麦组成反哈布斯堡同盟，丹麦负责出兵，英国、荷兰暗中支持，三十年战争进入丹麦阶段。
		英国	斯图亚特王朝首位君主詹姆斯一世逝世，其子查理一世即位。
	东亚	中国	努尔哈赤将后金都城迁至沈阳。
1626	西欧	英国	英王查理一世解散国会。
	北美	美国	荷兰人从北美当地部落手中买下曼哈顿岛，建立了纽约市的前身新阿姆斯特丹。
	西欧	英国	著名人文主义思想家，"知识就是力量"的提出者弗朗西斯·培根逝世，生前著有《新工具》一书。

誉为四大悲剧的《哈姆雷特》《奥赛罗》《麦克白》《李尔王》和四大喜剧的《威尼斯商人》《仲夏夜之梦》《皆大欢喜》《第十二夜》等脍炙人口的作品，深受人们喜爱。此外，如《罗密欧与朱丽叶》《尤利西斯·凯撒》和《冬天的故事》等剧作也在世界各地广为流传。

莎士比亚的作品主要取材于旧有的剧本、小说、编年史或民间传说。在改写过程中，他会加入自己的思想，赋予旧题材以更新颖、丰富和深刻的寓意。同时，莎士比亚是公认的驾驭语言的大师。他是英语世界里使用词汇最多的作家，他的戏剧对白不受传统的韵律束缚，努力贴近生活，但又充满诗意和哲理。他塑造的人物形象生动真实，性格复杂多变，体现了复杂的社会场景，尽管莎士比亚的作品里不乏对贵族和宫廷政治的揭露和讽刺，但其艺术成就连当时的英国女王伊丽莎白一世也为之倾倒。

1616 年，莎士比亚在家乡去世，被安葬在一所小教堂内。时至今日，每年都有成千上万人到斯特拉特福镇凭吊这位伟大的剧作家。尽管莎翁已经故去数百年，但他的作品仍是现代人了解英国文化的钥匙。

弗朗西斯·培根：知识就是力量

"知识就是力量"是人们最为熟知的名言之一，说出这句话的人，是一个知识丰富、思想深邃的人文主义者——弗朗西斯·培根。

培根 1561 年出生于一个贵族家庭，自幼接受了良好的教育，他在 12 岁时进入剑桥大学三一学院，这时的欧洲正经历着文艺复兴和宗教改革思潮的洗涤，而剑桥大学却依然维持着中世纪的教育体制，经院哲学统治校园，轻视实验等科学研究方法，培根对此十分反感。1576 年从剑桥大学毕业后，培根前往巴黎任职，并在那里学习统计学和外交。1579 年培根因父亲病逝回到英国，他先后担任下院议员、掌玺大臣、大法官等职务，并先后被授予男爵和子爵的头衔。但培根本人生活奢侈，经常借债，后来，常资助培根的埃塞克斯伯爵发动反对伊丽莎白的叛乱，培根在以叛国罪起诉这位对己有恩的伯爵之时表现得非常活跃，而詹姆斯一世时期培根又因贪污受贿被国会指控，因而被逐出宫廷，因此培根个人品质常常受到人们的怀疑和抨击。

　　与饱受争议的政治生涯相比，培根作为思想家取得的伟大成就却是无可争议的。培根在仕途失意后，专门从事哲学思考和科学研究，他坚持唯物主义思想，反对中世纪经院哲学，强调科学实验的作用。他准备分六个部分写一部巨著《学术的伟大复兴》，但直到去世只出版了两部分：第一部分《学术的进展》介绍了当时的知识现状；第二部分《新工具》描述一种新的科学调查方法。《新工具》一书给他带来了不朽的荣誉。在这本书中，培根提出"知识就是力量"，提倡以观察和实验为基础的科学认识理论，同时归纳法作为一种理论被提出——人们要了解世界，就必须首先去观察世界。培根指出要首先收集事实，然后再用归纳推理手段从这些事实中

大　事	国别	地域	公元（单位：年）
后金大汗努尔哈赤率军进攻宁远城失利，不久抑郁而终。其子皇太极即位，是为清太宗。宁远守将袁崇焕从此名扬天下。	中国	东亚	1626
后金大汗皇太极率军攻打锦州、宁远，被袁崇焕击败。明熹宗驾崩，其弟朱由检即位，是为明思宗，年号崇祯。			1627
丹麦与神圣罗马帝国皇帝签订《吕贝克和约》，神圣罗马帝国在三十年战争中的丹麦阶段再度获胜，势力延伸到波罗的海沿岸。	神圣罗马帝国	中欧	1629
神圣罗马帝国的势力扩展到波罗的海沿岸，引起北欧强国瑞典的不满，瑞典军队在法国的资助下于波美拉尼亚登陆，三十年战争进入瑞典阶段。			1630
德川幕府颁布锁国令，日本锁国政策开始。	日本	东亚	1633

公元 单位：年	地域	国别	大事
1636	北亚	俄国	哥萨克到达鄂霍次克海，俄国吞并了西伯利亚全境。
	北美	美国	马萨诸塞殖民地建立哈佛大学的前身剑桥学院。
	东亚	中国	后金大汗皇太极在盛京即皇帝位，改国号为清。
1639	西亚	奥斯曼帝国	奥斯曼帝国占领伊拉克地区。
	西欧	法国	著名的意大利思想家、《太阳城》一书的作者康帕内拉逝世于巴黎。
1640	西欧	英国	英王查理一世为解决军费问题重新召开议会。
1641	东亚	日本	幕府将军德川家光为了禁止基督教，与葡萄牙断交，禁止国人出国或从海外归来，荷兰人移到出岛，锁国体制建立。
1642	西欧	英国	英王查理一世与议会决裂，查理一世逃出议会控制的伦敦，在诺丁汉宣布讨伐议会，英国内战爆发。
	南欧	意大利	现代实验科学的先驱伽利略去世。
1644	西欧	英国	克伦威尔指挥的新模范军在马斯顿荒原战役中大败王军。 著名思想家约翰·弥尔顿的《论出版自由》发行。

得出结论。这对后来欧洲现代科学的发展起了积极的促进作用。培根也非常重视科技的应用，对工匠的技术和工业生产过程很感兴趣，因此他被称为"工业科学的哲学家"。

培根不但思想深刻，而且文笔优美，他 1624 年出版的散文集读起来琅琅上口，回味悠长，"读史使人明智，读诗使人灵秀，数学使人周密，物理学使人深刻，伦理学使人庄重，逻辑修辞之学使人善辩""凡有所学，皆成性格"等名言佳句都出自培根笔下。培根去世后，人们在他的墓志铭中将这位智者称为"科学之光、法律之舌"。

查理一世：被送上断头台的国王

1649 年 1 月 30 日，上千伦敦市民聚集在英国王宫内的白厅广场上，等待着观看一场断头的刑罚。这一天要处决的正是他们高贵的国王，他的罪名是"暴君、杀人犯、我国善良人民的公敌"。这位即将被处决的国王，就是英国斯图亚特王朝的第二位君主查理一世。

1600 年，查理一世出生于苏格兰，他的父亲是提出"君权神授"理论的詹姆斯一世。查理自幼受苏格兰长老会派（属于加尔文宗）的宗教洗礼，但他后来娶了天主教法国的公主，查理向天主教国家示好的行为引起信奉新教的英国臣民的不满。查理继位后就卷入了欧洲战争，在宠臣白金汉公爵的煽动下同时与两大强国西班牙和法国作战，导致议会的不满。1625 年和 1626 年，议会两次表示不信任国王和白金汉公爵。1628 年，因英国对西班牙作战失利，议会借机发难，在对外政策、宗教政策方面猛烈抨击查理一世，查理一世忍无可忍，宣布休会；第二年，议会再度谴责查理一世的宗教政策，查理一世再度宣布休会，这次"休会"整整持续了 11 年。

查理一直想让苏格兰接受以国王为首的英国国教，他向苏格兰地区任命主教，强迫苏格兰接受英国国教的祈祷书，致使苏格兰人举行起义，并打败查理派来的军队。为筹集与苏格兰战争的经费，查理一世被迫重新召开议会，但议会仍拒绝国王的要求，并通过议案处死了查理的宠臣斯特拉德福。查理企图以叛国罪逮捕五名反对他的议员未果，反而激怒了伦敦市民，查理逃出伦敦，于 1642 年在诺丁汉宣布讨伐议会。

1645 年，在费尔法斯克和克伦威尔领导下的议会军在纳西比决战中击败查理一世，第二年被议会军围困的国王军队被迫投降，查理一世逃往苏格兰，被苏格兰人交给英国议会。第二年查理一世出逃到怀特岛，准备联合苏格兰人夺回权力，但克伦威尔击败苏格兰人，不久查理一世再度被俘。查理一世的行为激怒了克伦威尔等军事领袖。1649 年，英国议会组成审判国王的特别法庭，最终 135 名特别法庭成员中有 59 人签署了克伦威尔下达的处死国王的命令。刑场上的查理一世表现得非常从容，他冷静地说："死亡对于我来说并不可怕，感谢上苍，我已准备好了。"随后他先朗诵了自己做的一首诗，泰然自若地称自己是人民的殉道者，走到断头台前坦然

大　事	国别	地域	公元 单位：年
李自成农民军攻入北京，明思宗朱由检自缢，明朝灭亡。不久清军入关，开始了统一全国的战争。	中国	东亚	1644
克伦威尔率领新模范军在纳西比战役中决定性地大败王军，查理一世逃往苏格兰，议会方面在内战中取得胜利。	英国	西欧	1645
《威斯特伐利亚和约》签订，三十年战争结束，德意志遭到严重破坏，加剧了分裂局面，法国崛起为欧洲大陆上最强大的国家。		中欧	1648
国王查理一世在苏格兰长老会派的支持下，发动叛乱，但很快被议会军镇压，查理一世再度被俘。	英国	西欧	
国王查理一世被处死，他也是英国历史上唯一被处死的国王。			1649
英国议会通过了旨在打击荷兰的《航海条例》。			1651
荷兰人占领了好望角。第一次英荷战争爆发。		非洲 西欧	1652
克伦威尔解散英国议会。	英国		1653

单位：年 公元	地域	国别	大　事
1654	西欧		英国在第一次英荷战争中获胜，荷兰被迫接受《航海条例》。
1658	南亚	印度	奥朗则布即位，成为莫卧儿帝国皇帝。
	西欧	英国	英国的军事独裁者奥利弗·克伦威尔去世。
1660			英王查理二世发表《布列达宣言》，斯图亚特王朝复辟。英国皇家学会成立。
1661			查理二世迎娶葡萄牙公主凯瑟琳，孟买作为公主的嫁妆赠与英国，英国以此为据点开始对印度的殖民征服。
		法国	大权在握的红衣主教马萨林去世，路易十四开始亲政。
1662	东亚	中国	南明皇帝永历帝朱由榔被吴三桂擒杀，中国基本统一。
1664	北美		北美的英国军队在约克公爵的指挥下，从荷兰人手中夺取了新阿姆斯特丹，将其改名纽约。
1674	西欧		英荷两国签订《威斯敏斯特和约》，荷兰承认英国对夺取的荷兰海外领地的所有权，第三次英荷战争结束。

服刑，一代国王就这样结束了自己的一生。查理一世之死并没有让民众享受到民主权利和安定的生活，军事领袖克伦威尔建立起专横的独裁统治。

对于英国的这场革命，我国史学界通常称之为英国资产阶级革命。但西方学者一般不同意这种看法，因为在革命中起领导作用的主要是信奉新教的贵族乡绅，因此英国人一般将这次革命称为"清教革命"或英国内战。

近代科学体系的奠基者牛顿

近代的科学研究在哥白尼提出"日心说"以后开始起步，其后伽利略、开普勒的很多发现对科学发展贡献巨大，但人们还不能用一个科学体系解释自然世界的种种变化，直到牛顿的出现才使这种状况发生了改变。

1642年，艾萨克·牛顿出生于英格兰一个普通的农家，自小酷爱读书学习。19岁时，牛顿进入著名的剑桥大学学习，他广泛地阅读了哥白尼、伽利略、笛卡尔和开普勒等人的文章，1665年他发现广义二项式定理，从此开始创立数学中著名的微积分。同年，由于瘟疫流行，大学暂时关闭，牛顿回到家中，继续研究微积分、光学和万有引力定律。牛顿对近代科学发展的贡献是多方面的，大多数历史学家相信他和莱布尼茨各自独立地创立了微积分。在光学上，牛顿在1704年发表著作《光学》，提出了光的微粒说，他还利用摩擦生电现象使用玻璃球制造了原始的静电发电机。但牛顿最为后人熟知和称道的无疑是他在力学领域的杰出贡献——提出万有引力定律和运动三大定律。

1687 年，牛顿出版了他的代表著作《自然哲学的数学原理》。在这部著作中，牛顿提出了运动三定律，讨论了宇宙体系。牛顿用科学的方法揭示了太阳系各种天体的运行，海洋潮汐的产生，提出了伟大的万有引力定律。

牛顿的力学研究创造了一个非常宏伟的体系，他提出的三大运动定律和万有引力定律，解释了当时的人们已知的几乎所有物体运动形式，以及由重力所衍生出来的摩擦力、阻力和海洋的潮汐力等，而运动则包括落体、抛体、球体滚动、单摆与复摆、流体、行星自转与公转等。牛顿不仅是一位伟大的科学家，也是一位伟大的思想家。他的朴素唯物主义思想和物理学方法论体系对后来的工业革命、经济发展和哲学思想的发展都产生了重大影响。

1727 年牛顿逝世后，英国为他举行了国葬，这位伟大的科学家安息在威斯敏斯特教堂的中央。即使到了 21 世纪，英国广播公司（BBC）在全球评选最伟大的英国人时，这位生活在 300 年前的伟大人物仍然高居榜首。

光荣革命

1658 年，克伦威尔病逝，英国陷入动荡之中，在将军蒙克等人的支持下，查理一世之子得以回到英国，复辟斯图亚特王朝，成为查理二世国王。1685 年查理二世去世，即位的詹姆斯二世是查理二世的弟弟，也是一个虔诚的天主教徒。一提到天

大　事	国别	地域	公元 单位：年
格林尼治天文台建立。	英国	西欧	1674
著名的政治思想家，《利维坦》的作者托马斯·霍布斯去世，他被后人视为现代政治哲学的奠基者。			1679
路易十四迁居凡尔赛宫，从此直到 1789 年大革命，凡尔赛宫一直是法国王宫。	法国		1682
年仅 10 岁的彼得一世与体弱迟钝的伊凡五世一同即位为俄国沙皇。	俄国	东欧	
清将施琅进攻台湾，郑成功之孙郑克塽出降，清朝统一了台湾地区。	中国	东亚	1683
法王路易十四废除《南特敕令》，对新教徒进行迫害，新教徒纷纷逃往英国、普鲁士等地。	法国	西欧	1685
艾萨克·牛顿发表了《自然哲学的数学原理》，标志着牛顿经典力学体系的建立。	英国		1687

公元 单位：年	地域	国别	大　事
1688	西欧		法国与奥格斯堡同盟之间持续十年之久的战争开始。
		英国	英国发生"光荣革命"，詹姆斯二世逃亡法国。
1689			英国议会宣布废黜詹姆斯二世，荷兰执政威廉及妻子玛丽以接受限制君主权力的《权利法案》为条件，成为英国国王。
	东欧	俄国	彼得一世推翻了摄政的姐姐索菲亚，开始亲政。
1700			第二次俄土战争结束，俄国与奥斯曼帝国签订《伊斯坦布尔条约》，获得亚速要塞这个通向黑海的出海口。
			以瑞典为一方，俄国、波兰、丹麦为另一方的北方战争爆发。彼得一世决定推进俄国改革。

主教，英国人就会想到专制、火刑柱、圣巴托罗缪大屠杀、血腥玛丽等等，议会就是否允许天主教徒詹姆斯即位形成两派，拥护者被称为托利党人，反对者被称为辉格党人，这就是英国后来保守党和自由党的起源。

詹姆斯即位后，委任一些天主教徒到军队、政府、教会和大学任职，这违背了英国宗教改革时期颁布的"宣誓条例"，议会对此极为不满。1687年4月和1688年4月，詹姆斯两次颁布"宽容宣言"，给予所有非国教徒以平等信教自由，很多人相信詹姆斯的目的在于复辟天主教统治。此时英国贵族仍抱有一线希望，因为55岁的詹姆斯尚无子嗣，而他的长女玛丽和夫婿荷兰执政威廉都是新教徒，只要詹姆斯去世后，宗教问题就可解决。1688年，詹姆斯那位信奉天主教的王后产子，玛丽即位的希望毁灭。为防止天主教在英国复辟，英国贵族们决定推翻詹姆斯二世，邀请玛丽和威廉到英国继位。

威廉执政的荷兰经常受到天主教国家法国的威胁，他非常希望借助英国的力量遏制法国，因此双方一拍即合。1688年11月，威廉和玛丽率兵在英国登陆，英国军队倒戈，詹姆斯二世一度被俘，但富于政治智慧的威廉放任其逃走，避免了流血。1689年1月英国议会宣布詹姆斯逊位，由威廉和玛丽共同统治英国，称威廉三世和玛丽二世。威廉和玛丽接受了议会关于限制王权的《权利法案》，其主要内容包括：国王不经议会同意不能废止法律，不经议会同意不能征收赋税，不得让天主教徒担任公职，国王不能与天主教徒通婚。为避免国王对议会产生威胁，法案还将召集陆军的权力转移到议会手中，这也是为什么英国陆军没有"皇家陆军"称号的原因。这个宣言于当年10月在议会通过成为法律。这个法案使英国议会的权力超过国王，奠定了英国立宪君主制的基础。由于这场革命是以没有流血的宫廷政变方式完成的，因此英国人将其称为"光荣革命"。

　　"光荣革命"以极小的社会代价为英国实现了一次关键的政治转型，奠定了此后英国民主和法治发展的道路，并为以后英国树立了和平解决政治和社会争端的范例。此后英国主要以和平的改革来推动社会进步，避免了暴力革命对社会的冲击和破坏。

彼得大帝：带领俄国走上强国之路的沙皇

　　1672年，彼得生于莫斯科。他幼年丧父，俄国政权落入彼得的姐姐索菲亚手中，直到1689年经历了残酷的宫廷斗争后，彼得才从索菲亚手中夺回政权。这时的俄国与欧洲其他国家相比十分封闭落后，文化教育掌握在东正教会手中。彼得即位前就曾和国外来的商人及工场主接触，了解到了西欧的先进。他一上台就决定亲自赴西欧考察，学习西欧的先进科技。即位不久，年轻的沙皇化名彼得·米哈伊洛夫，随着一个250人的考察团赴欧洲各国考察。考察期间，他为荷兰东印度公司当了一个时期的船长，还在英国造船厂工作过，在普鲁士学过射击。他走访工

大　事	国别	地域	公元
为了避免天主教徒继承英国王位，英国议会颁布《王位继承法》，指定詹姆斯二世次女安妮为威廉三世继承人。	英国	西欧	1701
勃兰登堡选帝侯腓特烈一世加冕为普鲁士国王，柏林成为普鲁士王国的首都。	德意志	中欧	
英国著名政治思想家、《政府论》作者约翰·洛克去世。	英国	西欧	1704
《联合法案》获得通过，苏格兰与英格兰合并，两国议会合并为大不列颠王国议会。			1707
英国议会通过了《安娜法令》，这是世界上第一部版权法。			1709
沙皇彼得一世率俄军在波尔塔瓦战役中决定性地击败了查理十二率领的瑞典军队。	俄国	东欧	
彼得大帝将俄国首都从莫斯科迁到圣彼得堡。			1712
英国工程师托马斯·纽科门制造出可供实用的蒸汽机。	英国	西欧	
法王路易十四去世，年仅5岁的曾孙路易十五登上王位。	法国		1715

（单位：年）

单位：公元年	地域	国别	大 事
1716	东亚	中国	《康熙字典》成书，这是中国第一部以字典命名的书籍。
1721	北欧		瑞典与俄国签订《尼斯塔德条约》，瑞典继续占领芬兰，波罗的海东岸的大片土地割让给俄国。
	东欧	俄国	俄国枢密院授予彼得一世"大帝"的称号，俄国也正式改名为俄罗斯帝国。
	西欧	英国	罗伯特·沃波尔就任英国首席财政大臣。责任内阁制度开始形成。
1725	东欧	俄国	被誉为"俄国现代化之父"的彼得大帝逝世，在近卫军支持下，其妻叶卡捷琳娜一世即位。
1727			俄国女皇叶卡捷琳娜一世去世，12岁的彼得大帝之孙即位，称彼得二世。
1728	北美		原籍丹麦的俄国探险家维塔斯·白令发现了横亘在亚洲大陆和美洲大陆间的海峡，将其命名为白令海峡。

厂、学校、博物馆、军火库，甚至还旁听了英国议会举行的一届会议，这次旅行让彼得目睹了西欧先进的科技和发达的社会，也让他意识到了海洋对大国崛起的重要作用。

1698年彼得回国后，很快联合丹麦和波兰，向波罗的海的霸主瑞典发起挑战。训练有素的瑞典军队在国王查理十二的指挥下，在纳尔瓦战役中大败俄军，但惨败没有让彼得气馁，他决定通过改革来扭转俄国的落后局面。彼得首先对军队进行改革，建立完全由国家组织和控制的正规陆海军，统一武器配备，大力加强炮兵；采用征兵制；引入有经验的外国教官按照欧洲国家的方式操练军队；要求贵族必须服役，凭借军功晋升；建立军校培训军官。与瑞典的长期战争需要大量经费，彼得一方面对俄国民众征收重税，另一方面鼓励外国人到俄国投资办厂，允许企业主买进整村的农奴去工厂做工。

在政治改革方面，彼得削弱贵族和教会势力，把一切权力控制在沙皇手中。此外，彼得还强迫俄罗斯贵族改用西方生活方式；在俄国开办世俗学校；鼓励发展科学技术。经过彼得改革后，俄国实力大增，通过21年的北方战争，俄国打败了瑞典，获得了波罗的海出海口，并在波罗的海岸边建立新都——圣彼得堡。彼得还坚决镇压反改革势力，甚至杀死了反对改革的皇太子阿列克谢。1725年，彼得去世。彼得一世通过改革把俄国从一个封闭落后的国家铸造成了东欧最强大的国家，因此枢密院尊称他为"大帝"和"祖国之父"。

七年战争与"日不落帝国"的建立

英国是地处西北欧的一个岛国，领土只有 24 万多平方公里，但这个领土狭小的国家却曾经统治过遍布全球各地的 3000 多万平方公里的海外领地，号称"日不落帝国"，而奠定英国殖民霸主地位的是被丘吉尔称作"第一次世界大战"的七年战争。

18 世纪中期的欧洲大国之间矛盾错综复杂，德意志两大强国奥地利和普鲁士围绕着西里西亚地区展开激烈争夺，日益强大的俄国力图向西扩张，法国力图夺取欧洲霸权，英国在打败西班牙和荷兰之后，希望打败最大的竞争对手法国夺取海外霸权。战争爆发前，各大国为了增加胜算，进行了一系列外交活动。最终英国与普鲁士结成战略同盟，奥地利女王特蕾西亚成功地与老对手法国和解，并把俄国女皇伊丽莎白·彼得罗芙娜拉入反对普鲁士的阵营。

当普鲁士国王弗里德里希二世发现自己已经陷入欧洲陆地上三个最强大的国家的战略包围时，他决定先发制人，1756 年 8 月 29 日，普鲁士入侵萨克森，七年战争爆发。战争在欧洲大陆和海外同时进行。陆地上，奥地利、法国和俄国围攻普鲁士，但普鲁士国王弗里德里希二世是当时欧洲最杰出的军事统帅，他麾下的普鲁士陆军在各国军队中战斗力最为强悍，因此普鲁士在战争初期几次取胜，但无法打破奥、法、俄的战略包围；英国为了让普鲁士把法军拖在欧洲大陆上，给予普鲁士大

大　事	国别	地域	公元　单位：年
约翰·凯伊发明了飞梭，这个发明极大地加快了织布的速度，后人往往把这一发明看作工业革命的开始。	英国	西欧	1733
英国首席财政大臣罗伯特·沃波尔搬入了国王恩赐的唐宁街 10 号，从此这里成为英国首相官邸。			1735
波斯入侵印度，焚毁了莫卧儿帝国都城德里，割占了印度河以西的土地。	印度	南亚	1738
土耳其与奥地利、俄国先后签订和约，第四次俄土战争结束，俄国重新获得了通往黑海的亚速地区。		东欧	1739
弗里德里希二世加冕成为普鲁士国王，他登上王位后立即对宿敌奥地利发动战争。	德意志	中欧	1740
奥地利国王查理六世逝世，长女玛丽莎·特蕾西亚继承奥地利王位。普鲁士入侵奥地利，波及多国的奥地利王位继承战争爆发。	奥地利		
法王路易十五亲政。	法国	西欧	1743

单位: 公元/年	地域	国别	大　事
1748	西欧	法国	孟德斯鸠《论法的精神》一书出版，书中明确提出立法、行政、司法三权制衡思想。
1751			著名启蒙思想家狄德罗主编的《百科全书》第一卷出版。
1754	东亚	中国	清代著名文学家吴敬梓去世，生前著有《儒林外史》。
1756	西欧		以英国、普鲁士为一方，法国、奥地利、俄国为另一方的七年战争爆发。
1757	南亚	印度	英军在普拉西战役中大获全胜，莫卧儿帝国走向衰亡，奠定了此后英国在印度的独霸地位。
1759	西欧	英国	大英博物馆开始对公众开放。
1762	东欧	俄国	俄国皇后叶卡捷琳娜发动政变，继承皇位，称叶卡捷琳娜二世。
	中欧	德意志	普鲁士国王弗里德里希二世颁布世界上首个《普通义务就学法》，把义务教育用法律的形式确立下来。
	东亚	中国	著名文学家曹雪芹逝世，生前著有《红楼梦》。

量的军费，七年战争在大陆上长期处于胶着状态。与大陆上的长期消耗战不同，在海上，战争开始不久就呈现了一边倒的局面。英国长期优先发展海军，而法国更看重大陆霸权。在 1758 年，英国有 156 艘军舰，而法国只有 77 艘。1759 年，英国两次打败法国舰队，基本切断了海外法属殖民地的外援，这决定了战争的结局。

加拿大的法军在蒙卡尔姆将军的指挥下，在七年战争初期取得过几次胜利，但随着与本土的联系被英军切断，北美的战局逐渐被英国掌握。1759 年 9 月，英军进逼魁北克，在两军决战中，英国名将沃尔夫和法军名将蒙卡尔姆都战死沙场，但英国取得胜利，第二年占领了整个加拿大。在印度，英军在克莱武率领下取得普拉西战役的胜利，占领了孟加拉，此后又凭借着海上优势切断了法军在印度各据点间的联系。1761 年，法军被迫投降。英国的海外战略从而获得了全面的胜利。而大陆上的战事到 1763 年结束，欧洲的大陆版图维持了战前的状况。

七年战争的最大赢家是英国，它歼灭了法国海军主力。在《巴黎和约》中，英国获得了加拿大和印度，法国几乎丧失了所有的殖民地，在北美和印度只剩少数几个据点。七年战争后，英国成为殖民霸主，成为名副其实的"日不落帝国"。

阅读七　启蒙时代

新航路开辟以来，君主统治下的民族国家在建立统一的国内市场和海外殖民扩张中起到了关键作用，但君主垄断一切权力的倾向却与日益壮大的资产阶级保护私有财产、分享政治权力的主张格格不入。

17世纪开始，一场以倡导理性为旗帜的启蒙运动在欧洲和北美社会中逐渐开展，启蒙思想家对君主专制和封建等级制度的讨伐和对自由、平等理念的宣扬在大西洋两岸激起了美国革命和法国革命，民主与法治的精神日益深入人心。人们对理性和科学精神的推崇促进了科学和技术的发展，随着瓦特对蒸汽机的成功改造，长久以来依靠人力和简单自然力的人们看到了工业化的曙光。

单位：公元年	地域	国别	大 事
1764	南欧	意大利	意大利法学家贝卡利亚《论犯罪与刑罚》一书出版，提出无罪推定的法理原则。
	南亚	印度	英国大败莫卧儿帝国和孟加拉联军，此后莫卧儿帝国皇帝沦为英国东印度公司的附庸。
	中欧	德意志	德意志数学家哥德巴赫去世，他提出的哥德巴赫猜想在数学发展史上占有重要地位。
1765	北美		3月22日，英国国会通过了《印花税法》，引起北美殖民地人民激烈反抗，4个月后该法案被废除。
	东欧	俄国	俄国学者、教育家米哈伊尔·瓦西里耶维奇·罗蒙诺索夫去世，他创办了俄国第一所大学——莫斯科大学。

苏格兰启蒙运动

提到启蒙运动，人们常常会想起伏尔泰、孟德斯鸠、卢梭等法国思想巨匠的名字。实际上，在这场17、18世纪席卷欧洲的思想解放运动中，位于英国北部的苏格兰地区，同样是启蒙思想的重要阵地。

1707年，苏格兰与英格兰通过《联合法案》成为一个国家，但与英格兰相比，苏格兰显得十分贫困与落后，英格兰人口数量5倍于苏格兰，每年所创造的财富却是苏格兰的36倍，苏格兰的企业家、知识分子和部分政治家对此深感耻辱，决心改变苏格兰的落后局面。这些苏格兰精英一方面利用合并带来的商机大规模开拓英格兰及海外市场，另一方面努力向欧洲各国学习科学知识与先进文化。思想开明的苏格兰政治家阿盖尔公爵三世对苏格兰文化的发展和社会进步起到了重要作用，从1721年到1763年，他实际代表英国政府管理苏格兰。其间，著名的政治经济学家亚当·斯密、思想家亚当·弗格森、哲学家弗朗西斯·哈奇森等一大批有才能的人被提拔到政府中任职，因此也有人称阿盖尔公爵三世是苏格兰启蒙运动之父。

苏格兰启蒙运动的兴起也与苏格兰人重视教育的传统有关。1696年，苏格兰就通过法案，规定在每个教区要建立一所学校，成为实际上第一个普及义务教育的国家。到1750年，苏格兰人识字率高达75%，成为欧洲最有教养的民众。在阿盖尔公爵等贵族和一些有钱商人的赞助下，苏格兰兴起了很多带有学术研究性质的社团、学会和俱乐部等组织，如爱丁堡的择优学会、文学会和政治经济俱乐部等。长期固守精英教育观念的英格兰人在创立牛津和剑桥两所大学后几百年内没有再建立新的大学，两所学校的学生也多是贵族子弟。而苏格兰人却在宗教改革前后在圣安德鲁斯、格拉斯哥、阿伯丁和爱丁堡先后建立了四所大学，招生对象囊括了各阶层的子弟，有些家境并不富裕的农民子弟甚至可以用一定数量的农产品充作学费。而在教学方面，苏格兰大学的领导层更为开放，将文艺复兴以来的人文主义思想成果和科学研究的新成果纳入到教学之中。

到了 18 世纪以后，苏格兰启蒙运动结出了丰硕的成果，苏格兰涌现出亚当·弗格森、大卫休谟、弗朗西斯·哈奇森等哲学家和历史学家，政治经济学家亚当·斯密以及物理学家约瑟夫·布莱克、农学家詹姆斯·安德森、地质学家詹姆斯·哈顿等一代才俊。与主要以对专制统治进行批判的法国启蒙思想家们相比，苏格兰启蒙思想家们所关注的问题更加广泛，包括了经济、政治、文化和科学发展各方面。因此，伏尔泰说，他在苏格兰看到了所有那些追求文明的信念。苏格兰启蒙运动带来的对科学和理性精神的追求恩泽后世。此后，苏格兰成为英国的"发明之乡"，成功改良了蒸汽机的瓦特，发明了青霉素的弗莱明，实现了光电统一的物理学家麦克斯韦等人都是苏格兰人。无怪乎苏格兰人在面对英格兰人时总是保持着十足的自豪感。

大　事	国别	地域	公元 单位：年
俄国组成立法委员会开始编纂新《法典》。立法委员会授予叶卡捷琳娜二世"英明伟大的皇帝和国母"称号。	俄国	东欧	1767
马萨诸塞殖民地向英王乔治三世上书，谴责《汤森税法》违背了"无代表不纳税"的原则。	美国	北美	1768
热那亚政府把科西嘉所有权卖给法国，法王路易十五派兵登陆科西嘉。	意大利	南欧	
因俄国入侵波兰，奥斯曼帝国在法国、奥地利怂恿下对俄宣战，第五次俄土战争爆发。		东欧	
体现苏格兰启蒙运动成果的《不列颠百科全书》第一卷在苏格兰爱丁堡出版。	英国	西欧	

公元 单位： 年	地域	国别	大　事
1769	大洋洲	新西兰	詹姆斯·库克到达新西兰，并宣布新西兰为英国所有。
1770		澳大利亚	詹姆斯·库克到达澳大利亚东海岸，宣布此地归英国所有。
1772	东欧	奥地利	俄国、普鲁士、奥地利在维也纳达成协议，三国第一次瓜分波兰。
			连遭失败的土耳其被迫与俄国签订停战协定，克里木汗国脱离土耳其，受到俄国"保护"。
1773	南欧	意大利	在西班牙和法国支持下，教皇克莱孟十四世宣布解散耶稣会。
	东欧	俄国	俄国爆发了史上最大的农民起义——普加乔夫起义。
	北美	美国	波士顿倾茶事件发生，英国下令封闭波士顿港，派海陆军入驻波士顿。
1774			英国当局颁布封闭波士顿港、取消马萨诸塞自治地位等五项"不可容忍法令"。北美十三个殖民地代表在费城召开第一届大陆会议。
	西欧	法国	路易十五去世，其子路易十六

詹姆斯·瓦特与蒸汽时代

18 世纪的英国尽管国家稳定，社会生机勃勃，但人们仍然生活在农业社会中，而在 18 世纪末，来自苏格兰的詹姆斯·瓦特用他改造的蒸汽机，为人类打开了工业社会的大门。1736 年，詹姆斯·瓦特生于苏格兰的格拉斯哥附近，自小体弱多病但热爱学习，15 岁就读完了《几何学原理》这样深奥的著作，然而他在文法学校没能毕业就因病退学了。瓦特在家里自学了天文学、物理学、化学和解剖学等方面的知识，17 岁时到格拉斯哥的一家钟表店当学徒，动手能力得到极大提高。1757 年，格拉斯哥大学的教授们让他在大学里开了一个小修理店，这让当时的瓦特走出了困境，并结识了一些教授。

小店开业四年后，瓦特在朋友罗宾逊教授的引导下开始改进蒸汽机的实验。18 世纪初，英国工程师纽科门曾成功地制造出工业蒸汽机，但这种蒸汽机热效率低，对燃料消耗大，仅适用于煤矿等燃料充足的地方。1765 年，瓦特改进蒸汽机的工作取得了关键性进展，他把冷凝器与气缸分离开来，使得气缸温度可以持续维持在注入蒸汽时的温度，并在此基础上很快建造了一个可以运转的模型。然而瓦特的实验并不顺利，连续的实验使他债台高筑。所幸企业家罗巴克答应与瓦特合作，赞助他对新式蒸汽机的研制。此后几年，瓦特克服了材料和工艺等方面的困难，终于在 1769 年试制成功第一台样机，瓦特由此获得了第一项专利。

1781 年，瓦特公司的职员威廉·默多克设计发明出带有齿轮和拉杆的机械联动装置，获得第二个专利。此后六年，瓦特对蒸汽机做了一系列改进，终于使蒸汽机能够应用于工业生产领域，瓦特蒸汽机的效率是纽科门蒸汽机的五倍。瓦特对蒸汽机的改进对人类历史产生了难以估量的影响，蒸汽机推动了人类社会向工业社会迈进，未受过完整学校教育的瓦特也被选为皇家学会会员。

1819 年，瓦特逝世。人们在他的讣告中写道："它（蒸汽机）武装了人类，使虚弱无力的双手变得力大无穷，健全了人类的大脑以处理一切难题。它为机械动力在未来创造奇迹打下了坚实的基础。"

莱克星顿的枪声

七年战争胜利后，英国与北美殖民地居民的矛盾逐渐显现，英国政府禁止殖民地居民向西自由迁徙，并欲向北美居民征税以缓解战争债务，北美居民对英国政府的做法强烈不满。在北美殖民地居民看来，政府无权剥夺个人自由迁徙的权利；至于纳税，他们提出了"无选举权不纳税"的口号，让英国政府极为恼火。1774 年，各殖民地代表在费城召开第一次大陆会议，决定改变殖民地同英国的关系。各殖民地也利用北美居民广泛持有枪支的传统纷纷组织民兵队伍。北美形势的巨变让英国驻马萨诸塞总督盖奇将军寝食难安，1775 年 4 月 18 日，他调集 700 多名英军前往康科德销毁民兵军械。英军的行动很快被当地居民告知了反抗组织"自

大　事	国别	地域	公元 （单位：年）
登上王位。			
北美英军在莱克星顿与北美民兵交火，北美独立战争开始，史称"莱克星顿的枪声"。	美国	北美	1775
詹姆斯·瓦特第一批可以用于工业生产的蒸汽机制成出厂。在瓦特蒸汽机的推动下，英国开始进入工业时代。	英国	西欧	1776
英裔美国思想家潘恩的《常识》出版，论述了北美殖民地独立的合理性和必要性，扭转了北美的舆论趋向。	美国	北美	

公元 单位：年	地域	国别	大事
1776	西欧	英国	亚当·斯密发表《国富论》，奠定了西方自由经济理论的基础。
	北美	美国	第二届大陆会议在费城召开，通过了托马斯·杰斐逊起草的《独立宣言》，宣布北美各殖民地独立。
	西欧	英国	英国思想家，苏格兰启蒙运动代表人物大卫·休谟去世。
1777	北美	美国	北美民兵取得了萨拉托加大捷。

由之子"，附近的民兵做好了迎战英军的准备。

19日凌晨，英军在莱克星顿遭遇几十个持枪民兵，双方在紧张对峙了一段时间后，不知道是谁开了一枪，英军指挥官史密斯立即下令英军发动攻击。在双方对射中，有十几个民兵死伤，其余的民兵被迫撤退，英军占领了康科德，但北美民兵已经提前将军械和弹药转移。英军在破坏了民兵军火库后，准备撤回波士顿。此时，附近各地的民兵相继赶来，英军在回撤途中不断遭到埋伏民兵的射击，共损失200多人，最终狼狈逃回波士顿。一个世纪后，出生于康科德的美国文学家爱默生将这次发生在莱克星顿和康科德的战争誉为"震动世界的枪声"。

这次战斗尽管规模有限，但对北美的民众起到很大的激励作用。北美各地的民兵纷纷行动起来对英国驻军展开进攻，北美独立战争由此开始。1781年，英国驻北美军队被迫投降，两年后英国承认了美国的独立。世界上第一个没有皇帝或国王的现代共和国就这样出现在了美洲大陆上，而美国革命中提出的"人人生而平等"和"不自由，毋宁死"等口号此后不断被争取民主权利、反对专制统治的人们所引用。

今天美国有很多地方以莱克星顿命名，莱克星顿遍布美国各地。在美国人看来，北美居民广泛持有枪支是他们能够维护自由、反抗暴政的重要条件，因此美国宪法第二条修正案特意规定："纪律严明的民兵是保障自由州的安全所必需的，因此人民持有和携带武器的权利不得侵犯。"

伏尔泰：启蒙运动的先驱

18 世纪的启蒙运动大潮中，有一位法国思想家对欧洲君主和贵族进行了毫不留情的讽刺与抨击，但欧洲君主和贵族们却以与其通信和交往为荣，这人就是伏尔泰。

1694 年，伏尔泰出生于巴黎一个富裕的家庭。他天资聪颖，从小接受了良好教育，显露出过人的才华。他在上高中时就掌握了希腊文和拉丁文，后来又掌握了英文、意大利文和西班牙文。伏尔泰的父亲希望他子承父业，学习法律，但伏尔泰却对文学更感兴趣，最终走上了文学之路。

伏尔泰经常出入贵族圈子，但他文风犀利，常常讽刺权贵，抨击时政，因而触怒权贵，两次被送入巴士底狱。尽管伏尔泰常因得罪权贵而被关押或驱逐，但他始终保持着创作热情，其文学作品包括史诗《亨利亚德》《奥尔良少女》，戏剧《欧弟伯》《放荡的儿子》等。伏尔泰在史学上也颇有建树，《路易十四时代》《论各民族的风俗与精神》是其代表作。在哲学方面著有《哲学词典》《形而上学论》。伏尔泰在流亡英国期间写的《哲学通信》被称为"投向旧制度的第一颗炸弹"，在这本书中，伏尔泰结合了英国"光荣革命"后政治上的进步，抨击法国在专制统治下的种种弊端，这本书出版后很快被禁。

尽管伏尔泰并非律师，但他常常会为百姓充当辩护人。1761 年，法国图卢兹一位信奉新教的青年马克·安东尼由于债务缠身，屡受挫折而悬梁自尽。主审法官却

大　事	国别	地域	公元 单位：年
英国航海家詹姆斯·库克发现夏威夷群岛。	美国	北太平洋	1778
法国与美国签订《法美同盟条约》，法国加入美方共同对英作战。	法国	西欧	
怀俄明地区支持英国的印第安部落杀害 400 多名支持独立的居民，酿成"怀俄明惨案"。	美国	北美	
法国著名启蒙思想家伏尔泰和卢梭先后去世。	法国	西欧	
英国著名航海家詹姆斯·库克去世。	英国		1779
著名哲学家康德发表了代表作《纯粹理性批判》一书。	德意志	中欧	1781

公元 单位：年	地域	国别	大事
1781	北美	美国	《邦联条例》被批准，原英属北美殖民地组成松散邦联国家。康华利将军所率英军主力在约克镇被迫投降，美国获得独立战争胜利。
1783	西欧	法国	美英两国代表在凡尔赛宫签订《美英巴黎和约》，英国正式承认美国独立。
	东欧	俄国	俄国吞并了克里米亚汗国。
1784	东亚	中国	《四库全书》四部书全部完成，这是中国历史上规模最大的一套丛书。
	西欧	法国	著名启蒙思想家，主编《百科全书》的狄德罗去世。
1785			物理学家库仑发现了库仑定律。
1786	中欧	普鲁士	弗里德里希二世去世。他在位期间积极进行军事扩张，开创义务教育体制，普鲁士成为欧洲强国。

利用宗教大做文章，提出安东尼是因为要改信天主教而被其父让·卡拉谋杀的，并强行判处让·卡拉车裂之刑。伏尔泰听说了这个案件后，通过各种渠道搜集证据，亲自写了一些小册子来揭露整个案件的真相。1763 年 2 月，伏尔泰亲自为卡拉家人写了上诉书，3 月，枢密院下令重审此案，最终让·卡拉的冤情得到昭雪。此后直到他逝世，伏尔泰常常用手中的笔"呼唤欧洲那个沉睡的良心"。

1778 年，伏尔泰去世。临终前，伏尔泰对自己的后事做了嘱咐：把棺材一半埋在教堂里，一半埋在教堂外。意思是说，上帝让他上天堂，他就从教堂这边上天堂；上帝让他下地狱，他可以从棺材的另一头悄悄溜走。大革命后，法国人将伏尔泰的灵柩移入巴黎先贤祠，表达他们对这位伟大人物的永久纪念。

攻占巴士底狱与《人权宣言》

1789 年，波旁王朝统治下的法国发生了财政危机，一些贵族向国王路易十六建议召开中断 170 多年的有教士、贵族和平民参加的三级会议，他们盘算着按照每个等级一票的原则，可以公开合法地把增加的财政负担加在第三等级身上。

1789 年 5 月 5 日，三级会议在凡尔赛宫召开，第三等级代表们要求所有议题要由三个等级公开讨论决定。6 月第三等级代表投票决定第三等级会议改称"国民议会"，要求制定宪法，限制王权。国王路易十六为了阻止国民会议的行动，封闭了第三等级的开会场所。国王的行为反而坚定了第三等级的决心，国民议会的代表们把会议转移到一个室内网球场继续进行，并发表了《网球场宣誓》，宣称不制定出宪法国民会议绝不中止，很多教士和贵族也加入了第三等级的队伍。

6月底，国王做了让步，但同时，大量军队也向附近集结，巴黎顿时传言四起。7月9日，国民议会改名国民制宪会议，两天后，路易十六在王后为首的贵族支持下，免去了同情第三等级的财政总监内克的职务，此举刺激了巴黎市民，很多人认为国王已经准备武力镇压国民制宪会议。巴黎市民进行大规模的示威，并很快转化为武装起义，一些士兵也加入了起义队伍。7月14日，起义队伍向巴士底狱进攻，包括伏尔泰在内的很多让统治者感到不安的人都曾被囚禁于此，但此时巴士底狱中只关押着几个精神病人。巴士底狱长期被法国人视作专制统治的象征，而且巴士底狱里有起义队伍需要的枪支和弹药。在起义队伍使用了大炮后，巴士底狱守军投降，负责守卫的洛奈侯爵被愤怒的群众处死。7月14日成为现在法国的国庆日。

巴黎人民攻克巴士底狱的消息很快传开，法国各地的农民纷纷进行暴动，烧毁地契。在巴黎的国民制宪会议制定了废除一切封建义务的"八月法令"；8月26日，制宪会议发布了法国大革命的纲领文件——《人权和公民权宣言》（《人权宣言》）。《人权宣言》以美国《独立宣言》为蓝本，采用了启蒙思想和自然权利学说，宣布自由、财产、安全和反抗压迫是天赋

大　事	国别	地域	公元 单位：年
爆发谢司起义。	美国	北美	1786
美国制宪会议在费城召开，最终各州代表达成妥协，制定了沿用至今的美国联邦宪法。			1787
《泰晤士报》首次出版。	英国	西欧	1788
英国建立了澳大利亚第一个殖民地新南威尔士。	澳大利亚	大洋洲	
美国首次举行总统选举，乔治·华盛顿当选。	美国	北美	1789
法国三级会议召开。7月14日，巴黎人民攻占巴士底狱，法国大革命爆发。法国国民制宪会议通过《人权宣言》。	法国	西欧	
著名哲学家霍尔巴赫去世，其著作《自然的体系》被誉为"无神论的圣经"。	法国		
现代经济学奠基者亚当·斯密去世。	英国		1790

地域	国别	大　事
北美	加拿大	英国议会决定将魁北克分成英语居民居住的上加拿大和法语居民居住的下加拿大两部分。
中美洲	海地	海地革命爆发。
西欧	法国	路易十六批准了《1791年宪法》，是为法国第一部成文宪法，规定法国实行立宪君主制。
中欧	神圣罗马帝国	伟大的古典音乐家莫扎特逝世，时年35岁。
西欧	法国	法军在瓦尔密击退普奥联军，革命形势转危为安。法国国民公会开幕，吉伦特派掌握了政权，法兰西第一共和国成立，君主制被废除。
北美	美国	乔治·华盛顿在美国第二次总统选举中获胜，连任总统。杰斐逊和麦迪逊组建民主共和党，与联邦党人抗衡，这是现在美国民主党的前身。

单位：公元年

1791

1792

不可剥夺的人权，肯定了言论、信仰、著作和出版自由，阐明了司法、行政、立法三权分立、法律面前人人平等、私有财产神圣不可侵犯等原则。

法国大革命的影响很快扩展到了其他欧洲国家，《人权宣言》宣扬的反对君主专制、追求自由民主和人的解放的精神传遍了欧洲，成为民众反抗压迫和侵略的强大思想武器。很多学者认为，法国革命后，世界很多地方争取民族解放和寻求阶级平等的民主运动都受到了法国革命自由、平等、博爱的精神影响。但也有人指出，与美国《独立宣言》中"人生而平等"的观念相比，法国《人权宣言》宣传的"人生而平等，而且始终是平等的"这一观念导致了法国革命对平等的绝对追求，这是导致法国革命较为激进和血腥的重要原因。

热月政变："革命恐怖"的终结

法国大革命爆发后，随着国内外形势的日益紧张，法国革命逐渐走向激进，1793年6月，雅各宾派在推翻吉伦特派政府后执政。雅各宾派采取激烈的革命政策，把土地分给农民，废除一切封建义务。经济上实行限价政策，严禁囤积居奇，对投机商人处以死刑。在政治上采用"革命的恐怖"政策，对各地王党和吉伦特派的反抗活动进行严厉的镇压，并简化审判程序，一个人只要被指控有犯罪嫌疑，便会很快被处死。很多"革命者"甚至以杀人为乐，"在福斯监狱，受害人被剥得精光，在半小时内施以'凌迟'，直到每个人都过足了瘾之后，再一刀刀地切开他们的五脏"。

雅各宾派上台后，很快稳定了政局，赶走了外国侵略军，但"革命的恐怖"政策却使大量无辜者被送上断头台。外国侵略军被赶走后，雅各宾派领导人罗伯斯庇尔并未随着局势的缓和而结束恐怖政策，反而强化了对不同政见者的镇压，他将与自己意见发生分歧的雅各宾派重要人物埃贝尔和丹东先后送上断头台，这让革命阵营内人人自危，反对罗伯斯庇尔的力量暗中积聚。1794 年 7 月 26 日，罗伯斯庇尔在国民公会发表演说，表示"国民公会中还有未肃清的议员"，并拒绝说出姓名，此举刺激了国民公会的议员们。7 月 27 日，罗伯斯庇尔再度到国民公会发表演讲，但他的发言被议长当场打断，这时，场内议员们的情绪开始爆发，"打倒暴君"及要求逮捕罗伯斯庇尔的呼声不绝于耳，国民公会当场通过决议，逮捕罗伯斯庇尔、圣鞠斯特等人。

7 月 28 日，罗伯斯庇尔、圣鞠斯特等雅各宾派领导人被送上断头台，这就是著名的"热月政变"。在罗伯斯庇尔被处死后，围观的巴黎群众竟爆发了长达 15 分钟的掌声。幽默的法国人在罗伯斯庇尔的墓碑上刻下这样一段文字："过往的行人啊！我罗伯斯庇尔长眠于此，请不要为我悲伤，如果我活着的话，那你就活不成了。"

托克维尔评价雅各宾派的"革命恐怖"时认为，法国大革命的民主实践，存在着为实现人的绝对平等而牺牲个人自由

大　事	国别	地域	公元 单位：年
俄国和普鲁士再度瓜分波兰。	波兰	东欧	1793
法王路易十六被处死。	法国	西欧	
英国、荷兰、撒丁王国、那不勒斯、德意志诸邦和西班牙组成第一次反法联盟，共同干涉法国革命。		欧洲	
吉伦特派政府垮台，激进的雅各宾派掌握了政权，国民公会通过了《1793 年宪法》。		西欧	
雅各宾派领导人让·保尔·马拉遇刺身亡，雅各宾派颁布《惩治嫌疑犯条例》，恐怖政策进一步走向激进。			
法军在土伦围攻战中击败英国和西班牙联军，拿破仑·波拿巴在战斗中展示了非凡的军事才能。			
英国马戛尔尼使团来华，希望开拓英国对华贸易。	中国	东亚	
波兰发生科希丘什科起义，但很快被俄国和普鲁士联合镇压。	波兰	东欧	1794
"热月政变"发生，罗伯斯庇尔和圣鞠斯特等雅各宾派领导人被送上断头台。	法国	西欧	

公元 单位：年	地域	国别	大事
1795	东欧	波兰	俄国、普鲁士、奥地利第三次瓜分波兰，波兰灭亡。
	西欧	法国	王党分子发动叛乱，热月党人任用拿破仑成功地镇压了叛乱。
1796	南欧	意大利	拿破仑·波拿巴被任命为法国意大利方面军司令，接连击败皮埃蒙特（撒丁王国）和奥地利军队。
	东欧	俄国	沙皇叶卡捷琳娜二世去世，其子保罗一世即位。
	东亚	中国	白莲教起义爆发，"康乾盛世"结束，此后中国日益衰败。
1797	北美	美国	乔治·华盛顿在第二届总统任期结束后退休，约翰·亚当斯当选为第二任总统。
	西欧		连遭失败的奥地利与法国签订《坎波福尔米奥条约》，第一次反法同盟瓦解。
1798		英国	著名经济学家马尔萨斯发表《人口学原理》。

的倾向，这种政治文化恰恰是"旧制度"遗留下来的。因此，无论是雅各宾派的"群众专制"还是拿破仑此后建立的个人独裁，都不同程度地闪现着路易十四"朕即国家"的影子。从这个意义上说，法国大革命中的恐怖政策也是法国封建专制制度的延续。

司法独立的先声：马伯里诉麦迪逊案

1800 年的美国总统大选中，联邦党人亚当斯输了民主共和党人托马斯·杰斐逊，联邦党人在国会选举中也惨遭失利。为了避免自己在任时的一系列政策付诸东流，在卸任当夜，亚当斯利用总统有权提名首都地区法官的机会，将 42 名首都特区法官提名资格全部给了联邦党人，并让时任国务卿约翰·马歇尔火速把委任状发出。但受当时交通和通讯条件的限制，仍有 17 份委任状没能在当夜送出。新上任的总统杰斐逊对亚当斯的做法十分不满，他立即命新任国务卿麦迪逊停发这些尚未送出的委任状。

这 17 份委任状中的一份是给一位马里兰州的商人威廉·马伯里的。已接到任命通知的他对政府停发自己的法官委任状十分不满，他联合了另外四位没有收到法官委任状的人把新任国务卿麦迪逊告到了美国联邦最高法院。他们的依据是 1789 年所颁布的《司法条例》中第 13 条规定："最高法院在有法律原则和惯例保障的案件中，依据合众国的权威，有权向任何被任命的法庭或担任公职的个人发出训令。"

马伯里等人依据这一点，要求最高法院强制麦迪逊发还他们的委任状。

此时联邦最高法院的首席大法官就是此前负责派发委任状的前任国务卿马歇尔。马歇尔对这一案件感到十分头痛，因为尽管美国联邦宪法确立了立法、行政、司法三权制衡的原则，但与掌握立法和财政大权的国会及掌握军政大权的联邦政府比，最高法院的权力事实上十分有限。它只有审判案件的权力，但却没有强制执行法令的权力，也就是说，如果最高法院支持马伯里的要求，得到总统授意的麦迪逊必然不会执行法院决定，而最高法院对此却无可奈何，这样做的结果必然削弱法院的权威。而如果拒绝马伯里的诉讼请求，同样会让人们觉得司法机关向政府屈服，从而损害联邦最高法院的权威。经过慎重考虑，马歇尔避开了这两种危险的选择，他主持下的最高法院判决结果独具匠心，他宣布马伯里有权获得委任状。马伯里在受到侵害时寻求司法援助是合法的，这是每个美国公民的合法权利。

最能体现马歇尔政治智慧的是第三条判决："涉及大使、其他使节和领事以及以州为一方当事人的一切案件，最高法院具有原始管辖权。对上述以外的所有其他案件，最高法院具有上诉管辖权。"因此马歇尔提出，对于马伯里诉麦迪逊案，最高法院没有司法管辖权。马歇尔还提出，原告所依据的1789年《司法条例》第13条与美国联邦宪法冲突，与法律体系中处于最高位的宪法相抵触的法律条文应视作无效。

大　事	国别	地域	公元
拿破仑远征埃及，击败了马木鲁克骑兵，但英国海军在尼罗河口歼灭了法国海军，法国远征军陷于困境。	埃及	北非	1798
英国联合俄国、奥地利、那不勒斯和土耳其组成了第二次反法联盟，法国政局陷入动荡。		西欧	1799
拿破仑·波拿巴从埃及回到法国，发动"雾月政变"，推翻了督政府；颁布《1799年宪法》，建立起以自己为"第一执政"的中央集权政府。	法国		
美国国父乔治·华盛顿去世。	美国	北美	
乾隆帝去世，嘉庆皇帝掌握了大权。	中国	东亚	
沙皇保罗一世对英国占领马耳他不满，退出反法联盟。	俄国	东欧	1800
《1800年联合法案》获通过，大不列颠王国与爱尔兰王国合并，成立大不列颠－爱尔兰联合王国。	英国	西欧	
拿破仑·波拿巴率法军在马伦哥战役中击败奥地利军队，夺回了对意大利的控制权。	意大利	南欧	
西班牙把密西西比河到落基山脉间的路易斯安那地区让给了法国。	美国	北美	
奥地利与法国签订了《吕内维		西欧	1801

（表头单位：公元年）

公元 单位：年	地域	国别	大　事
1801	西欧	法国	尔条约》，第二次反法联盟崩溃。拿破仑与教皇签订《教务专约》，规定：天主教不是国教，教会必须遵守国家法律。
	东欧	俄国	沙皇亚历山大一世宣布吞并格鲁吉亚。
	北美	美国	托马斯·杰斐逊在大选中击败约翰·亚当斯，正式出任美国第三任总统。 "马伯里诉麦迪逊案"发生，此案奠定了美国司法独立的政治传统。

对于这一判决结果，有学者认为这一案件仅仅是党派斗争的产物，对美国司法进步影响有限。也有学者认为，马歇尔的这一历史地位是在牺牲了马伯里的个人权利基础上实现的。但后世大多数人对马歇尔的这一判决给予高度赞誉，认为马歇尔的这一判决在维护宪法权威、彰显司法独立性的同时，也将依据宪法对法律法令的司法审查权力收归司法部门，从而完善了美国的权力制衡体系，独立的司法机关成为保障美国民主和宪政体系的关键一环。

阅读八　对人类解放道路的探求

从18世纪末开始，西欧和北美地区的资本主义经济在工业革命的推动下迅速发展，但在资本主义国家的发展和海外扩张过程中，长期伴随着资本家对劳动者的压迫和欧美列强对亚、非、拉丁美洲各国的侵略与盘剥。

为摆脱落后状态，普鲁士、俄国与日本先后进行了资本主义性质的改革，使本国摆脱了在欧洲和国际上的弱势地位。拉丁美洲和印度等地的人民以武装起义的方式反抗欧洲列强的殖民统治。在资本主义国家内部，处于受剥削和压迫地位的无产阶级受马克思主义思想和理论的影响，实现了跨国界的联合，成为一股强大的政治力量。美国在经历了一场内战后，从法律上废除了黑人奴隶制度，去除了阻碍经济和社会发展的不利因素。

单位：年	公元	地域	国别	大　事
	1802	西欧		英法两国签订《亚眠和约》，第二次反法联盟正式终结。
		西欧	法国	拿破仑被元老院宣布为"终身执政"。
		北美	美国	美国以1500万美元的价格从拿破仑手中购得路易斯安那，此举使美国领土几乎扩大了一倍。
	1804	西欧	法国	法国民法典《拿破仑法典》颁布。
				拿破仑·波拿巴加冕称帝，法兰西第一共和国被法兰西第一帝国取代。
	1805	中欧	德意志	著名哲学家伊曼纽尔·康德逝世。
		北非	埃及	穆罕默德·阿里被埃及人拥戴为新任总督，并开始进行改革。
		欧洲		英国、俄国、奥地利、瑞典、那不勒斯等组成第三次反法同盟。
		北大西洋		英国海军在特拉法尔加海战中歼灭法国、西班牙联合舰队，巩固了英国海上霸主地位。
		中欧		法皇拿破仑率军在奥斯特里茨战役中大败俄奥联军，奥地利被迫求和，第三次反法联盟瓦解。
	1806		德意志	巴伐利亚、美因茨德意志邦国加入莱茵联邦，奥地利国王放弃神圣罗马帝国帝位，神圣罗马帝国寿终正寝。

威廉·洪堡与普鲁士教育改革

1871年普鲁士赢得普法战争后，普军总参谋长毛奇说："普法战争的胜败早在十年前的小学教室课桌上就决定了。"而普鲁士的教育改革是和威廉·冯·洪堡的名字紧密联系在一起的。1767年6月，洪堡出生在德意志的贵族家庭，自小接受了良好的教育，洪堡13岁时已能熟练地使用法文、希腊文和拉丁文，后来先后进入法兰克福大学和哥廷根大学学习。在大学期间他受到启蒙运动的影响，逐渐成为自由主义者，反对"开明专制"。洪堡在毕业后进入政府机构，曾担任普鲁士驻罗马的外交使节。

1806年，普鲁士在耶拿战役中惨败于拿破仑一世之手，普鲁士的哈勒大学被法军占领。逃出来的教授请求国王在柏林重建大学，国王威廉三世说："好，有勇气，国家应以精神的力量弥补在物质方面遭受的损失。"1809年，具有自由教育理念的洪堡被任命为普鲁士王国内政部文化及教育司司长，开始推动普鲁士的教育改革。

洪堡首先对普鲁士曾经引以为傲的义务教育制度进行改革，洪堡设计了一个三级学校制度：小学、中学和大学。在中学教育体制中，国民学校和人文中学区分开来，也就是把普通教育和人文教育区别开来。为了贯彻普遍教育原则，改革后的普鲁士建立了一个遍布全国的公立学校网，学校的绝大部分费用由政府负担。这保证了普鲁士在欧洲有最高的青少年入学率，到了1894年，普鲁士有94%的10岁以上青少年在学校就读，远高于欧洲其他国家。洪堡和他的同事们在推动基础教育上的改革还包括引入教师考试、统一的中学毕业考试和十年制中学课程，保证了中学教育的质量。

在洪堡的教育改革中，为普鲁士赢得更高声誉的是大学改革，特别是洪堡 1810 年创办的柏林大学，被誉为世界上第一所现代大学。洪堡提出，大学的重要使命是把教育和科学研究相结合，用科学研究的方法去追求纯粹的知识。洪堡通过高等教育改革打造的现代大学有几个重要特点，其一是与专门学院有着严格的区分，大学一定是包括自然学科与人文学科的综合性大学。其二是享有高度的学术自由，教授们不再像神学院那样只能在一种思想体系下思考，科研与学术探究成为教授们新的伦理道德和最高原则。其三是德国的大学教授是国家公职人员，享有优厚的待遇，要想得到教授的位置，必须献身科学研究。

在洪堡改革之后，普鲁士和全德意志的大学取得了世界性成就，成为其他国家借鉴和模仿的对象，德意志成了世界科学研究的中心。1933 年希特勒上台前，德国一直是获得诺贝尔奖最多的国家。1835 年，洪堡去世，为纪念他在教育上的杰出成就，他创立的柏林大学后来改名为柏林洪堡大学。

拿破仑：毁誉参半的天才

1804 年 12 月，一个身材矮小、带着浓重科西嘉口音的人在法国皇帝的加冕典

大　　事	国别	地域	公元 单位：年
英国、俄国和普鲁士组成了第四次反法联盟。		欧洲	1806
拿破仑颁布柏林敕令，开始针对英国的大陆封锁政策。		中欧	
法国、俄国、普鲁士签订《提西尔特和约》，普鲁士丧失领土，并缴纳赔款，第四次反法联盟瓦解。		欧洲	1807
英国议会通过了禁止本国船只贩卖奴隶的法案。	英国	西欧	
美国工程师罗伯特·富尔顿设计的蒸汽轮船成功下水。	美国	北美	
英国传教士马礼逊来华传教，是第一个来华传教的新教教士，他把《圣经》译成中文，并编写了《华英词典》。	中国	东亚	
英国与奥地利结成第五次反法联盟。		欧洲	1809
拿破仑率法军击败奥地利军队，法奥签订《申布伦条约》，奥地利割让大片领土，第五次反法联盟瓦解。		中欧	
《常识》作者托马斯·潘恩在纽约去世。	美国	北美	
威廉·洪堡创立了柏林大学，被后人誉为第一所现代大学，是今柏林洪堡大学和柏林自由大学的前身。	普鲁士	中欧	1810

公元 单位：年	地域	国别	大　事
1810	北美	墨西哥	墨西哥多洛雷斯地区的神父伊达尔戈发动当地人民起义反抗西班牙殖民统治。
1811	南美	委内瑞拉、巴拉圭	伊达尔戈兵败牺牲。委内瑞拉和巴拉圭先后发生独立运动。
1812	北美	美国	美英之间爆发战争。
	东欧	俄国	拿破仑·波拿巴率60万大军进攻俄国，遭惨败。
1813	中欧		反法联军在莱比锡会战中击败法军，拿破仑帝国出现危机。

礼上从教皇手中傲慢地夺过皇冠，自行加冕。这位公开藐视教皇的人就是后来扫荡欧洲的拿破仑一世。拿破仑·波拿巴1769年出生于科西嘉，9岁开始进入军校学习，成绩优异。16岁那年，由于父亲去世，拿破仑被迫辍学，以炮兵少尉的军衔进入部队，在随部队驻防期间，他阅读了很多启蒙思想家的著作，尤其喜爱卢梭的思想。

1789年大革命爆发后，法国几度面临国内王党叛乱和英国、普鲁士、奥地利等国联合干涉的危险局面，其间，拿破仑在镇压王党叛乱和对奥地利作战中立下赫赫战功，逐渐显露了杰出的军事才能，成为法国人心中的"胜利象征"。1799年，拿破仑发动政变，解散督政府，建立由自己担任"第一执政"的执政府，从此独揽大权。

军事才能卓著的拿破仑在内政上也颇有建树，其中对后世影响最大的是参与制定并颁布了《拿破仑法典》。法典包括刑法、刑事诉讼法、民法、民事诉讼法、宪法、商法，构成了拿破仑时代乃至以后很长时间的法国六法体系。1804年颁布的《民法典》对后世影响最大，其中物权、债权、婚姻、继承等民法概念一直沿用至今，是第一部把罗马法基本精神完整传承到近现代社会的民法。

1804年，拿破仑加冕称帝，建立了法兰西第一帝国。称帝后的拿破仑很快走上了侵略扩张之路。拿破仑的军队所到之处，对当地民众的掠夺和压迫时有发生，欧洲各地珍贵的文物被当作战利品运往巴黎，在欧洲各国民众眼中，法军已经不再是解放者，而是外来的侵略者和压迫者，反抗拿破仑的浪潮随着帝国的扩张而暗流涌动。1812 年，拿破仑进攻俄国，在严寒和俄国军民的不断打击下遭到惨败，欧洲各国纷纷起来反抗法军。1814 年，反法联军进入巴黎，拿破仑被迫退位，尽管第二年他曾重建政权，但在滑铁卢的惨败彻底葬送了他的希望。1821 年，这位曾令欧洲所有君主心惊胆战的小个子在流放地圣赫勒拿岛去世。

后人对拿破仑的评价褒贬不一，马克思和恩格斯认为拿破仑战争具有保卫法国革命果实、削弱欧洲封建统治的进步一面，又具有侵略和压迫其他民族的非正义一面。一些学者批评拿破仑的称帝行为，认为这是复辟君主制的倒退之举。而法国思想家古斯塔夫·勒庞则认为，拿破仑的独裁统治恰恰是法国大革命的产物，他结束了大革命后的无政府状态，呵护了大革命的进步遗产，表明法国社会的新因素已强大得不可战胜。

拉丁美洲的独立

航海大发现以后，葡萄牙人占领了今天的巴西，中南美洲的其余地区被西班牙占领，当地的人口结构很快发生巨变，印第安人大量死亡，土生白人（克里奥人）、黑人和混血种人成为人口主体，但军政大权一直掌握在西班牙和葡萄牙派来的"半岛人"手中。

18 世纪末开始，伴随着美国独立、法国大革命和启蒙思想传入拉美，对西班牙殖民统治的反抗不断高涨。拿破仑战争

大　事	国别	地域	公元　单位：年
反法联军攻陷巴黎，拿破仑退位，被流放厄尔巴岛，法国波旁王朝复辟。	法国	西欧	1814
英、俄、普、奥、法等国召开维也纳会议，确立了以国际会议的形式解决国际政治纠纷的方式。		中欧	
拿破仑逃回法国，路易十八外逃，拿破仑恢复统治。拿破仑在滑铁卢战役中失败，再度退位后被流放到南大西洋上的圣赫勒拿岛，波旁王朝再度复辟。		西欧	1815
为了防备法国东山再起，维也纳会议安排比利时并入荷兰，组成荷兰—比利时联合王国。法国与反法联盟各国签订了《巴黎条约》。	比利时		
西属美洲殖民地的阿根廷宣布独立。	阿根廷	南美	

公元 单位：年	地域	国别	大事
1818	西欧		英、俄、普、奥四国在亚琛召开会议，决定恢复法国的国际地位，与法国一起组成五国同盟。
1819	南美	哥伦比亚	哥伦比亚宣布独立。
	西欧	英国	为改进蒸汽机做出重大贡献的詹姆斯·瓦特逝世。
1820	北美	美国	美国南北双方围绕密苏里以自由州还是蓄奴州身份加入联邦展开斗争，最终达成"密苏里妥协案"。
1821	南欧	意大利	奥地利出兵镇压了意大利地区的革命。
	东欧	奥斯曼帝国	奥斯曼帝国统治下的希腊爆发了争取民族独立的起义。
	南大西洋		拿破仑·波拿巴在圣赫勒拿岛去世。
	西欧	英国	英国采用金本位作为其货币制度。
1822	南美	巴西	原葡萄牙在南美的殖民地巴西宣布独立。
	南欧	意大利	五国同盟召开维罗纳会议，决定由法国出兵镇压西班牙革命。

中，西班牙的海军被英国歼灭，本土也遭到拿破仑的入侵，此时的西班牙对美洲的统治已经明显被削弱。

在拉美独立运动中存在南北两个中心，领导者是西蒙·玻利瓦尔和何塞·圣马丁。玻利瓦尔1783年出生于加拉加斯，年轻时游历欧洲，深受启蒙思想影响。玻利瓦尔十分钦佩拿破仑的政治军事才能，但对他称帝的举动十分反感，当他看到巴黎人狂热地为拿破仑登基欢呼时，他气愤地关上了窗子。玻利瓦尔不是一个杰出的将领，他并没有受过专门的军事训练，缺乏军事指挥才能，但他的特质在于逆境之下仍然不屈不挠地坚持斗争。1816年，玻利瓦尔带领革命军在委内瑞拉登陆，并宣布解放奴隶。同时，没收西班牙王室和反动官吏的财产，分配土地给革命战士，这使他的队伍得到越来越多的民众支持。1819年，玻利瓦尔率军翻越安第斯山，突袭殖民军，大获全胜，占领了波哥大，此后又占领加拉加斯，解放了委内瑞拉全境。

相比而言，拉美独立运动南部的领导者何塞·圣马丁是位优秀的军事将领。1778年圣马丁生于阿根廷拉普拉塔地区，曾在西班牙马德里学习军事，在西班牙抵御拿破仑的半岛战争中屡立战功。1812年，圣马丁回到阿根廷，投身南美独立运动。1814年他担任了拉普拉塔联邦爱国军北路军司令，击败了西班牙人的反攻，并组织了拉美国家第一支舰队——太平洋舰队。为了消灭盘踞在秘鲁总督区的西班牙殖民军，他专门训练了一支由黑人和混血种人组成的适合山地作战的"安第斯军"，圣马丁带着这支军队翻越 6000 多米高的安第斯山，先后解放了智利全境和秘鲁首府利马。1822 年，巴西也宣布脱离葡萄牙独立。

1822 年，玻利瓦尔与圣马丁在瓜亚基尔会面，双方进行了两次秘密会谈，圣马丁为了避免革命阵营的分裂返回秘鲁，不久旅居欧洲，1850 年在法国去世。玻利瓦尔继续追剿西班牙殖民军，1824 年 12 月，玻利瓦尔的战友苏克雷以少胜多，取得阿亚库乔战役的胜利，西班牙总督被迫投降，1826 年，西班牙的国旗从秘鲁降下，西属美洲殖民地也以获得彻底解放而告结束。玻利瓦尔被称为"解放者"，并成为大哥伦比亚共和国（包括今天的哥伦比亚、秘鲁、委内瑞拉和厄瓜多尔）首任总统。

普希金：俄国最伟大的诗人

俄罗斯文学在世界文坛上占有重要地位，果戈里、列夫·托尔斯泰、陀思妥耶夫斯基都是蜚声国内外的作家，而俄国文学的奠基者是俄国 19 世纪伟大的诗人亚历山大·谢尔盖耶维奇·普希金。

1799 年 6 月 6 日，普希金生于圣彼得堡一个贵族家庭，自幼受到良好教育，8 岁时可以用法语写诗。1811 年他进入皇村学校学习，这是一所贵族学校，还是学生的普希金在 1815 年发表了一首爱国诗歌，被圣彼得堡的文学协会接纳为会员。普希金早年受浪漫派诗歌的影响，充满活力。在皇村学校期间他还受到启蒙思想的熏陶，结识了一些思想进步的军官，这些人

大 事	国别	地域	公元 单位：年
"门罗主义"正式出笼，美国将自己视为美洲"保护者"。	美国	北美	1823
路易十八去世，其弟阿图瓦伯爵即位，称查理十世。	法国	西欧	1824
路易·布莱尔发明盲文。			
苏克雷在阿亚库乔决战中击败西班牙殖民军，西班牙对美洲殖民地的统治最终崩溃。	秘鲁	南美	
尼古拉一世即位，十二月党人发动起义，被残酷镇压。	俄国	东欧	1825
史蒂芬孙发明蒸汽机车，铁路运输业从此起步。	英国	西欧	
西班牙最后一批殖民军撤离秘鲁，拉美独立战争结束。	秘鲁	南美	1826
俄国借希腊独立战争之机出兵，发动第八次俄土战争。	奥斯曼帝国	东欧	1828
著名音乐家、古典音乐最后一位巨匠舒伯特去世。	奥地利	中欧	
英国兼并西澳大利亚，将其作为流放犯人之地。	澳大利亚	大洋洲	1829
希腊获得独立战争的胜利，第八次俄土战争结束。俄国与奥斯曼帝国签订《亚德里亚堡条约》。	奥斯曼帝国	东欧	
七月革命爆发，波旁王朝被推翻，七月王朝建立。	法国	西欧	1830

单位：公元年	地域	国别	大事
1830	西欧	比利时	比利时脱离荷兰独立。
	南美	委内瑞拉	南美独立运动领导者之一玻利瓦尔去世。
	北非	奥斯曼帝国	法国入侵阿尔及利亚。
1831	西欧	英国	法拉第首次发现电磁感应现象。达尔文搭乘军舰开始环球航行。
	中欧	普鲁士	著名军事思想家克劳塞维茨去世，生前著有《战争论》。德意志古典哲学家黑格尔去世。
1832	西欧	法国	著名语言学家商博良去世，他生前成功解读了古埃及象形文字，被称为"埃及学之父"。
		英国	英国议会通过《议会改革法案》，第一次议会改革开始。
	中欧	普鲁士	德意志伟大的文学家、诗人歌德去世。
1837	北美	美国	美国在"加洛林案"后形成了加洛林规则，即自卫的必要性必须是迫切的、压倒一切的，并无别的选择。美国人摩斯发明电报机，成为通讯发展史上的里程碑。
	西欧	英国	英王威廉四世去世，他的侄女维多利亚即位，英国开始了最为辉煌的维多利亚时代。

成为俄国著名的十二月党人。和他们的交往让普希金形成了热爱自由，反对沙皇专制的思想。

1820年，普希金创作童话长诗《鲁斯兰与柳德米拉》，这首诗取材于俄罗斯民间童话，描写骑士鲁斯兰在巫师的帮助下，历尽险阻，解救身陷魔窟的未婚妻柳德米拉公主的故事。后来俄国戏剧大师格林卡根据这首长诗将这个故事改编成歌剧上演，在圣彼得堡大受欢迎。

1823年，他开始创作诗体小说《叶甫盖尼·奥涅金》，这部长诗直到1830年才完成。这本书被后世认为是普希金的代表作，他成功地塑造了奥涅金这个"多余人"的形象。奥涅金出身贵族家庭，具有自由主义思想，但在专制统治下他的想法得到的只是地主们的嘲笑，倍感无聊的他在一场爱情的决斗中杀了自己的朋友。这本书用现实主义的手法描绘了当时的俄国社会，表现了在沙皇专制下接触到进步思想的俄国青年们的苦闷和彷徨，也揭示了俄国上层社会的贪婪与虚伪，是俄国现实主义文学的开山之作。

1825年，普希金的那些进步的军官朋友们发动了著名的十二月党人起义，被残酷镇压，有的人被处死，有的人被流放到寒冷荒凉的西伯利亚。普希金对十二月党人深表同情和支持，写下了《致西伯利亚的囚徒》等诗歌，这让新继位的沙皇尼古拉一世为首的专制集团对他十分嫉恨，他们挑拨普希金夫妇的关系，利用普希金漂亮的妻子纳达利娅·普希金娜制造绯闻，引发了诗人与情敌法国人丹特士决斗。

1837 年，普希金在与情敌的决斗中，身受重伤，2 月 10 日逝世。俄罗斯文学界哀叹"俄罗斯诗歌的太阳陨落了"。

普希金不仅在语言上对俄罗斯文学贡献甚大，而且他将不畏强权、反抗专制的精神也注入了俄罗斯文学界，其身后出现的契诃夫、陀思妥耶夫斯基、索尔仁尼琴等人的文学作品中都能看到普希金的精神遗产。

马克思与《共产党宣言》

18 世纪末工业革命开始后，欧美国家在工业化的过程中，社会财富有了巨大增长，但社会贫富差距却也迅速拉大。广大工人往往每天要工作 12 小时到 16 小时，工资却十分微薄，如何真正改善工人阶级的收入和地位，德国人马克思给出了答案。

卡尔·马克思 1818 年 5 月 5 日出生在德意志莱茵省特里尔的一个犹太人律师家庭，中学毕业后，先后进入波恩大学和柏林大学学习，1841 年在耶拿大学获得了哲学博士学位。毕业后，马克思担任了《莱茵报》主编。1843 年，由于马克思发表文章抨击专制政府，《莱茵报》被查封，马克思因此失业。幸运的是，马克思这时认识了志趣相投的弗里德里希·恩格斯，富家子弟出身的恩格斯经常资助马克思的活动与生活，也常常协助马克思工作，有时帮他代笔部分文章，由此奠定了两人一生的合作与友谊。

1843 年马克思与燕妮·冯·威斯特法伦结婚，婚后不久二人流亡巴黎，由于马克思在巴黎发表了抨击普鲁士专制主义的

大 事	国别	地域	公元 单位：年
俄国最伟大的诗人普希金去世。	俄国	东欧	1837
阿里改革后强大起来的埃及在西亚地区击败了奥斯曼帝国军队。	奥斯曼帝国	西亚	1839
林则徐虎门销烟。	中国	东亚	
英国进行邮政改革，建立世界上首个现代邮政系统。	英国	西欧	1840
英、俄、普、奥四国达成伦敦协议，对埃及进行军事干涉，埃及军队战败。埃及统治者阿里接受伦敦协议，放弃征服地区，缩小陆海军，以换取其家族世代统治埃及的特权。	奥斯曼帝国	北非	
英、俄、奥、普、法和土耳其签订《伦敦海峡公约》，规定博斯普鲁斯和达达尼尔两海峡在和平时期禁止任何外国军舰通行。	英国	西欧	
英国议会通过议案，决定派远征军对中国进行"报复"，鸦片战争开始。	中国	东亚	

公元 单位：年	地域	国别	大　事
1841	东亚	中国	英军在香港岛登陆，开始对香港进行殖民统治。 著名文学家、思想家龚自珍去世。
1842			中国与英国签订了中国近代史上首个不平等条约——《中英南京条约》，香港岛被割让给英国。
1843			魏源《海国图志》出版，主张"师夷长技以制夷"。
1844			美国和法国分别强迫清政府签订了《望厦条约》和《黄埔条约》。
1846	北美		美国和墨西哥爆发战争。
1847			墨西哥与美国签订和约，将德克萨斯、加利福尼亚和新墨西哥割让给美国。
1848	西欧	英国	马克思、恩格斯合著的《共产党宣言》在伦敦发表。

文章，法国政府将马克思驱逐出境。马克思流亡到了比利时的布鲁塞尔，在这里，马克思和恩格斯一起完成了《德意志意识形态》一书，在这本书中马克思把黑格尔的辩证法和费尔巴哈的唯物主义思想融合起来，认为历史的发展是建立在生产力的基础之上的，人的意识决定于所处社会能够提供的物质基础，这就是历史唯物主义的基本思想。

1848 年马克思和恩格斯合作完成了《共产党宣言》，文章首先回顾了人类社会的发展，提出了每个时代的社会生产是这一时代的政治和精神生活的基础，人类发展的历史就是阶级斗争的历史。之后文章提出了无产阶级的历史使命就是把自己从资产阶级统治下解放出来，建立社会主义社会，并逐步过渡到共产主义社会。无产阶级掌权后要废除私有制，实行社会主义公有制，这些政策最终会将人类社会引向"一个联合体，在那里，每个人的自由发展是一切人的自由发展的条件"。宣言最后提出的"全世界无产者，联合起来"成为激励全世界工人运动的战斗语言，这篇战斗檄文被后人视作马克思主义诞生的标志，被翻译成多国文字，成为指导工人运动和以后的共产主义运动的重要思想武器。

《共产党宣言》发表后不久，马克思被比利时政府驱逐，颠沛流离的生活给马克思一家带来无尽的贫困与动荡。晚年的马克思定居伦敦，在困苦的生活中，他先后失去心爱的妻子和女儿，但在恩格斯的帮助下，他以惊人的毅力完成了晚年最重要的著作——《资本论》第一卷。1883 年，马克思在伦敦去世，后来他的遗体与亡妻燕妮合葬于英国伦敦的海德公园。马克思去世后，他的理论仍长期指导着各国工人运动。

印度民族大起义

印度在历史上是具有高度文明的地区，但随着 18 世纪莫卧儿帝国的分崩离析，英国在印度的势力急剧扩张，19 世纪上半叶，英国已经占领了整个印度。此时，英国正在经历第一次工业革命，英国商品潮水般涌入印度，造成印度传统手工业难以为继，广大农民和手工业者对此十分不满。同时，英国人在印度修建铁路，传播基督教，建立司法系统等行为都与传统的印度社会严重冲突，加剧了印度人对殖民者的不满。

英国在征服印度过程中，通过东印度公司雇佣了大量印度当地人组成军队，被称之为"土兵"。当东印度公司对印度的征服基本完成后，开始大量削减土兵的待遇，并派他们参加对缅战争。按照印度教传统，前往缅甸会被逐出所在种姓和居住的村落，这些措施让印度土兵十分愤怒。东印度公司还规定印度的封建王公一旦没有子嗣，死后土地将归东印度公司所有，这也引起了封建王公对英国的不满。英国人在印度开办西式学校、传播基督教、禁止寡妇殉葬的移风易俗行为也招致普通民众对英国人的强烈不满。

1857 年，印度土兵中传言东印度公司发放的步枪子弹包装纸涂抹了猪油和牛油，这种子弹的发放让印度土兵受到极大

大　事	国别	地域	公元 单位：年
巴黎爆发起义，七月王朝终结，法兰西第二共和国建立，路易·波拿巴当选总统。	法国	西欧	1848
德意志各地爆发革命。首届德国国民大会在法兰克福召开，商讨统一问题。	德意志	中欧	
维也纳发生起义，首相梅特涅逃往英国。	奥地利		
意大利各地爆发革命。	意大利	南欧	
法国、奥地利联手镇压了意大利革命。			1849
德意志各地革命相继失败，法兰克福议会被驱散。		中欧	
著名波兰音乐家肖邦在巴黎去世。	法国	西欧	
世界首届万国工业博览会（世博会前身）在伦敦开幕。	英国		1851
洪秀全领导的拜上帝会发动金田起义，持续 14 年的太平天国运动开始。	中国	东亚	
路易·波拿巴称帝，法国第二共和国终结，进入第二帝国时代。	法国	西欧	1852
俄国和土耳其之间爆发第九次战争（克里米亚战争）。	奥斯曼帝国	东欧	1853

单位： 公元 年	地域	国别	大　事
1853	东亚	日本	美国海军准将马修·佩里率军舰闯入江户湾（今东京湾），要求日本开港通商，史称"黑船来航"。
	东亚	中国	太平军攻占南京，并定都于此，改名天京。
1854	东欧	俄国	英法两国军队进入黑海，开始了对克里米亚半岛的进攻，俄国陷入不利境地。
	东亚	日本	幕府被迫与美国签订《日美和亲条约》，锁国体制结束。
	北美	美国	原辉格党、北部民主党和各反奴隶制团体联合，组成美国共和党，成为与民主党抗衡的两大政党之一。
1855	东欧	俄国	英法联军攻陷塞瓦斯托波尔要塞。沙皇尼古拉一世去世，其子亚历山大二世即位。
1856	东亚	中国	英、法联合发动第二次鸦片战争。
1857	南亚	印度	以涂油子弹事件为导火线，印度民族大起义爆发。

侮辱。5月9日，有85名印度土兵因为拒绝使用子弹被判处十年苦役，此事直接引发了士兵的反叛。5月10日，驻守密拉特的孟加拉部队发动起义，释放了85名被囚土兵，并攻击欧洲人居住区，杀光了所有被找到的欧洲人，起义军乘胜向德里进发。

早已对英国统治不满的德里当地人纷纷加入起义军队伍。早已丧失权力的莫卧儿帝国末代皇帝巴沙杜尔·沙二世宣布接受起义军推举，在名义上成为反英起义的领袖。起义军占领德里后，印度北部和中部各地纷纷爆发反英起义，年轻的詹西女王拉克希米·巴伊在当地发动起义，英国在印度北部的统治一度瘫痪。

由于复杂的宗教和民族因素，印度北部的土兵起义没有得到整个印度的呼应，印度南部地区响应起义者寥寥无几。在一些封建王公的配合下，英国人很快镇压了起义，巴沙杜尔二世被废黜，莫卧儿帝国灭亡，而詹西女王等起义领袖战死。这次起义后，英国政府收回了东印度公司在印度进行行政管理的权力，把印度变为直属英国政府的殖民地。

亚历山大二世改革

在18世纪初的彼得一世改革后，俄国很快成为在欧洲举足轻重的军事强国，但彼得和以后的历代沙皇固守君主专制和农奴制的传统让俄国在经济和社会发展程度上长期滞后。1853—1856年，在与英法进行的克里米亚战争中，俄国遭到惨败，沙皇尼古拉一世暴亡，他的长子亚历山大登基，称为亚历山大二世。亚历山大二世接手的是一个危机四伏的帝国，其国际地位一落千丈，国内各地也爆发了数百起农民暴动，曾接受过近代教育并游历过西方的亚历山大意识到，农奴制已经严重阻碍俄国发展，必须予以废除。当时俄国国内各阶层的分歧主要在于如何改革。农民希望得到土地和自由，而贵族地主同意给予农民自由，但不主张分给他们土地，因此如何处理农民所耕种的土地就成为这场改革的关键。

1861 年 3 月 3 日（俄历 2 月 19 日），沙皇颁布了《关于脱离农奴依附关系的一般农民法令》（也称二一九法令），规定农民有权享有人身自由和一般公民权，地主不能买卖农民，农民有选举权，可担任公职，经营工商业，有权出庭作证，有权接受教育，有服兵役的义务。

在财产权利上，这一法令规定农民可以获得一份土地，但要向地主缴纳远高于市场价格的赎金。农民在能够完成土地赎买之前，还需向地主承担一定义务，缴纳货币代役租和工役租，完成土地赎买后，农民才能获得完全的财产权。如农民的份地高于最高限额，地主有权割去多余部分。

这一法令让俄国几千万农奴从对贵族地主的完全依附中获得了解放，他们在法律上成为享有自由等个人权利的公民劳动者，这一改变对俄国经济社会的进步起到了极大的推动作用。但也可看出，这一法令倾向于贵族地主的利益，使得贵族地主把大片最肥沃的土地据为己有，将贫瘠

大　事	国别	地域	公元 单位：年
幕府大老井伊直弼大规模镇压尊王攘夷运动，史称"安政大狱"，明治维新先驱吉田松阴等人被判死刑。	日本	东亚	1858
著名空想社会主义者欧文去世，其代表作有《新社会观》《新道德世界书》等。	英国	西欧	
中俄签订不平等的《瑷珲条约》，清政府把外兴安岭以南黑龙江以北 60 多万平方公里土地割给俄国，乌苏里江以东 40 多万平方公里土地为中俄共管。	中国	东亚	
英国科学家达尔文发表《物种起源》，提出生物进化论。英国哲学家密尔出版《论自由》一书。	英国	西欧	1859
共和党候选人亚伯拉罕·林肯当选总统，南方一些蓄奴州决定脱离联邦。	美国	北美	1860
英法联军攻占北京，火烧圆明	中国	东亚	

公元 单位：年	地域	国别	大　事
			园。清政府与英、法、俄三国分别签订《北京条约》，俄国割占了乌苏里江以东40多万平方公里的土地。
1861	东欧	俄国	沙皇亚历山大二世下诏改革，俄国废除了农奴制。
	北美	美国	林肯宣誓就职，南部六州宣布脱离联邦，建立美利坚联盟国，美国内战爆发。
	南欧	意大利	以撒丁王国为中心的意大利王国建立。
	东亚	中国	曾国藩建立了中国第一个现代化兵工厂——安庆军械所，洋务运动开始。

的土地作为份地分给农民，而且可以从这些农民身上榨取远高于市场价格的土地赎金，借此积累巨额财富。

废除农奴制后，亚历山大二世还建立了地方议会并改革了司法体制，俄国此后在经济、文化、科学研究和教育领域获得了迅速发展。但他的改革也遭到很多人的反对，一些保守的贵族指责他背离了俄罗斯传统，而激进的革命党人指责他完全维护贵族地主的利益，几次组织对他的暗杀。1881年，亚历山大二世被革命党人刺杀身亡，而此后的亚历山大三世和尼古拉二世两代沙皇更趋保守和反动，中断了俄国的改革事业。

林肯：解放黑奴的总统

"下述真理不证自明：凡人生而平等……"这是美国《独立宣言》中最鼓舞人心的政治口号，但具有讽刺意味的是，美国建国后，在南方各州的种植园里却广泛存在着黑人奴隶制度，直到19世纪60年代，美国才在惨烈的内战后废除了这个制度。

1809年，林肯出生于肯塔基州一个并不富裕的农民家庭，没有受过正规的教育，他自学成才，先后当选为州议员，并成为了一名律师，38岁时成为联邦众议员。19世纪中期的美国社会，围绕着奴隶制的存废展开激烈的斗争，北方各州已相继立法禁止蓄奴，但在以种植园经济为支柱的美国南方各州则坚持保存奴隶制，希望把奴隶制扩展到西部各州，并几次以退出联邦相威胁。林肯不是一个激进的废奴主义者，但他反对把奴隶制扩展到新建立的西部各州。1860 年，主张废奴的共和党推举林肯为当年的总统候选人，在当年 11 月的美国大选中，林肯成功当选美国第十六任总统。南方各州无法容忍一个反对奴隶制的人出任联邦总统，在林肯就任前，南卡罗来纳州等七个州就宣布脱离联邦，自行组成美利坚联盟国（简称"邦联"）。1861 年，南卡罗来纳州军队向驻扎在本州的联邦军队进攻，挑起了内战。林肯坚决捍卫联邦的统一，他立即下令征兵，并派出部队去收复要塞。

战争初期，尽管北方各州的人力、物力远超过南方，但却普遍缺乏战争准备，几度被南方军队打败，英法等国政府也暗中支持南方。林肯并没有被这些困难击倒，而是审时度势，采取了对战局影响深远的两个政治举措。1862 年 5 月，林肯签署了《宅地法》，规定每个美国公民只交纳 10 美元登记费，便能在西部得到 160 英亩土地，连续耕种 5 年之后就成为这块土地的合法主人。这项法令赢得了众多希望获得西部土地的农民和外来移民的支持。1863 年 1 月 1 日，林肯发布了《解放黑人奴隶宣言》，宣布所有处于南方邦联政府控制下的各州黑奴即日起获得自由，这项宣言不但得到广大黑人的拥护，而且使得这场维护联邦统一的战争同时也成为为自由而战的一场斗争。

1865 年，南北战争最终以联邦政府的胜利而告终，林肯在战后不久遇刺身亡，在这一年年底，美国国会通过了第 13 条宪法修正案，宣布在全国范围内废除奴

大　事	国别	地域	公元 单位：年
联邦政府先后制定《宅地法》和《解放黑人奴隶宣言》，使联邦政府在内战中得到广大民众和黑人奴隶的支持。	美国	北美	1862
普鲁士首相俾斯麦在议会发表"铁血演说"，开始积极推动由普鲁士完成自上而下统一德意志计划。	普鲁士	中欧	
亨利·杜南等人成立了"救援伤兵国际委员会"，此即国际红十字会组织的前身。	瑞士	西欧	1863
伦敦大都会铁路通车，这是世界上第一条地铁线路。	英国		
联邦军队在葛底斯堡战役中战胜南部邦联军，此战被认为是美国内战的转折点。	美国	北美	

公元 单位：年	地域	国别	大　事
1863	东亚	日本	英国舰队炮击萨摩藩鹿儿岛，让萨摩藩认识到了西方军事的先进，西南诸藩逐渐将目标由"攘夷"转向"倒幕"。
	东欧	波兰	波兰爆发史上最大的反俄民族起义。
1864	北欧	丹麦	普鲁士和奥地利进攻丹麦，夺取了有争议的荷尔施泰因和石勒苏益格。
	西欧	英国	国际工人协会（第一国际）成立，马克思是创始人之一和实际领袖。
	东亚	中国	曾国藩的湘军攻占南京，太平天国运动被镇压。 中俄签订《勘分西北界约记》，俄国割占了中国西北44万平方公里的土地。
1865	北美	美国	罗伯特·李率美国南部联盟军队主力投降，美国内战结束。 林肯总统遇刺身亡。
1866	北欧	瑞典	阿尔弗雷德·诺贝尔发明了硝化甘油炸药。

隶制。但针对黑人和其他有色人种的种族歧视问题仍长期困扰着美国社会。一百多年来，林肯因维护联邦统一和解放黑人奴隶的功绩一直在美国人心中享有崇高威望。

明治维新

19世纪的欧美各国先后进行了工业革命，而东方的日本此时在德川幕府统治之下，仍在传统的农业社会中徘徊，直到1853年，几艘美国军舰闯入了江户湾（今东京湾）海面，日本才感受到了工业社会的巨大压力。在美国舰队的威逼下，德川幕府被迫签订了《日美亲善条约》，日本被迫接受开放港口，给予美国片面最惠国待遇等要求。此后英国、俄国和荷兰等西方国家先后都与日本签订了类似条约。一系列不平等条约的签订严重削弱了德川幕府的威信。在天皇的支持下，长州、萨摩、土佐、肥前等西南诸藩在1868年成功地发动了倒幕运动，推翻了幕府的统治。

1868年，16岁的明治天皇将日本都城从京都迁往江户，把江户改称东京。早在明治维新前，武士出身的西乡隆盛发现明治天皇天生胆小，决定着力培养天皇的武士精神，他把宫廷变成了演武场。明治天皇接受军事训练，学会了剑术、马术和技击术，在这种训练中，明治天皇逐渐从一个懦弱少年变成了一个好勇斗狠的政治家。

明治政府实行了一系列的改革，建立中央集权的政治体制。明治政府首先下令"奉还版籍""废藩置县"，结束了日本的封建割据状况。同时改革日本传统的封建等级制度，废除武士带刀等特权，通过"户籍法"建立了日本户籍制度。

　　在建立起对全国的有效统治之后，明治政府采取了殖产兴业、文明开化和富国强兵三大政策把传统的日本推向现代化。在经济方面，明治政府改革土地制度，许可土地买卖；鼓励私人工商业的发展，将不少国营企业低价或赠与以三井、三菱、安田、住友为代表的私营企业；发展全国交通，大力兴建铁路和公路。

　　在文化和教育方面，提倡西方社会文化和娱乐方式，翻译西方著作。在宗教上提倡对天皇效忠的神道教，同时取消对基督教的禁令，也允许其他宗教的存在。由于佛教戒杀思想的影响，明治维新前日本人很少吃肉，偶尔吃一顿也要关上门偷偷进行。为了推动移风易俗，明治天皇亲自倡导西方的生活方式。明治天皇带头喝牛奶，吃牛肉，一时间臣民纷纷效仿，东京每天的宰牛量从 1 头增加到 20 头。

　　军事方面，日本建立了普遍义务兵役制和预备役制度，仿照德国陆军建立现代陆军，以英国皇家海军为蓝本建立海军，大力发展国营军事工业。同时在军队里灌输忠于天皇的武士道精神，日本军部独立于内阁和议会，对天皇直接负责，这给日本埋下了军国主义隐患。

　　明治维新给日本带来了巨大的转变，日本在 19 世纪 80 年代进入产业革命的高潮，逐渐强大的日本逐步废除与西方国家的不平等条约，并很快走上扩张之路。通过甲午战争和日俄战争，日本成功侵占了中国台湾和朝鲜，跻身于世界强国之列。

大　事	国别	地域	公元　单位：年
日本西南的长州藩和萨摩藩结成秘密倒幕同盟。	日本	东亚	1866
普奥战争爆发，普鲁士成功将奥地利排挤出德意志。		中欧	
孝明天皇去世，其子睦仁即位。	日本	东亚	1867
《英属北美条约》签订，英国给予加拿大自治权，加拿大建国。	加拿大	北美	
美国从俄国手中以 720 万美元的价格购得阿拉斯加。	美国		
奥匈帝国建立。	奥匈帝国	中欧	
中国与美国签订《蒲安臣条约》，以国际法的形式确定了两国的对等地位。	美国	北美	1868
列夫·托尔斯泰出版巨著《战争与和平》。	俄国	东欧	
西南诸藩倒幕成功，天皇睦仁改元明治，颁布《五条誓文》，明治维新开始。	日本	东亚	

阅读九　进步与危机的时代

1️⃣9 世纪后期，欧美国家在物理、化学、医学等科学领域取得了巨大进步，并开始了以电力和内燃机为标志的第二次工业革命，资本主义经济由此获得了进一步发展，并出现了从自由资本主义向垄断资本主义过渡的趋势。资本主义经济发展过程中带来的严重社会问题让许多有良知的作家对道德和伦理问题给予了高度关注。美国新闻界掀起了揭露社会黑幕的"扒粪运动"，而法国工人和市民在巴黎公社运动中开始了推翻资本主义制度，建立无产阶级政权的尝试。

随着德意志和意大利统一的完成，英、法、俄、奥之间的战略缓冲区消失，欧洲强国间争夺欧洲霸权和海外殖民地的斗争更为激烈。到 19 世纪末，欧洲形成了由德、奥、意三国组成的同盟国集团和法、俄两国组成的协约国集团对峙的局面，欧洲在拿破仑战争后首次面临全面战争的威胁。

单位：公元年	地域	国别	大　事
1868	北美	美国	美国国会通过第14条宪法修正案，黑人获得公民权。
1869	东欧	俄国	俄国化学家门捷列夫编制出第一张元素周期表。
	北非	埃及	苏伊士运河通航，极大缩短了欧亚之间海上交通距离。
	北美	美国	横贯美洲大陆的太平洋铁路竣工通车。

"铁血宰相"俾斯麦

"德意志，你在哪里，在地图上我找不到这样一个地方。"这是19世纪德意志诗人海涅面对德意志四分五裂状况发出的悲鸣，而完成诗人希望德意志统一遗愿的，是曾经令众多的德意志文人和自由主义者厌恶的"铁血宰相"俾斯麦。

奥托·冯·俾斯麦，1815年生于普鲁士的容克贵族家庭，先后在哥廷根大学和柏林大学攻读法学学位。俾斯麦并不是一个好学生，他经常与同学闹矛盾并约人决斗。因为斗殴他的脸上留下一道长疤，还时常牵着一条凶悍的大狗在校园里游走，其好勇斗狠的形象显得与校园的氛围格格不入。但俾斯麦的外语和历史学得很好，这给他后来的政治生涯积累了宝贵财富。30岁时，他开始投身政界。俾斯麦在进入政界以后一直是一个保守主义者，主张维护普鲁士王室和容克贵族的利益。

1848年革命期间，俾斯麦力主镇压革命。1859年开始，俾斯麦进入外交界，先后任驻俄、驻法大使，这段外交官经历让他洞悉俄、法在德意志问题上的外交战略和彼此的矛盾，为自己积累了丰富的外交经验。1862年，国王威廉一世增加军事预算的要求被议会拒绝，进退两难，有人建议国王任用俾斯麦为首相对付议会。强硬的俾斯麦上台伊始就在议会发表了著名的"铁血演说"："不要指望用演说和决议解决当前所面对的难题，我们在1848和1849年就犯了大错，能够解决问题的应该是铁和血。"

但"铁血宰相"并不是个只会好勇斗狠的莽夫，他能够在强敌环伺的环境中寻找转瞬即逝的政治机遇，是个能玩弄对手于股掌之上的谋略家。上台后，他利用丹麦国王宣布吞并荷尔施泰因和石勒苏益格引起德意志民众愤怒的机会，联合奥地利打败丹麦并分割两地。其后，他又激怒奥地利向普鲁士开战，在萨多瓦战役中，普鲁士击败奥地利。但俾斯麦阻止了军方乘胜直捣维也纳的要求，俾斯麦的目标就是把奥地利排除在德意志联邦之外，而过分地羞辱对手将给德意志的统一制造潜在的敌人，这种见地显示了俾斯麦作为政治家的高瞻远瞩。1870 年，俾斯麦又利用西班牙王位继承问题制造了埃姆斯电报事件，被激怒的法皇拿破仑三世向普鲁士宣战，色当一战，法军惨败，法皇被俘。普军长驱直入，围困巴黎。

1871 年，在凡尔赛宫镜厅，德意志帝国宣告成立，德国统一大业终于在俾斯麦手上完成。

德国统一后俾斯麦长期担任帝国首相，他不改"铁血宰相"本色。1872 年发动的反天主教的"文化斗争"和 1878 年颁布的旨在压制德国社会民主党的《社会党人法》，都体现了他保守而强硬的执政风格。但值得称道的是，他在德国首创了社会保障体系，给工人阶级一定的福利。

俾斯麦尽管有"铁血宰相"的称号，但实际上他的政策非常具有理性与节制，他不主张德国大规模发展海军和殖民事业，以免激怒英国，他重视对俄国的笼

大　事	国别	地域	公元 单位：年
洛克菲勒创立标准石油公司。美国国会通过宪法第 15 条修正案，规定公民不得因肤色、种族而使选举权受到限制。	美国	北美	1870
普法战争爆发，巴黎爆发起义，推翻帝制，法国建立了第三共和国。	法国	西欧	
普鲁士国王威廉一世在法国凡尔赛宫加冕为德意志帝国皇帝，德国完成统一，史称德意	德国	中欧	1871

公元 单位:年	地域	国别	大 事
			志第二帝国。
1871	西欧	法国	巴黎人民起义，临时政府逃往凡尔赛，巴黎公社成立，但两个月后遭梯也尔为首的临时政府镇压而失败。

络，避免其倒向法国，从而给德国的发展营造了良好的外交环境。威廉二世即位后，俾斯麦与野心勃勃、渴望独掌大权的新皇帝发生冲突，1890 年被解除职务，1898 年，昔日的"铁血宰相"在自己的庄园与世长辞。

巴黎公社与《国际歌》的诞生

1870 年，法国在与普鲁士的色当战役中惨败，9 月 2 日，法皇拿破仑三世被俘，法兰西第二帝国随之崩溃；9 月 4 日，巴黎爆发起义，宣布成立第三共和国，由共和派和原七月王朝的奥尔良派政客们组成了新政府，被称为"国防政府"。普鲁士军队在色当战役后继续长驱直入，从 9 月 19 日开始围困巴黎，并不断对城内进行炮击。

巴黎人民自己组织了"法国国民自卫军"来保卫巴黎，人数达 30 万人左右。自卫军选举了自己的官员，多来自于工人阶级，他们进一步组建了自卫军的"中央委员会"，主要由爱国主义者和社会主义者组成，不少人是第一国际的成员，他们决定武装保卫巴黎和共和政体，与德国人血战到底。然而由巴黎上层政客组成的临时政府首脑阿道夫·梯也尔担心自卫军的激进倾向会激怒德国人，他也不想让中央委员会成为独立于临时政府之外的政治、军事中心。1871 年 3 月 18 日，梯也尔派政府军夺取蒙马特尔高地以及其他地方的大炮，但士气低落的士兵们反而倒戈，与自卫军联合起来发动了反政府起义，梯也尔等临时政府成员狼狈逃往凡尔赛，巴黎全城被中央委员会领导的国民自卫军控制。

自卫军中央委员会于 3 月 26 日举行了公社选举，有三分之二的巴黎选民参加了投票，选举出的 92 名公社议会成员中，工人占了很高的比例，还包括医生、记者出身的一些革命知识分子。

尽管公社只存在了两个月，但仍实施了诸多意义深远的革命措施。公社采用了被废弃的法兰西共和国历法，恢复了第二帝国禁唱的《马赛曲》作为法国国歌，采用象征社会主义的红旗和象征第二共和国镶着红边的三色旗为公社的标志。

公社还宣布了政教分离，给与妇女选举权、废除面包店的夜班制度、向服役期间死亡的国民自卫军未再婚配偶和子女发放抚恤金、由工人接管并运营逃跑的资本家的企业、城市当铺免费发还所有在围城期间被抵押的工人的工具以及最高价值 20 法郎的生活用品、废除官员的高薪制度，规定公社委员最高年薪不超过 6000 法郎等革命措施。这些措施充分显示了公社的人民民主和社会主义倾向，因此马克思把巴黎公社称为第一个无产阶级政权。

但巴黎公社的势力只限于巴黎市内，实力相当有限。逃到凡尔赛的临时政府于 5 月 10 日与德国政府签订《法兰克福条约》，答应赔款 50 亿法郎，割让阿尔萨斯和洛林德语区给德国。得到德国大力援助的临时政府于 5 月中旬大举进攻巴黎，开始了著名的"五月流血周"。经过一周左右的激烈战斗，孤立无援的巴黎被临时政府军队逐渐攻陷，5 月 28 日，战斗基本结束。在临时政府的血腥镇压下巴黎公社最终失败。

大　事	国别	地域	公元 单位：年
德法两国签订《法兰克福条约》，法国割让阿尔萨斯和洛林，赔款 50 亿法郎。	德国	中欧	1871

地域	国别	大 事
南欧 1871	意大利	意大利趁法国在普法战争战败之机收复法军控制的教皇领地，完成了意大利半岛的统一。
东亚 1872	中国	清政府派遣幼童留美，这是中国第一批官派留学生。
西欧 1875	瑞士	"伤兵救援国际委员会"正式更名为国际红十字会。
	法国	法国通过《第三共和国宪法》，法国共和政体得以巩固。
北欧	丹麦	著名童话作家安徒生逝世。
东亚 1876	朝鲜	日本以武力逼迫朝鲜签订《江华条约》，朝鲜被迫开国。
北美	美国	亚历山大·贝尔获得电话专利。
西欧	英国	第一国际宣告解散。
东亚	中国	左宗棠率湘军开始收复新疆的战争。
东欧 1877	土耳其	第十次俄土战争爆发，罗马尼亚、塞尔维亚和黑山先后加入俄方，共同对土耳其作战。
东亚	日本	西南战争爆发，西乡隆盛战败后自尽。

单位：年 / 公元

巴黎公社失败后不久，公社的领导人之一欧仁·鲍狄埃创作了《国际歌》歌词。后来，经工人作曲家狄盖特谱曲后，《国际歌》在全世界广泛传唱开来。

意大利的统一

位于欧洲南部的意大利有着辉煌的历史，发源于此地的罗马帝国曾经盛极一时，占领了地中海沿岸的所有土地。但到了近代，意大利却长期四分五裂，成为法国、奥地利、西班牙等国争权夺利的战场。直到19世纪，意大利只有位于西北部以都灵为中心的撒丁王国是个独立的国家。

1852年，加富尔成为撒丁王国的首相，他一方面促进经济发展，增强撒丁王国实力，另一方面在外交上为了对抗奥地利，极力促成了与法国结盟。1859年，加富尔运用政治手腕诱使奥地利对撒丁王国宣战，在法国与撒丁王国联军的联合打击下，奥军节节败退，不久法撒联军攻占米兰。意大利各地的民众纷纷起义，要求赶走外国势力，这引起拿破仑三世的担心，于是法国单独与奥地利签订停战协议，使奥地利能够继续占据威尼斯等地。1860年3月，中部意大利地区通过公投并入撒丁王国。

同年6月，意大利传奇人物加里波第召集了约1000名志愿者，组成了声名赫赫的"红衫军"远征西西里。在卡拉塔菲米山战斗中，他带领800名红衫军，装上刺刀向山上的1500名敌军发起进攻。加里波第身着红斗篷，指挥军队全力进攻，敌军最终溃败，加里波第的军队很快进入了巴勒莫，解放了西西里岛。加里波第的胜利让他获得了崇高的声望，他所到之处，民众纷纷起义予以配合，两西西里王国和那不勒斯王国很快被推翻。1860 年 10 月，加里波第把这两地的政权交给了撒丁王国。1861 年，撒丁国王伊曼纽尔二世在都灵召开全意大利议会，宣布建立意大利王国，首都为尚在教皇手中的罗马。

此后，意大利王国利用普奥战争和普法战争的机会，先后兼并了威尼斯地区和罗马地区，1871 年，意大利最终实现了统一。意大利统一后，也试图在非洲等地进行殖民扩张，但其军力和国力均与英法等殖民列强相差甚远，甚至被装备落后的埃塞俄比亚军队打败，因而俾斯麦曾嘲笑意大利："胃口是大的，牙齿却是蛀的。"

伟大的博物学家达尔文

查尔斯·达尔文于 1809 年 2 月 12 日出生于英国施鲁斯伯里，他的祖父和父亲都是医生，因此家中也希望达尔文继承父业。16 岁时，达尔文被父亲送入爱丁堡大学学习医学。但达尔文明显对自然历史更加感兴趣，一有时间他就到野外采集动植物标本。达尔文的父亲看到儿子课业成绩没有进展，将他送到剑桥大学学习人文课程，希望他以后能成为一个有不错地位和声望的圣公会牧师。但达尔文依然喜欢观察动植物，他结识了植物学教授约翰·亨斯洛，亨斯洛很快喜欢上了对博物学痴迷的达尔文，经常对达尔文进行指导。

1831 年达尔文毕业后，亨斯洛推荐他

大　事	国别	地域	公元 单位：年
第一所国立大学——东京大学建立。	日本	东亚	1877
第十次俄土战争结束，土耳其接受《圣斯特法诺和约》。	土耳其	东欧	1878
欧洲列强为解决巴尔干和两海峡问题召开柏林会议，俄国被迫接受《柏林条约》，与英、奥瓜分部分土耳其领土，博斯普鲁斯海峡不对俄国开放。	德国	中欧	
左宗棠率湘军收复了除俄国占领的伊犁外的新疆土地。	中国	东亚	
英军进攻南非的祖鲁王国，祖鲁王国战败。		南非	1879
日本侵吞琉球，将其改为冲绳县。	日本	东亚	
托马斯·爱迪生发明了具有使用价值的电灯。	美国	北美	
电磁学的奠基者之一詹姆	英国	西欧	

单位：年 公元	地域	国别	大 事
			斯·麦克斯韦去世。
1880	西欧	法国	莫泊桑的中篇小说《羊脂球》发表，使其蜚声巴黎文坛。
1881	东亚	中国	《中俄伊犁条约》签订，中国收回伊犁，但仍丧失了部分领土，并赔款 900 万卢布。
	北美	美国	《古代社会》的作者，民族学家摩尔根逝世。
	中欧		俄、奥、德三国缔结三皇同盟。
1882	北美	美国	美国颁布《排华法案》，对中国移民严加限制。
	北非	埃及	阿拉比起义被英国镇压，埃及沦为英国的"保护国"。
	中欧		德国、奥匈帝国和意大利缔结三国同盟条约。
	西欧	英国	进化论创立者查尔斯·达尔文去世。

以博物学家的身份跟随皇家海军贝尔格号军舰进行科学考察，又送给他一卷地质学家查尔斯·赖尔的《地质学原理》，这本书将地貌解释为漫长历史时间演变的结果。在南美洲进行考察的时候，达尔文在安第斯山的高处，发现了古老沙滩的遗迹，周围分布着很多贝壳残片的化石，这证明了赖尔的理论。他把自己的观察与思考以日记的形式记录下来，形成了大量珍贵的材料。

达尔文在结束这次环球航行回到英国后，投身于科学研究，一面整理自己的资料，一面思考自然进化的理论。达尔文深知在宗教氛围浓厚的欧洲否定神创论有可能带来的后果，因此他在成果发表上非常审慎而严谨。1842 年他开始把自己的观点列出一份大纲，并把这份大纲扩展成了几篇文章。直到 1859 年，他才把自己的研究成果出版，这就是著名的《物种起源》。该书论证了两个问题：第一，物种是可变的，生物是进化的；第二，自然选择是生物进化的主要动力。

《物种起源》第一次把生物学建立在科学基础之上，向神创论和物种不变理论发起挑战。此书一出，立即引起轰动，初版的 1250 册一天售完。此后二十多年，达尔文一直继续搜集资料，对自己的理论进行充实完善。在声名鹊起之后，达尔文又出版了另外几本书，其中《人类的由来及性选择》列出了人类是从较低生命形式演进而来的证据。1882 年，达尔文去世，人们把这位伟大的科学家葬在牛顿墓的旁边，表达对他的敬仰之情。

瓜分非洲的狂潮

非洲大陆是近代欧洲殖民者最早进行殖民活动的地区。早在新航路开辟时代，葡萄牙人就在非洲东西海岸建立了多个殖民据点，但非洲大陆炎热的气候和各种疾病的肆虐，使欧洲人在此后的几个世纪都难以占领广袤的非洲内陆地区。直到19世纪中期，英、法、德等欧洲主要国家相继完成了向工业国家的转型，经济和科技实力大幅提升，铁路运输技术和奎宁等抗疟疾药物的出现，才使欧洲人对非洲内陆不再视若畏途。

1878年，一直对非洲怀有野心的比利时国王利奥波德二世收买了长期在非洲内陆地区从事探险和殖民活动的英国人亨利·莫顿·斯坦利，双方达成秘密协议，斯坦利为利奥波德在指定的非洲任何地方工作5年。第二年，斯坦利开始对刚果河流域进行探险和殖民活动，他用欺骗和强迫手段与400多个非洲各地酋长签订条约，将总计200多万平方公里土地转让给了利奥波德支持下的"国际刚果协会"。比利时在刚果河流域的殖民活动引发了欧洲列强对非洲大陆的争夺，法国和葡萄牙也宣布对刚果河流域拥有主权，各国由此展开了对非洲内陆的大规模侵略和掠夺。

为协调各国在非洲问题上的矛盾，1884年11月，15个国家在柏林召开国际会议，商讨非洲问题，最终在次年签署了《柏林会议总议定书》。该议定书的主要内容是承认"国际刚果协会"所控制的广大地区为利奥波德二世的私人财产，参会的

大　　事	国别	地域	公元 单位：年
科赫发现了霍乱元凶——霍乱弧菌。	德国	中欧	1883
科学社会主义理论和第一国际的创立者马克思去世。	英国	西欧	
法国因越南问题进犯中国边境，中法战争爆发。	中国	东亚	
列强召开柏林会议，以解决在非洲的殖民冲突，从此掀起瓜分非洲的高潮。	德国	中欧	1884
福泽谕吉在《时事新报》上发表《脱亚论》，提倡日本"脱亚入欧"。	日本	东亚	1885
著名作家维克多·雨果逝世，其代表作有《悲惨世界》《巴黎圣母院》等。	法国	西欧	
卡尔·本茨设计和制造了世界上第一辆用内燃机驱动的汽车。	德国	中欧	

公元 单位：年	地域	国别	大事
1885	南亚	英属印度	印度国民大会党在孟买成立。
	东亚	中国	清政府在台湾设省，刘铭传担任首任台湾巡抚。
1886	北美	美国	法国送给美国的礼物自由女神像在美国落成。
	东南亚	缅甸	英国占领缅甸。
1888	东亚	中国	北洋水师正式成军。
1889		日本	日本公布《大日本帝国宪法》，日本成为东亚首个拥有近代宪法的立宪君主制国家。
	西欧	法国	第二国际宣告成立，并决议每年 5 月 1 日为国际劳动节。
	南美	巴西	巴西废除君主制，建立共和国。
	西欧	英国	物理学家、能量守恒定律的创立者詹姆斯·焦耳逝世。

会员国在这一地区享有自由贸易权；尼日尔河和刚果河对各国船只开放；禁止奴隶贸易；某一国家只有实际控制一个地区后，才能合法地拥有它（这就是"有效占领"原则）；任何国家在未来想拥有非洲海岸的任何部分，必须通知占有或"保护"这一地区的国家。

柏林会议确定的"有效占领"原则推动了欧洲各国对非洲各地的探险和侵占：英国控制了埃及、苏丹和南非，积极推行其从南北方向上连通非洲大陆的战略；法国占据了西非的广大地区和东非的马达加斯加，试图实现东西方向上连通非洲的计划；德国宣布对多哥、喀麦隆和西南非洲（今纳米比亚）的"保护"；意大利侵占了厄立特里亚和利比亚；葡萄牙占据了莫桑比克和安哥拉。其间，仅有阿比西尼亚（今埃塞俄比亚）皇帝孟尼利克二世率领军民挫败了意大利的侵略，维护了国家独立。绝大多数非洲地区都在这次瓜分狂潮中被欧洲各国占领，沦为殖民地。到 20 世纪初，除了阿比西尼亚和利比里亚等极少地区外，整个非洲被欧洲各国瓜分完毕。

"扒粪运动"

南北战争结束后，美国经济迅速发展，到 1913 年，美国经济总量和人均总产值均居世界第一，成为世界第一经济强国。但这一时期的腐败、贫富分化、环境污染和居高不下的犯罪率严重威胁着美国的发展和进步。19 世纪六七十年代，纽约市政部门为新建一座建筑费用约 35 万美元的法院大楼，所支付的账单却高达 800 万美元，其中的差额大多被大小政客和承包商所侵吞。与此相对照的是，很多下层平民和外来移民却生活在空间狭小、垃圾遍地、瘟疫横行的贫民窟中。

美国社会的严重问题引起了很多新闻工作者的关注，他们用媒体的影响力不断揭发美国繁荣表象下的重重黑幕。《麦克卢尔杂志》女记者爱达·塔贝尔用了五年时间对洛克菲勒创立的美孚石油公司进行调查，写下了 15 期关于美孚石油公司的报道。这些报道数据翔实、文笔生动，详细揭露了美孚石油公司在崛起和扩张的过程中采用各种不正当的竞争手段实现扩张和垄断，极大地震撼了美国公众。后来，依据塔贝尔文章中的详细材料，美国政府根据《谢尔曼反托拉斯法》对美孚石油公司进行起诉。1911 年，最高法院判定起诉有效，美孚石油公司被分成 38 个独立的企业。

1901 年开始担任《麦克卢尔杂志》主编的林肯·斯蒂芬斯则将笔锋对准了政界的腐败现象，他调查走访了明尼阿波利斯、克利夫兰、纽约、芝加哥、匹兹堡等美国大城市，连续发表文章揭露美国这些主要城市的腐败黑幕。他力图"用每一座城市来反映一种城市腐败的典型"。对圣路易斯主要揭露其贿赂问题，对明尼阿波利斯主要描写其腐败的警察系统，对费城则描写其整个社会的腐败现象。斯蒂芬斯对腐败的描写常常指名道姓、写出具体日期、贿赂的金额、讨价还价和最后分赃的数额等，有极高的可信性。

另一位著名的揭黑记者厄普顿·辛克莱则对黑幕重重的食品加工过程进行了揭

大　事	国别	地域	公元 单位：年
德皇威廉二世解除俾斯麦的首相职务。	德国	中欧	1890
国会通过了《谢尔曼反托拉斯法》，这是美国历史上第一个授权联邦政府干预经济的法案。	美国	北美	
著名画家梵高自杀身亡，其代表作有《星夜》《向日葵》等。	荷兰	西欧	
爱迪生申请到了电影摄影机的专利。	美国	北美	1891
法、俄两国在彼得堡签订军事协定，法俄同盟形成。	俄国	东欧	1892
塞缪尔·麦克卢尔创立《麦克卢尔杂志》，此杂志成为"扒粪运动"的重要阵地。	美国	北美	1893

公元 单位：年	地域	国别	大　事
1894	西欧	法国	德雷福斯事件发生，引发法国进步力量与保守势力的激烈交锋。
			国际奥林匹克委员会在巴黎成立，顾拜旦任秘书长，并亲自设计了奥运会会徽、会旗，会议通过了《奥林匹克宪章》。
	北太平洋	美国	孙中山在檀香山建立中国第一个近代革命政党——兴中会。
	东亚	中国	中日甲午战争爆发，日本在黄海海战和朝鲜战场取得胜利。
1895	西欧	法国	路易·巴斯德去世，他发明了"巴氏灭菌法"，是细菌学研究的奠基者之一。
	东亚	日本	中国在甲午战争中失败，李鸿章与日本首相伊藤博文签订《马关条约》，赔款2亿两白银，割让台湾澎湖等地。
	西欧	英国	马克思的亲密战友，国际工人运动领导人恩格斯去世。
	中欧	德国	物理学家伦琴发现了X射线。
	西欧	法国	卢米埃尔兄弟在巴黎首次放映电影。
	东亚	中国	日本镇压了台湾民众的反抗，开始对台湾进行殖民统治。

露，引起了公众对食品安全问题的关注。据说正在吃香肠的西奥多·罗斯福总统在读到他写的《屠宰场》一文中对肮脏的香肠制作车间的描写时，恶心地将香肠吐了出来，并立即敦促国会通过了关于食品安全的法令。

　　这些记者所进行的黑幕揭发运动受到知识界和下层民众的热烈欢迎，但也引起了不少政界人士的反对和抨击。西奥多·罗斯福总统就指责揭黑记者是些眼中看不见光鲜事物，一心寻找肮脏东西的"扒粪者"。这些记者则不畏政府压力，并欣然接受了这一侮辱性的称号，这就是"扒粪运动"一词的由来。后世学者对美国"扒粪运动"给予很高的评价，认为它促使美国社会进行了一系列的改革，完善了社会各项制度，避免了美国社会走向溃败。新闻记者在这场运动中所表现的对真相的追求和对抗权力的姿态，让美国新闻界备受尊重。美国新闻界收获了"第四权力"的美誉，记者也被称为"无冕之王"。

巴斯德：战胜病菌的科学家

　　1822年路易·巴斯德出生于法国汝拉省，他的父亲是拿破仑时代的一名军人，退役后成为鞋匠，家庭并不富裕。在中学期间，巴斯德的成绩算不上优秀，但他很爱提问，并逐渐对物理、化学和艺术都有了浓厚兴趣。1843年巴斯德考入法国著名的高等师范学校，攻读物理和化学的教学法，他每次在课堂上学到知识，都要到实验室用科学实验的方法进行检验，因此被同学诙谐地称为"实验室里的蛀虫"。巴斯德毕业时通过了物理教授资格考试，但巴斯德更喜欢科学研究工作，他选择了为著名科学家巴莱当助手的工作，同时做博士研究生。第二年他就获得了博士学位，开始陆续担任物理和化学教授工作。

法国是欧洲著名的葡萄酒之乡，啤酒也是法国人重要的佐餐饮料，但啤酒和葡萄酒在贮藏时常会变酸，只能倒掉，这常常给酿酒商造成惨重损失。1856 年，里尔的一位酿酒厂厂主找到巴斯德，希望他帮自己找到防止酒变质的方法。巴斯德用显微镜观察变质的酒液，发现了使酒变质的元凶——乳酸杆菌。巴斯德经过多次实验来寻找杀死这种细菌又不破坏酒的方法。最终他发现以 50℃—60℃的温度加热啤酒半小时，即可有效杀灭细菌，这就是"巴氏灭菌法"。这一方法挽救了法国的酿酒业，至今还普遍用于对鲜奶的消毒。

巴斯德还对发酵现象进行了研究，在这一研究过程中他否定了原本盛行于科学界的"自然发生论"。这种学说认为老鼠、蛆虫和跳蚤等都是从泥土和腐肉等自然物质中产生的。巴斯德用一个曲颈瓶和一个直颈瓶分别盛装肉汤，并用火加热进行杀菌后放置起来。由于曲颈瓶中的肉汤不与空气接触，放置了四年都没有变质。而直颈瓶中的肉汤由于接触空气，很快变质。这说明各种生物都不会直接从自然中发生，细菌也是如此。为此，人们也知道了伤口感染和瘟疫流行的真正原因，医疗水平由此得到了很大提高。

此后，巴斯德还发现并制造出世界上最早的狂犬疫苗，挽救了成千上万被患狂犬病

大　事	国别	地域	公元 单位：年
马达加斯加成为法国殖民地。	马达加斯加	东非	1896
第一届现代奥林匹克运动会在希腊举行。	希腊	东欧	
马可尼在英国演示电报技术，获得技术专利。	英国	西欧	
著名科学家，诺贝尔奖创立者阿尔弗雷德·诺贝尔去世。	瑞典	北欧	
物理学家约瑟夫·汤普逊发现电子。	英国	西欧	1897
作家左拉在《震旦报》上发表《我控诉》一文，德雷福斯事件迅速发酵。《我控诉》被看作近代知识分子诞生的宣言。	法国		1898
美国军舰"缅因"号爆炸，美西战争爆发，西班牙战败，双方签订了《巴黎和约》，美国控制了古巴和菲律宾。	古巴	北美	
光绪帝下《定国是诏》，开始变法维新，但持续百日即被慈禧太后镇压而失败。	中国	东亚	
英法为争夺非洲殖民地发生"法绍达冲突"，最终双方妥协，英国占领苏丹尼罗河流域，法国占领苏丹西部。	苏丹	东非	
居里夫妇先后发现放射元素钋和镭。	法国	西欧	
"铁血宰相"俾斯麦去世。	德国	中欧	
德国强迫中国签订《胶澳租界条约》，租借胶州湾。	中国	东亚	

单位：年 公元	地域	国别	大　事
1899	北美	美国	美国提出在中国实行"门户开放"政策。
	中欧	奥匈帝国	《蓝色多瑙河》的作者，音乐家小约翰·斯特劳斯去世。
	中美洲	巴拿马	2月5日，美英签订《海约翰－庞斯弗斯条约》。美国获得开辟巴拿马运河的权利，但不得在当地驻军。
	西欧	英国	2月27日，独立工党、费边社和社会民主联盟等政治团体合并，组成了劳工代表委员会，即英国工党的前身。
	北太平洋	美国	4月30日，夏威夷正式成为美国国土。
	北欧	瑞典	6月29日，瑞典政府批准设置诺贝尔奖基金会，诺贝尔奖正式设立。
1901	大洋洲	澳大利亚	1月1日，澳大利亚联邦成立，成为英国自治领。
	西欧	英国	1月22日，维多利亚女王逝世，其长子爱德华七世即位。
	东亚	中国	9月7日，中国与英、美、俄、德、日、奥、法、意、西、荷、比十一国签订《辛丑条约》。
	北欧	瑞典	12月10日，颁发第一届诺贝尔奖。12月12日，意大利工程师马可尼完成跨大西洋无线电传送。
1902	西欧	英国	1月30日，为对抗俄国在远东的扩张，英日两国签订《英

动物咬伤者的生命。1895年，巴斯德病逝。

日俄战争：攻陷旅顺与对马海战

1900年，衰弱的清政府在八国联军入侵时一败涂地，一直企图侵占中国东北的沙俄趁机出兵占领了东北，这引起了同样觊觎中国东北的日本极度不满。而英国也希望遏制俄国在远东的扩张，1902年1月，英国与日本签订《英日同盟条约》，结成了针对俄国的军事攻守同盟。有了"日不落帝国"的撑腰，日本对俄态度日趋强硬。日本军方认为，必须抢在俄国西伯利亚铁路全线贯通之前发动战争，日本才有获胜的希望。1904年2月6日，日本宣布断绝日俄关系。2月8日，日本海军不宣而战，偷袭驻扎在旅顺的俄国太平洋分舰队，日俄战争爆发。

为了抢在俄国波罗的海舰队到达远东前歼灭旅顺口的俄军舰队，日本专门组织了精锐的第三军执行攻占旅顺的任务，任命曾在甲午战争中攻陷旅顺的乃木希典为军长，并为第三军配置大量攻城炮。然而，日本在旅顺打得十分艰苦，俄军在旅顺要塞修筑了坚固的防御工事，守军有4万人，并装备有马克沁机枪和手榴弹。从8月19日到8月24日的首次强攻中，第三军死伤近2万人，一些日军士兵为了逃避向要塞的自杀式冲锋甚至自残，日军被迫放弃了迅速攻占旅顺的打算，改为长久围困。日本加强了第三军兵力，并从国内运来了28cm口径的巨炮，乃木希典在9月和10月又发动两次强攻，但仍未攻克旅顺。大山岩派遣参谋长，有"智将"之称的儿玉源太郎暂代乃木指挥，儿玉调整部署后很快攻下了关键的 203 高地，使得日本炮兵可以炮击旅顺港内俄国舰队，俄国太平洋分舰队因此全军覆没。日本联合舰队由此解除了后顾之忧，可以全力迎击远道而来的俄国波罗的海舰队。

1905 年 5 月俄国波罗的海舰队到达远东地区时，官兵已十分疲惫，司令罗日杰斯特温斯基对敌情一无所知。而日本方面的侦查工作十分出色，东乡平八郎对俄国舰队情况了如指掌。1905 年 5 月 27 日，日本联合舰队在对马海峡对俄军舰队发起攻击，东乡平八郎指挥舰队冒着被俄舰攻击的危险，迂回包围俄国舰队，而俄舰指挥混乱，未能利用这一战机，日本海军在展开有利阵型后，首先对俄军旗舰"苏沃洛夫"号集中火力进行打击，半小时后，"苏沃洛夫"号被迫退出战斗，总司令罗日杰斯特温斯基身负重伤，失去指挥的俄军舰队一片混乱，最终被全歼，罗日杰斯特温斯基也成为俘虏。

对日作战失败和 1905 年革命的爆发，迫使沙皇政府与日本签订《朴茨茅斯和约》，承认了日本对朝鲜的占领，并把中国东北南部的种种侵略特权转让给日本。日本由此跻身世界强国之列。

易卜生：现代戏剧之父

19 世纪中期，经历了工业革命洗礼的欧洲社会迅速发展，引领着世界的潮流，然而一位挪威剧作家却通过自己的作品让人们看到了欧洲社会隐藏的丑恶与虚伪，让人们对自己生活的社会有了新的思考，

大　事	国别	地域	公元 单位：年
日同盟条约》，英国不再坚守"光荣孤立"的外交政策。			
6 月 16 日，亨利·福特建立了福特汽车公司。	美国	北美	1903
11 月 18 日，美国与巴拿马签订条约，巴拿马以 1000 万美元的价格将巴拿马运河主权转让给美国。	巴拿马	中美洲	
12 月 10 日，因在放射性物质研究上的贡献，居里夫妇和亨利·贝克勒共同获得了诺贝尔物理学奖。	法国	西欧	
12 月 17 日，莱特兄弟完成了人类首次飞行。	美国	北美	
2 月 8 日，日本不宣而战，偷袭驻旅顺口的俄国太平洋分舰队，日俄战争爆发。	中国	东亚	1904
1 月 22 日，圣彼得堡群众游行被沙皇政府血腥镇压，俄国多地爆发起义，史称 1905 年革命。	俄国	东欧	1905
3 月 4 日，西奥多·罗斯福连任总统。	美国	北美	
6 月 30 日，爱因斯坦发表《论动体的电动力学》，阐述狭义相对论。	瑞士	西欧	

公元 单位：年	地域	国别	大　事
1905	东亚	日本	8月20日，孙中山等革命者在东京联合各革命团体，建立了全国性革命组织——中国同盟会。
	北美	美国	9月5日，日本在日俄战争中获胜，日俄签订《朴茨茅斯和约》，朝鲜和中国东北南部成为日本的势力范围。
	西欧	法国	12月9日，法国议会通过《政教分离法》，确定政教分离的原则。
1906	东欧	俄国	5月10日，首届国家杜马会议召开。
	北欧	挪威	5月23日，著名剧作家易卜生去世。

他就是亨里克·易卜生。

1828年3月20日，易卜生出生于挪威南部的希恩镇，父亲是位木材商人。16岁时，易卜生到一家药店做学徒，在工作之余经常阅读莎士比亚、歌德和拜伦等人的作品，并开始尝试写诗。1879年，易卜生创作了剧本《玩偶之家》。该剧讲述了主人公娜拉伪造父亲签字向人借钱，为丈夫海尔茂医病。丈夫了解原委后，生怕因此影响自己的名誉地位，怒斥妻子下贱无耻。当债主在娜拉的女友感化下主动退回借据时，海尔茂又对妻子装出一副笑脸。娜拉看透了丈夫的自私，不甘心做丈夫的玩偶，愤然出走。我国文学界评价《玩偶之家》反映了资本主义社会人性的虚伪和家庭关系的冷漠。但实际上，易卜生作品的现代性恰恰体现了人性的复杂。他的作品不是简单的善恶对立，而是社会伦理的冲突。娜拉的悲剧是现代社会女性对男女平等的追求和传统社会对女性"贤妻良母"形象要求之间的冲突。

《玩偶之家》上演后，引起了社会的广泛反响，娜拉追求个性解放，不甘于"贤妻良母"角色的做法，引发很多上层社会人士的激烈批评，甚至一些人指责易卜生的作品伤风败俗，但易卜生不为流言所动，他把自己对社会的思考融入剧作，继续写出了《群鬼》和《人民公敌》等作品，用剧作揭露那些绅士、夫人们彬彬有礼外表下的道貌岸然。易卜生的剧作对现代戏剧发展有着深刻和广泛的影响，易卜生也被后人誉为"现代戏剧之父"。

1906年，78岁的易卜生在奥斯陆去

世，挪威议会和各界人士为这位现代戏剧大师举行了国葬，他的剧作今天依然在世界各地上演。

门捷列夫与元素周期表

打开现在的化学教科书，几乎每本书后面都会附着一张元素周期表，足见该表对化学研究的意义非同小可。它的发明者，是俄国著名化学家门捷列夫。

门捷列夫自小对科学很感兴趣，后来进入圣彼得堡大学工作，负责讲授《化学基础》课程。但是自然界当中有多少元素，各元素之间有什么异同和联系，新的元素要怎样去发现，当时的化学界对这些问题还处于探索阶段。通过各国科学家的不断努力，当时已经发现了63种元素，但这些元素尚未被人们科学的排列，当时德国科学家德贝莱纳、法国科学家尚古多和英国科学家约翰·纽兰兹等人都试图对已发现的元素进行科学分类和有机排列，但都没有取得理想的效果。

为了找出各元素间的关系，门捷列夫走出了实验室，到外界去考察和整理资料。1859年，门捷列夫前往德意志最古老的海德堡大学进行深造。海德堡大学的学习让他强化了自己在物理和化学方面的知识，使他的科研基础变得更扎实了。1862年，门捷列夫前往巴库油田进行考察，他重测了石油中一些元素的原子量，对元素的特性有了进一步了解。1867年，门捷列夫考察了法国、德国和比利时的一些化工厂和实验室，这些经历让他大开眼界，接触到了化学最前沿的发展。

大　事	国别	地域	公元 单位：年
11月3日，国际无线电会议决定以"SOS"为国际求救信号。	德国	中欧	1906
11月9日，斯托雷平改革开始，沙皇颁布敕令，允许农民把村社份地确认为私有财产。	俄国	东欧	
1月20日，元素周期表的创立者门捷列夫去世。			1907
7月25日，日本强迫朝鲜接受协定，对朝鲜进行全面的监督管理，朝鲜沦为日本保护国。	朝鲜	东亚	
9月27日，新西兰获得自治领地位。	新西兰	大洋洲	

单位：年 公元	地域	国别	大　事
1907	西欧	荷兰	10月18日，《和平解决国际争端公约》（海牙公约）签订。
1908	东欧	奥斯曼帝国	7月3日，青年土耳其党人起义。
	北美	美国	7月26日，美国司法部长查尔斯·约瑟夫·波拿巴组建调查局，这是美国联邦调查局（FBI）的前身。
			9月27日，福特T型车面世。廉价的福特T型车让汽车成为大众消费品，逐渐让美国成了"在车轮上的国家"。
	中欧	奥匈帝国	10月5日，奥匈帝国宣布兼并波斯尼亚和黑塞哥维纳两地，引发波斯尼亚危机。
	东亚	中国	11月14日，光绪帝载湉去世，次日慈禧太后去世，3岁的溥仪即位，其父醇亲王载沣摄政。
1909	北美	美国	3月8日，芝加哥妇女举行示威游行，要求男女平等权利，这成为国际妇女节的由来。
	东亚	中国	10月26日，日本政治元老伊藤博文在哈尔滨车站被朝鲜志士安重根刺杀。
1910	北美	美国	4月21日，美国著名作家马克·吐温去世，代表作有《汤姆索亚历险记》等。

回到俄国的门捷列夫重返实验室，经过辛勤的工作，1869年2月19日，门捷列夫终于发现了元素周期律，并依此发表了世界上第一份元素周期表。他的周期律说明简单物体的性质，以及元素化合物的形式和性质，都和元素原子量的大小有周期性的依赖关系。同时门捷列夫也大胆指出先前人们对一些元素的原子量的认识并不正确。如，那时金的原子量被公认为169.2，按此在元素表中，金应排在锇、铱、铂的前面，而门捷列夫坚定地认为金应排列在这三种元素的后面，原子量都应重新测定。后来重测的结果，锇为190.9、铱为193.1、铂为195.2，而金是197.2。实践证实了门捷列夫的论断，也证明了周期律的正确性。

1907年，门捷列夫因病去世，几万民众自发组成了送葬队伍，队伍最前面不是他的遗像和花圈，而是他的几十个学生抬着的大木板，上面刻着这位伟大的科学家留给世界的遗产——元素周期表。

文学泰斗托尔斯泰

爱好文学的人一定会对列夫·托尔斯泰耳熟能详，这位伟大的俄国作家用自己的生花妙笔把19世纪的俄国社会描绘得活灵活现，留下诸多不朽的作品。

1828年，列夫·托尔斯泰出生在俄国图拉省的一个贵族世家。童年时代，他的母亲和父亲先后亡故，他的姑妈把他抚养成人。1851年，托尔斯泰追随长兄尼古拉到了高加索地区，开始了他的军旅生涯。1854年他调到多瑙河部队，参加了克里米亚战争中最残酷的塞瓦斯托波尔保卫战。这些经历给他日后的写作积累了丰富的素材，也让他对俄国社会有了全新的认识。1862 年，34 岁的托尔斯泰和 17 岁的索菲亚·别尔丝结婚，尽管两人的教育水平和思想观念有着巨大的差别，但有了妻子帮他管理庄园和打理生活，托尔斯泰可以全力投身到他所喜爱的文学创作中去。1863 年开始，他用了 6 年的时间完成了巨著《战争与和平》。这部史诗般的小说以 1812 年俄国军民抵御拿破仑入侵的卫国战争为背景，把包括拿破仑、沙皇亚历山大一世、俄国老帅库图佐夫与数百个形形色色的人物放到了一幅波澜壮阔的历史画卷中，鲜活地重现了 19 世纪初的俄国社会，讴歌了朴实勇敢的俄罗斯下层民众。

1877 年，托尔斯泰另一部巨著《安娜·卡列尼娜》问世。贵族出身的安娜·卡列尼娜对丈夫的虚伪和冷漠感到无法忍受，渴望找到真正的爱情和幸福。但她无法完全脱离贵族社会，也无力面对道德的压力，最终卧轨自杀。这部小说反映了农奴制改革后俄国贵族家庭关系和思想观念的蜕变。

托尔斯泰从 1889 年开始，用十年时间完成了他晚年代表作《复活》的写作。该作品描写了贵族青年聂赫留朵夫诱奸姑母家中养女、农家姑娘卡秋莎·玛斯洛娃，导致她沦为妓女；而当她被诬为谋财害命时，他却以陪审员身份出席法庭对她的审判。这部小说表达了托尔斯泰对贵族玩弄权术，鱼肉人民的强烈谴责和对下层民众的深切同情。

大　事	国别	地域	公元 单位：年
5 月 17 日，细菌学的重要奠基者，德国科学家罗伯特·科赫去世。	德国	中欧	1910
8 月 13 日，弗罗伦斯·南丁格尔去世，她为改善战地医疗护理做出了巨大的贡献。	英国	西欧	
8 月 22 日，《日韩合并条约》签订，日本正式吞并朝鲜。	朝鲜	东亚	
8 月 27 日，托马斯·爱迪生发明有声电影。	美国	北美	
11 月 20 日，离家出走的文学家列夫·托尔斯泰在俄国边境小站去世。	俄国	东欧	
7 月 1 日，德国战舰驶入摩洛哥港口阿加迪尔，引发第二次摩洛哥危机。	摩洛哥	北非	1911
9 月 29 日，意大利为掠取利比亚，向奥斯曼土耳其宣战，意土战争爆发。这场战争中飞机首次用于军事行动。	利比亚		
10 月 10 日，武昌新军发动起义，很快得到全国很多地区的响应，形成了声势浩大的辛亥革命。	中国	东亚	
10 月 29 日，荷兰物理学家海克·昂内斯发现超导现象。	荷兰	西欧	
10 月 29 日，欧内斯特·卢瑟福在实验中发现原子核。			
2 月 12 日，宣统皇帝溥仪下	中国	东亚	1912

单位：年 公元	地域	国别	大 事
			诏退位。
1912	北美		4月15日，"泰坦尼克"号在首航中因与冰山相撞沉没，造成1522人遇难，这促成一系列航海安全措施的改进。

托尔斯泰晚年与妻子别尔丝的关系趋于紧张，别尔丝从托尔斯泰早年日记中得知了他年轻时候的诸多放荡行为，而晚年托尔斯泰日趋激进的思想也使他和妻子格格不入，1910年11月，82岁的托尔斯泰秘密离家出走，最后客死在阿斯塔波沃车站站长室内。他的遗体被安葬在亚斯纳亚—博利尔纳那片他童年玩耍过的小树林内。

世界现代史

第一次世界大战至今属于世界现代史阶段。我们所说的现代史，包括我国世界史学界过去所说的"世界当代史"时期，即1945年第二次世界大战结束之后的历史。按照现在我国世界史学界的通例，本书不再区别这两段历史。

19世纪末两大军事集团对峙的局面在20世纪初进一步加剧。英国加入协约国阵营既是英德矛盾激化的表现，也是进一步激化英德矛盾的催化剂。随着斐迪南大公夫妇在萨拉热窝被刺杀，两大阵营的成员国相互宣战，大战爆发。战争中，交战双方无所不用其极，机枪、远程大炮、坦克，甚至毒气都被用到了战场上。欧洲人自由、理性的形象在这场自相残杀中荡然无存。随着美国的加入，协约国阵营取得了最终胜利。这场大战造成上千万人的死亡，财产损失不计其数。战后的《凡尔赛和约》要求德国割地赔款，承担全部战争责任，激起了德国民众强烈的愤恨和民族情绪，给国际社会埋下了重启战端的巨大隐患。

列宁领导下的俄国布尔什维克党在十月革命中夺取了政权并退出战争，建立了世界上第一个社会主义国家。在斯大林确立的政治和计划经济体制下，苏联走上了一条不同于西方的道路，对世界历史产生了重大影响。

一战后，惨重的经济损失让欧洲开始丧失了世界经济中心的地位，而本土未受战争波及的美国成了世界经济的新引擎。美国经济在20世纪20年代长期繁荣，但美国政府放任经济走向泡沫化和投机化，最终导致1929—1933年大萧条的发生。罗斯福总统上台后，美国才用政府干预经济的手段逐渐走出危机。大萧条扩展至全球，引发了严重的政治后果。日本军人发动九一八事变，侵占了中国东北。而德国人在严重的经济危机中，将希特勒推上了总理宝座。

随着德、日、意法西斯势力的崛起，欧洲又陷入世界大战的危险之中，但一战的惨痛记忆与和平思潮让英法两国民众不愿面对战争，加之世界对法西斯势力的邪恶本质还有一个认识过程，因此英法两国领导人长期对法西斯国家实行绥靖政策。随着纳粹德国突袭波兰，第二次世界大战全面爆发，绥靖政策彻底破产。面对共同敌人，二战爆发后的几年里，英、美、苏等国逐步搁置意识形态和社会制度上的对立和分歧，结成了反法西斯同盟，保证了战争的最后胜利。为了加强国际合作，维护战后世界和平，反法西斯国家建立起国际货币基金组织、国际复兴开发银行和联合国等机构，但这并未弥合苏联与英美之间的分歧。

二战结束后，苏联和英美之间因意识形态和制度对立产生的矛盾日益明显，杜鲁门发表了"冷战演讲"，表示美国将负起"世界的领导责任"，并将援助"自由国家和人民"，从而拉开了冷战的序幕，世界也进入了两极对峙格局。这一格局深刻影响了 20 世纪后半期的国际政治和人们的思维方式。

二战后新的全球化趋势并没有因两极格局而减速，在电子计算机、核能、生物技术和航天技术等新兴科技的带动下，人类社会开始了第三次工业革命，未遭战争破坏又吸引了很多欧洲科学家的美国在这次科技革命中占尽先机。西欧各国和日本也抓住新科技革命的机会大力发展新兴产业，推动国民经济的迅速恢复和发展。韩国、新加坡等亚洲国家和香港、台湾地区充分利用国际市场，积极参与国际分工，利用新技术革命带来的机遇，在经济和社会发展水平上获得飞速发展，令世界瞩目。

采用苏联体制的社会主义国家在战后重工业上有所发展，但对农业和轻工业的忽视让社会主义国家民众的生活水平提高缓慢，由此导致了民众的不满，而部分领导层思维僵化和公权力的腐败加剧了社会危机。随着苏共二十大暴露出斯大林模式的严重问题，波兰和匈牙利都发生了群众运动。中国则爆发了"文化大革命"，使中国经济走到了崩溃的边缘。但苏联和东欧社会主义国家并未能进行有效改革，最终导致了 20 世纪末的东欧剧变和苏联解体。而位于亚洲的中国和越南两国通过改革开放，走上了符合自身国情的社会主义发展道路。

两极对峙格局随着东欧剧变和苏联解体而结束，随着国际局势的缓和，和平与发展进一步深入人心。在互联网、基因技术、纳米技术等新技术推动下，新一轮科技革命再度展开，全球化趋势更加明显。随着信息技术的发展和世界市场的进一步成熟，国际资本的流动更加自由，世界各国之间的信息交流也更为频繁和快捷。

回首 20 世纪以来的历史，尽管有两次世界大战与冷战对峙的阴影，但人类在 20 世纪还是取得了前所未有的成就。在这一时期，人类的科技成就和经济发展速度远超以前，而且民主、法治、自由、平等等思想已为世界大多数国家和地区的人们所接受，男女公民皆享有选举权和被选举权已成为大部分国家的共识。种族、民族和性别平等成为社会发展水平的重要标志。然而，全球化在带来经济发展和社会进步的同时也产生了很多问题，包括国家、地区之间贫富差距的扩大、环境污染、一些落后地区的粮食短缺与艾滋病泛滥等。这些问题都需要各国政府和人民加强合作，共同解决。

阅读十　走向衰落的欧洲

2 0 世纪初的欧洲集中了世界上的主要强国，是世界的经济、政治和文化中心，但第一次世界大战让欧洲遭受了惨重的人员伤亡和财富损失，欧洲由此从世界霸主的地位上滑落下来。

美国成为一战最大的受益者，战争贸易中积累的巨额财富和长时间的经济发展让美国取代欧洲成为世界经济中心。巴拿马运河的开凿和华盛顿会议极大地增强了美国的政治和海军实力。1929 年，美国陷入经济危机之后，世界各国也被卷入了前所未有的萧条之中。

公元 单位： 年	地域	国别	大　事
1912	东欧	门的内哥罗	10月8日，门的内哥罗向奥斯曼土耳其宣战，第一次巴尔干战争爆发，此后保加利亚、塞尔维亚和希腊也相继对土宣战。
1913	西欧	英国	5月30日，在欧洲列强斡旋下，土耳其与巴尔干四国同盟签订《伦敦和约》，土耳其出让大片领土给巴尔干四国，其欧洲领土仅剩伊斯坦布尔和东色雷斯地区。
	东欧		6月29日，巴尔干同盟分裂，以保加利亚为一方，塞尔维亚、希腊和罗马尼亚为另一方的第二次巴尔干战争爆发。
	北美	美国	10月7日，福特公司在工业生产中首次使用流水线。
1914	东欧	奥匈帝国	6月28日，奥匈帝国皇储斐迪南大公夫妇在萨拉热窝遇刺身亡，这一事件成为第一次世界大战的导火索。

萨拉热窝事件

19世纪后期，德国在打败法国后完成国家统一并迅速崛起，成为欧洲大陆上最强大的国家。为防止法国复仇，确保德国的"绝对安全"，德国在1879年同奥匈帝国签订秘密的同盟条约，不久意大利在与法国争夺突尼斯的斗争中失败后也加入其中，1882年5月20日三国缔结同盟条约。

法国为打破德国的外交孤立，不断拉拢与奥匈帝国在巴尔干问题上矛盾尖锐的俄国，双方在1894年缔结军事同盟。而德皇威廉二世即位后扩张海军和抢占殖民地的"世界政策"也让英国感到了威胁，因此英国在20世纪初先后与俄、法联手，组成了协约国集团。两大阵营的对峙导致20世纪初的欧洲国际关系高度紧张。巴尔干地区由于地处俄国、奥匈帝国和奥斯曼帝国之间，民族和宗教矛盾重重。奥匈帝国和俄国对塞尔维亚的争夺更让巴尔干半岛暗流涌动。

1914年6月，奥匈帝国王储斐迪南大公携妻子索菲亚到毗邻塞尔维亚的波斯尼亚阅兵。塞尔维亚的民族主义团体"黑手社"派出了七位杀手刺杀斐迪南。6月28日，大公夫妇乘坐敞篷汽车去市政厅参加欢迎仪式，杀手查普林诺维奇向汽车投掷炸弹，炸弹爆炸后他自己迅速服毒跳入河中，但很快被抓获，大公夫妇毫发未伤，只有几位市民受伤。斐迪南生气地对市长说："我到这里访问，你们就用炸弹欢迎我么！"市长拿着准备好的欢迎词，哆哆嗦嗦地念着:"值此殿下访问之际,我们心中充满了欢乐……"欢迎仪式结束后,斐迪南决定去医院看望伤者,在车子转过一个街角减速时,埋伏在人群中的黑手社成员普林西普向大公夫妇开枪,一颗子弹击中斐迪南颈部,顿时血流如注,大公的最后一句话是:"索菲,为了我们的孩子,你要活下去。"但索菲亚也当场被射杀。

萨拉热窝事件发生后,德皇威廉二世对好友斐迪南大公之死深感震惊,表示支持奥匈帝国对塞尔维亚采取强硬政策,并说"要么立即清算,要么永远不"。威廉二世认为当时英国正因爱尔兰问题焦头烂额,无力参战,而且兵力雄厚的俄国正在大规模修筑铁路,德国要在俄国铁路修好之前"解决问题",因此他支持奥匈帝国对此事件采取强硬态度。7月23日下午,奥匈帝国向塞尔维亚发出包括十项苛刻内容的最后通牒,塞尔维亚接受了绝大部分条款,但奥匈帝国已决心趁此机会发动战争。

1914年7月28日,奥匈帝国向塞尔维亚宣战,此举引发沙皇俄国的激烈反应,7月30日,俄国进行总动员,援助塞尔维亚。8月1日德国对俄宣战,并向法国发出最后通牒,要求法国保持中立,在遭到拒绝后,8月3日德国对法宣战。为避免两线作战的困境,德国决定采用速战速决的施立芬计划。8月4日德国入侵永久中立国比利时,英国对德宣战;8月12日英国对奥匈帝国宣战。至此欧洲主要大国全部卷入这场持续四年,造成数千万人

大 事	国别	地域	公元 单位:年
7月23日,奥匈帝国就斐迪南被刺事件向塞尔维亚发出最后通牒。	奥匈帝国	中欧	1914
7月28日,奥匈帝国向塞尔维亚宣战,以德、奥为首的同盟国和以英、法、俄为首的协约国进行的第一次世界大战爆发。			
7月30日,俄国宣布总动员令,支援塞尔维亚。	俄国	东欧	
8月1日,德国向俄国宣战,并向法国发出最后通牒,要求其在德俄战争期间保持中立。法国拒绝,并发布总动员令。	德国	中欧	
8月2日,德国入侵卢森堡。	卢森堡	西欧	
8月3日,德国向法国正式宣战。	德国	中欧	
8月4日,德国入侵此前宣布中立的比利时,英国依据维护比利时中立地位的《伦敦条约》对德国宣战。	比利时	西欧	
8月6日,奥匈帝国对俄国宣战,塞尔维亚对奥匈帝国宣战。	奥匈帝国	中欧	
8月12日,英国对奥匈帝国宣战。	英国	西欧	

单位：年 公元	地域	国别	大 事
1914	中美	巴拿马	8月15日，巴拿马运河完成试航。
	北美	美国	8月18日，美国总统威尔逊宣布美国在第一次世界大战中保持中立。
	西欧	法国	9月5日，英法军队与德军之间爆发了第一次马恩河战役，经过数日苦战，德军于9日开始撤退。双方累计伤亡人数约50万。
	东欧	奥斯曼帝国	10月29日，奥斯曼帝国正式对协约国宣战。
	东亚	中国	11月7日，日军击败德军抵抗，攻占青岛。
1915	西欧	比利时	4月22日，德军在伊普雷战役中首次使用毒气，给协约国造成重大伤亡。
	南欧	意大利	5月23日，意大利退出同盟国，转投协约国阵营，并向奥匈帝国宣战。
	中欧	德国	12月19日，发表"阿兹海默"病例（老年痴呆症）的德国精神病学家阿兹海默去世。
1916	东欧	奥斯曼帝国	1月9日，加里波利战役结束。协约国50万参战部队伤

员伤亡的世界大战之中。

巴拿马运河

在中美洲的巴拿马，有一条著名的巴拿马运河连接着太平洋和大西洋，运河承担着全球5%的货运量，这条在地图上看去窄窄的水道，开凿之时不仅历尽艰险，还引发了当地政治格局的巨变。

曾经控制中南美洲的西班牙人在16世纪就曾设想在中美洲修建连接两洋的运河。拉美独立运动后，巴拿马地区成为新独立的哥伦比亚共和国的领土，哥伦比亚政府曾想与美国合作开凿运河，但美国在通过条约拿到巴拿马地区的特权后，迟迟没有动工，让哥伦比亚政府认为美国只是想控制巴拿马地区，并不想修建运河。在法国外交官雷赛布的活动下，哥伦比亚政府把工程承包给了法国。法国人于1880年开始对巴拿马运河施工，但由于施工者对巴拿马地区的地形和气候考虑不足，使疟疾和黄热病夺走了很多工人和技术人员的生命；工程进行四年后，法国人发现巴拿马地峡临太平洋一端的海面，比加勒比海一端要低五六米，根本无法修建海平式运河。1889年，法国宣布巴拿马运河公司破产。

1903年11月，巴拿马宣布独立，美国迅速与巴拿马政府签订修建运河的条约。条约规定，美国保证巴拿马的独立，巴拿马把宽10英里、面积1432平方公里的运河区交给美国永久占领、控制。美国人的介入使停顿的运河工程得以全面恢复，1904年，美国购买了破产的法国巴拿马运河公司；派出了以威廉·C·乔戈斯医生为首的卫生团队到运河地区采取消灭黄热病的卫生措施；针对巴拿马地峡两端海平面有高差的问题，美国人采用了阶梯式的运河模式。1913年10月10日，巴拿马运河终于宣告竣工。

1914年8月15日，运河正式通航，这极大地缩短了美国东西海岸间的航线距离，但这条运河及附近的"运河区"长期被美国控制。1999年，美国把运河区主权交还巴拿马政府。

毒气战与1925年日内瓦议定书

1915年4月，西线战场仍处于对峙中，尽管此时德军主力正在东线与俄国军队作战，但总参谋长法金汉将军却不甘在西线无所作为，命令前线将领利用较少的兵力发动进攻，使毒气这一秘密武器被派上用场。4月22日，德军对位于伊普雷的协约国军队阵地进行了90分钟的炮击，随后炮声骤停，协约国军队发现有一阵黄绿色的烟雾向他们袭来，当这股烟雾飘到他们近前时，所有人都感到眼睛、鼻子和咽喉里烧灼般的疼痛，很多人感到窒息，这就是德军在这次行动中向协约国军队施放的160多吨氯气。

伊普雷仅仅是一战中毒气战的开始，随后德军的毒气弹不断"升级"。在凡尔登战役中，德军首次使用具有窒息性的光气毒气弹，并与大量催泪弹一起向法军阵地发射，造成不少法军士兵呼吸道灼伤和肺部积水。此后德军又将糜烂性的芥子气用于战场，一次就造成上万英军中毒。德

大　事	国别	地域	公元 单位：年
亡过半，奥斯曼帝国也遭到了相近损失。			
2月21日，德军进攻凡尔登要塞，凡尔登战役爆发。	法国	西欧	1916
5月31日—6月1日，英国与德国舰队在丹麦日德兰半岛海域进行了第一次世界大战期间最大规模的海战——"日德兰海战"。英军取得战略性胜利。	丹麦	北欧	
6月16日，袁世凯病逝，副总统黎元洪接任大总统职位，但实际权力控制在总理段祺瑞手中。中国陷入军阀混战局面。	中国	东亚	
6月24日—7月1日，为减轻凡尔登战区压力，协约国发动索姆河战役。双方损失惨重。	法国	西欧	
9月15日，英国在索姆河战役中第一次使用坦克，但收效不大。			
11月18日，索姆河战役结束，英法联军损失近80万人，德军伤亡50余万人。			
12月19日，凡尔登战役结束。法军基本收复战役中的失			

公元 单位：年	地域	国别	大　事
			地。双方伤亡近百万。
1917	东亚	中国	1月9日，新任北京大学校长蔡元培发表演说，提出大学应是"研究高尚学问之地"，他秉承"思想自由、兼容并包"的精神改造北大，使北大成为新文化运动的重要阵地。
	北美	美国	2月3日，因德国使用"无限制潜艇战"，美国宣布与德国断交。
	东欧	俄国	3月8日，俄国爆发二月革命，尼古拉二世退位，俄国王室被推翻，俄罗斯帝国灭亡。
	北美	美国	4月6日，威尔逊总统宣布，美国对德国宣战。
	东亚	中国	8月14日，中国北洋政府正式对德、奥宣战。
	东欧	俄国	11月7日，俄国爆发十月革命，建立无产阶级政权。
1918	北美	美国	1月14日，美国总统威尔逊提出结束战争的十四条协议。

军成功实施毒气战，与德国化学家弗里茨·哈伯有密切关系。哈伯发明了人工合成氨的方法，为解决人类粮食危机做出了巨大贡献，但他也是一个狂热的民族主义者。一战爆发后他全力投入毒气弹的研发中。在伊普雷毒气战中，哈伯乘坐飞机亲自巡视战场，回到后方，他兴奋地向妻子描述毒气战的巨大威力，他善良的妻子深感震惊，对丈夫说："你所做的是非常卑鄙的事情。"不久，妻子自尽，这让哈伯痛悔不已，此后哈伯辞去了兵工厂和部队的所有职务，转向了民用化学的研究，并获得了1918年诺贝尔化学奖。

一战中英国与法国也使用了毒气战。据统计，毒气战在一战中给双方军民造成130万人的伤亡，很多人因此落下终身残疾。

鉴于毒气战严重的杀伤力和破坏性，1925年在国际联盟日内瓦会议上，通过了《禁止在战争中使用窒息性、毒性或其他气体和细菌作战方法的议定书》，包括世界主要军事强国如英国、美国、法国、德国、日本、意大利等国家均在这一协定上签字，签字国共计38个。协定于1928年2月8日生效，无限期有效。到1984年12月31日，批准或加入该条约的已有108个国家和地区。

尽管对化学武器和生物武器的禁用在国际社会已获得广泛共识，但一些国家和组织仍暗中使用这些武器。日本在侵华战争中就曾成立神秘的731部队研制并使用生化武器。美国在20世纪后期的越南战争中广泛使用落叶剂和橙剂，给当地造成严重的生态灾难。

"阿芙乐尔"号的炮声

一战开始后，经济社会发展水平落后的俄国连续被德奥联军重创，丧失大片土地，俄国官兵和民众对腐败低效的沙皇政府日益不满。1917 年 3 月 8 日，圣彼得堡爆发二月革命，沙皇尼古拉二世被迫退位，俄罗斯帝国灭亡。一些自由主义者和社会主义者组成了临时政府，但临时政府却继续战争政策，逐渐失去了民众的支持。

1917 年，为了解决两线作战的困境，德国当局决定帮助流亡瑞士的布尔什维克党领袖列宁秘密回国去发动革命，使俄国无法继续战争。列宁趁机秘密回到俄国。回国后，列宁立即提出了《四月提纲》，提出"一切权力归苏维埃"的口号，挑战临时政府。

1917 年 11 月 7 日（俄历 10 月 25 日），随着停泊在涅瓦河上的"阿芙乐尔"号巡洋舰一声炮响，拥护布尔什维克党的士兵和工人冲向临时政府所在地——冬宫。布尔什维克党人宣告成立"工农临时政府"，实现一切权力归苏维埃。11 月 8 日，列宁当选为第一届苏维埃政府主席，颁布了《土地法令》和《和平法令》，宣布把土地分给农民，退出战争，此举得到俄国民众的广泛支持。1918 年，世界上第一个由无产阶级领导的社会主义国家俄罗斯苏维埃联邦社会主义共和国正式建立，给世界提供了一个全新的发展模式。此后新政权把所有大中型企业国有化，制订了国家电气化计划，为建立社会主义工业化强国奠定

大　事	国别	地域	公元 单位：年
3 月 3 日，苏俄与德国签订《布列斯特和约》，割让了大片领土，但获得了喘息之机。	俄罗斯	东欧	1918
7 月 18 日，协约国发动第二次马恩河战役。8 月 4 日战争结束，协约国军队取得胜利。	法国	西欧	
9 月 29 日，保加利亚宣布投降，退出第一次世界大战。	保加利亚	东欧	
10 月 30 日，奥斯曼帝国宣布投降，退出第一次世界大战。	奥斯曼帝国		
11 月 3 日，奥匈帝国与协约国达成停战协议。同一天，德国基尔发生水兵起义。	德国	中欧	
11 月 9 日，德国皇帝威廉二世宣布退位。			
11 月 11 日，德国与法国在法国贡比涅签订停火协议，第一次世界大战结束。	法国	西欧	
1 月 3 日，民族社会主义德意志工人党（纳粹党）在慕尼黑成立。	德国	中欧	1919

单位：公元年	地域	国别	大 事
1919	西欧	法国	1月18日，巴黎和会在凡尔赛宫召开。
	中欧	德国	1月19日，德国举行国民议会大选，德国妇女首次获得选举权。
	南欧	意大利	2月23日，本尼托·墨索里尼建立法西斯党。
	东亚	日占朝鲜	3月1日，朝鲜爆发反对日本统治的"三一起义"。
	东欧	苏俄	3月2日，共产国际（第三国际）在莫斯科成立。
	南亚	印度	4月13日，英印当局武力镇压示威群众，酿成阿姆利则惨案，379名印度人被杀，包括妇女和儿童。
	东亚	中国	5月4日，北京多所大学学生举行游行，抗议巴黎和会把德国在山东特权转给日本的决议，"五四运动"爆发。
	西欧	法国	6月28日，参加一战的各国签署《凡尔赛条约》，中国由于山东权益被无理转让给日本而拒绝签字。

了基础。

凡尔赛："分赃会议"

第一次世界大战的硝烟散去不久，1919年，各战胜国代表云集巴黎，准备商讨战后和平问题，然而会议的进程完全被几个大国掌控，"和会"成了赤裸裸的分赃会议。

1919年1月18日，巴黎和会在凡尔赛宫的镜厅召开，来自38个国家的70名代表参加了谈判，德国和奥匈帝国等战败国以及十月革命后建立的苏俄被排除在会议之外。谈判由英、法、美、意、日五国政府首脑和外长组成的"十人委员会"主导，而在其中起到决定作用的是英国首相劳合·乔治、法国总理克里蒙梭和美国总统威尔逊。会议博弈的焦点是如何处理战败的德国等问题。法国力图重建欧洲陆上霸权，因此主张严惩德国，要求德国对法国进行战争赔偿；法国甚至希望肢解德国，把德国军力削减到不能威胁法国的程度。英国为保持海上和海外殖民地的霸主地位，同样主张惩罚德国、摧毁德国海军、剥夺德国海外殖民地。但英国坚持"均势战略"，不希望德国被过分削弱，以使法国获利。美国总统威尔逊提出了带有浓厚自由主义色彩的"十四点和平原则"，其中包括废除秘密外交、保证航行自由、建立国际联盟、以民族自决原则建立独立国家等建议。

可以看出，美国、英国和法国在外交目标上有很大差异，因此谈判是在激烈争吵和彼此妥协中进行的。谈判达成的最终和约的条款几乎都是"不愉快妥协"的结果。会议最终达成的《凡尔赛条约》共分15个部分，440条。条约规定：德国归还阿尔萨斯和洛林给法国，萨尔煤矿由法国开采15年，之后公投决定归属；建立莱茵非军事区；波兰获得独立，原普鲁士割占的波兰土地归还波兰；奥地利获得独立，德国和奥地利永远不得合并；归还德国在中国山东的特权（后因日本威胁退出会议，美英法妥协，将德国在山东特权转给日本）；德国海外殖民地归战胜国支配；德国不得拥有海军和空军，陆军被限制在10万人以下；德国要承担全部战争责任，需要向战胜国赔偿2260亿马克，以黄金支付。

这些规定让德国失去了13.5%的领土和12.5%的人口，以及所有海外殖民地，还背负了沉重的战争赔款。当德国人了解了和约内容后，屈辱感和愤怒迅速在国内蔓延，新成立的魏玛共和国政府在协约国的强大压力下还是在和约上签字，但埋下了民族复仇的种子。由于担负了签订屈辱和约的骂名，魏玛共和国政府深为容克贵族、中产阶级以至普通大众所怨恨。这为此后希特勒推翻共和政府，建立第三帝国埋下了隐患。

条约在其他大国间也没有得到普遍认同。美国国会拒绝批准这一条约，苏俄更被排挤在国际体系之外。整个国际体系实际上只由英法两国维持，因此法国元帅福煦评论这次"和平会议"说："这不是和平，而是二十年休战。"

华盛顿会议

第一次世界大战结束后，美、英、法

大　事	国别	地域	公元 单位：年
8月11日，德国国会通过魏玛宪法，在法律上确立了德国的联邦制共和政体。	德国	中欧	1919
9月10日，奥地利签署了《圣日耳曼和约》，宣布奥匈帝国正式解体，丧失大片领土，不得与德国合并。	奥地利		
1月10日，《凡尔赛条约》正式生效的这一天，在威尔逊主持下国际联盟宣布正式成立。	法国	西欧	1920
4月6日，受苏俄控制的远东共和国成立，苏俄与日本有了一个缓冲地带。	苏俄	东亚	
8月1日，甘地辞去勋爵，发起了非暴力不合作运动。	印度	南亚	
8月10日，土耳其苏丹政府接受屈辱的《色佛尔条约》，割让大片领土，奥斯曼帝国瓦解，土耳其处于危亡边缘。	法国	西欧	
12月23日，英法签订条约，英国"托管"巴勒斯坦，法国"托管"叙利亚。		西亚	
3月18日，苏联与波兰签订《里加和约》，苏波战争正式结束，西乌克兰和西白俄罗斯以及立陶宛的一部分划归波兰。	拉脱维亚	东欧	1921
3月21日，苏俄实施"新经济政策"，以粮食税取代余粮征集制。	苏俄		

地域	国别	大　事
1921 东亚	中国	7月11日，在苏俄支持下，蒙古宣布独立，成立君主立宪政府。
北美	美国	11月12日，为限制海军军备竞赛，解决远东太平洋问题的华盛顿会议召开。
西欧	爱尔兰	12月6日，爱尔兰获得独立。
1922 北美	美国	2月6日，华盛顿会议结束，会议先后达成《四国公约》《五国海军公约》和《九国公约》，日本独霸中国的意图受挫，美国在亚太地位明显增强。
东欧	苏俄	2月6日，经全俄中央执行委员会决定，情报组织"契卡"改名为国家政治保卫局（格别乌）。
南欧	意大利	4月6日，德国和苏俄代表签订《拉巴洛条约》，德国与苏俄打破了外交孤立局面。
北美	加拿大	8月2日，电话的发明者亚历山大·贝尔去世。
西欧	英国	10月18日，英国广播公司（BBC）成立。
南欧	意大利	10月30日，墨索里尼被任命为意大利总理，法西斯专制在意大利建立。
东欧	苏联	12月30日，苏维埃社会主义共和国联盟（苏联）成立。

等战胜国召开的巴黎和会，未能有效解决远东和太平洋地区的利益分配问题，而美、英、日三国的海军竞赛也让三国财政难以负担。1921年，在美国总统哈定的提议下，美国、英国、法国、意大利、荷兰、比利时、葡萄牙、中国和日本在华盛顿召开了关于远东和太平洋问题的国际会议。这次会议主要由三个太平洋海军强国美国、英国和日本主导。会议一开始，美国总统哈定就开门见山地提出这次会议的主要议题有两个，一个是控制各国海军军备，另一个是远东和太平洋地区问题。美国政府首先利用美国强大的经济实力，说服英国结束英日两国的同盟关系，美、英、日、法四国签订了《关于太平洋区域岛屿和领地的条约》。这一条约帮助美国体面地埋葬了英日同盟，把英国拉到了自己一边。

美国政府决心在海军力量上要与大英帝国平起平坐，于是提出以总吨位来计算各国海军实力，建议美、英、日三国海军吨位比例为5:5:3。在经过一番激烈的讨价还价后，在最终签订的《五国海军条约》中，规定美、英、日、法、意五国的海军比例为5:5:3:1.75:1.75，美国实现了在海军上与英国力量对等的地位，又压制了亚太地区的竞争对手日本，所获颇丰。日本通过这一条约，大国地位受到了法律承认，也获得了美英两国不在太平洋地区新建基地的承诺。

这次会议的另一个关键问题是中国问题。一战期间，日本曾强迫北洋政府总统袁世凯签订"二十一条"试图控制中国。

巴黎和会上，日本迫使美、英、法等国同意了日本继承德国在中国山东地区的特权。日本独占中国的企图不仅引起了中国各界的愤怒，也导致美国等西方国家的不满。面对压力，日本决定让步。1922年，美、英、法、意大利、日本、荷兰、葡萄牙、比利时和中国共同签订了《关于中国事件应试用各原则和政策之条约》，即《九国公约》。条约规定，尊重中国主权与领土完整，各国同意在中国实施"门户开放"和机会均等原则，任何国家不得在中国某一区域内寻求优越于一般权利的特权。此后，中日两国就山东问题签订了《解决山东问题悬案条约》及附属条约，规定日本把原德国租借地交还中国，从胶济铁路沿线撤军，青岛海关归还中国。

通过华盛顿会议，美国成功地拆散了英日同盟，提升了自己的海军实力，并限制了日本在远东的扩张。但日本在此后不到十年，就发动了九一八事变，并不断扩大侵略，最终决定偷袭珍珠港，与美国在太平洋上一决雌雄。

凯末尔：现代土耳其之父

一战结束后，战败的土耳其面临被肢解的命运。军队将领穆斯塔法·凯末尔挺身而出，担负起维护民族独立的重任。凯末尔出身于一个木材商人家庭，从军后屡立战功。一战中，凯末尔指挥军队挫败了英法联军打通博斯普鲁斯海峡的企图，又在与沙俄的战斗中取得胜利，使其在土耳其军民心中拥有极高的威信。

1918年10月，土耳其苏丹政府接受

大 事	国别	地域	公元 单位：年
1月11日，法国和比利时军队占领鲁尔，鲁尔危机爆发。	德国	中欧	1923
1月26日，孙中山与共产国际代表越飞在会谈后发表《孙文越飞宣言》，正式确立"联俄容共"的方针。	中国	东亚	
7月1日，加拿大开始执行《1923年华人移民法案》（又称排华法）。	加拿大	北美	
7月24日，土耳其凯末尔政府与协约国签订《洛桑条约》，收复部分领土，确定了现代土耳其疆域，维护了民族独立。	瑞士	西欧	
8月2日，哈定总统任内去世，卡尔文·柯立芝继任总统，他任内美国经济呈现一片繁荣，被称为"柯立芝繁荣"。	美国	北美	
9月1日，关东大地震，死亡人数超过14万。	日本	东亚	
11月9日，希特勒发动啤酒馆暴动，很快失败被捕。	德国	中欧	
1月21日，苏联和共产国际的缔造者列宁去世。	苏联	东欧	1924
1月22日，英国工党首次执政，此后工党取代自由党成为英国两大政党之一。	英国	西欧	
4月9日，为解决德国赔款问题，"道威斯计划"正式颁布。	德国	中欧	
6月16日，国民党在苏联和	中国	东亚	

公元 单位：年	地域	国别	大　事
			中国共产党人的帮助下建立黄埔军校，蒋介石任校长，学校培养了众多的军事人才。
1925	东亚	中国	3月12日，孙中山在北京病逝。
	中欧	德国	7月18日，希特勒的《我的奋斗》出版。
	西欧	瑞士	10月6日，德国、法国、比利时、英国与意大利等国签订了《洛加诺公约》。
	西亚	伊朗	12月25日，礼萨汗建立了巴列维王朝。
1926	中欧	德国	4月24日，德国与苏联签订了友好中立条约，正式建交。
	东亚	日本	12月25日，大正天皇嘉仁去世，昭和天皇裕仁即位。
1927	西亚	沙特阿拉伯	5月20日，沙特与英国签订《吉达条约》，沙特阿拉伯正式脱离英国而独立。
	东亚	中国	8月1日，周恩来等人领导的南昌起义爆发。
	南美	尼加拉瓜	9月9日，桑蒂诺反美起义爆发。
1928	东亚	中国	6月15日，国民政府宣布"统一完成"，北洋军阀时代结束，南京国民政府时代开始。
	西欧	法国	8月27日，美国国务卿凯洛

了协约国苛刻的停战协定，在东部任职的凯末尔联络各地爱国力量，组建国民军。1919 年 7 月，东部各省护权协会代表大会召开，凯末尔被选为主席。1920 年，英军占领了伊斯坦布尔，土耳其苏丹与英国签订屈辱的《色佛尔条约》，割让大片领土，并下令逮捕凯末尔等人。凯末尔在安卡拉召开大国民议会，宣布成立代表国家的临时政府，拒绝接受《色佛尔条约》，并组建正规军，和苏俄建立外交关系。1920 年 6 月，希腊在英国支持下大举进攻土耳其，土耳其局势岌岌可危。土耳其大国民议会选举凯末尔为国民军总司令。凯末尔率军在萨卡里亚河附近与希腊军队决战，并最终获得战斗胜利。不久，希腊军队被彻底赶出土耳其。1923 年 7 月，协约国与凯末尔领导的土耳其政府签订了《洛桑条约》，承认土耳其的主权和独立。1923 年，土耳其共和国正式宣告成立，首都为安卡拉，凯末尔当选为首任总统。两天后，土耳其大国民议会根据凯末尔提议，宣布废除土耳其苏丹制度。

凯末尔不仅成功地领导土耳其人赢得了独立，他的政府还推行了一系列改革，给土耳其社会带来深远影响。凯末尔政府实行政教分离政策，废除了哈里发制度，关闭宗教学校和宗教法庭。在服饰方面，强制所有政府人员身着西式服装，禁止非神职人员穿宗教服装或佩戴宗教标记。在家庭关系方面，废除一夫多妻制度，建立离婚制度，1934 年土耳其修改宪法，给予成年女子选举权和被选举权。凯末尔还改革了土耳其文字，用拉丁字母取代了阿拉伯字母，土耳其很快成为中东地区识字率最高的国家之一，为现代化提供了重要条件。

凯末尔革命和改革让土耳其完成了从政教合一的专制国家向现代国家的转型，因此他被誉为"现代土耳其之父"。

大萧条

20世纪20年代，美国经济发展进入了前所未有的繁荣期。曾经长期困扰西方国家的经济危机已经十几年没有在美国出现。这个时期的美国，资本市场活跃，银行和证券交易所繁忙，城市扩张迅速，一幢幢摩天大楼拔地而起。随着信用卡和分期付款等方式的普及，消费市场也一片繁荣。当时的总统胡佛自信地说："我们正在取得对贫困战争决定性的前夜，贫民窟将从美国消失。"

然而，繁荣的表象掩盖了很多问题。1929年，美国人用信用卡购买了价值60亿美元的商品，但80%的美国人却没有一分钱积蓄，他们把钱大量投入股市，有的股票价格短期内窜升了50倍，这让更多的美国人幻想在股票市场上实现一夜暴富。1929年10月29日，美国迎来了"黑色星期二"，纽约股市暴跌，短短两个星期，300亿美元的财富从股市蒸发，然而这还只是灾难的开始。1930年12月，一个美国人到一家银行要求兑现自己所有的股份，身陷房地产投资困境的银行劝说这名客户不要抛售股份。这名客户离开后，一则流言传开——美国银行拒绝为客户兑现。这引发了民众对银行体系的严重担忧，

大　事	国别	地域	公元　单位：年
格和法国外长白里安签订《非战公约》，禁止主动性战争。			
11月18日，华特·迪士尼创作出世界上第一部有声动画《威利汽船》，风靡世界的卡通形象米老鼠诞生。	美国	北美	1928
11月18日，妇女开始享有与男性公民同等的选举权。	英国	西欧	
1月1日，塞尔维亚·克罗地亚·斯洛文尼亚王国改名为南斯拉夫王国。	南斯拉夫	东欧	1929
2月11日，意大利与教皇签订《拉特兰条约》，梵蒂冈教皇国成立。	意大利	南欧	
4月4日，汽车发明者，奔驰公司的创始者卡尔·本茨逝世。	德国	中欧	
5月16日，奥斯卡金像奖首次颁奖。	美国	北美	
6月7日，英、法、比、意、日、德、美七国在巴黎召开会议，通过了"杨格计划"，德国赔款数额被进一步削减。	法国	西欧	
10月24日，纽约股市崩盘，引发持续四年的"大萧条"，这是人类历史上最为严重的经济危机。	美国	北美	
11月，苏联开始农业集体化。	苏联	东欧	
3月12日，甘地为抗议英国在印度的食盐专卖权，带领支	印度	南亚	1930

公元 单位：年	地域	国别	大事
			持者开始向海边的"食盐进军"。
1930	西欧	英国	4月22日，英国、美国、日本、意大利、法国签订《限制和削减海军军备条约》，对海军主力舰只做进一步限制。
	南美	乌拉圭	7月13日，第一届世界杯足球赛在乌拉圭举行，乌拉圭队最终夺冠。
	西欧	英国	10月27日，查德威克发现中子。
1931	东亚	中国	9月18日，日本关东军发动九一八事变。此后，关东军很快占领了中国东北。
	北美	美国	10月18日，著名发明家托马斯·爱迪生逝世。
	西欧	英国	12月11日，英国议会通过《威斯敏斯特法》，白人占优势的加拿大、澳大利亚、新西兰、南非、爱尔兰和纽芬兰组成英联邦；自治领为独立和平等的主权国；英帝国转为英联邦。
1932	东亚	中国	1月28日，日军进犯上海，酿成"一·二八"事变。 3月1日，在日本扶持下，伪满洲国建立。

大批民众涌向银行要求兑现，这让原本就充斥坏账的银行纷纷倒闭，美国银行体系崩溃。

随着银行的崩溃，美国整个国民经济几乎完全陷于停顿。工厂关门，工人失业，美国成千上万的家庭随之陷入贫困。一些原本过着优裕生活的中产阶级家庭纷纷破产，很多人被迫在垃圾堆中寻找食物。大量无家可归者用木板、旧铁皮、油布甚至牛皮纸搭起了简陋的栖身之所，这些小屋聚集的村落被称为"胡佛村"，以"纪念"誓言会消灭贫困的胡佛总统。

农村的情况更严重，美国农业衰退在大萧条开始前就已经显现。经济危机发生后，美国农民沮丧地发现，在城里贩卖农产品所得收入尚抵不上运费支出，于是农民开始大量销毁农产品，成吨的小麦和玉米被当成燃料，由于大量的牛奶被倒入密西西比河，这条河常常变成一条"银河"。

这场大萧条也很快冲击到其他西方国家，英法在30年代初先后陷入萧条。依赖美国资本的德国所受影响最为严重，工人大量失业，中产阶级纷纷破产，极端政治势力纳粹党趁机崛起，并在1933年通过选举获得了执政权。

大萧条也影响了各国间的关系，为维护本国市场，各国采取高关税等保护措施，力图保护本国工业，各国间的进出口贸易顿时锐减。1933年，美国罗斯福总统的新政让美国局面有所好转，但西方各国尚未完全从大萧条中走出，便陷入了另一次世界大战之中。

阅读十一　法西斯势力的崛起与世界大战

1929 年爆发的经济危机沉重打击了资本主义各国的经济，使其出现经济萧条和严重的失业问题，很多人对自由竞争的市场经济失去了信心，鼓吹民族主义和极权主义思想的法西斯主义思潮在各资本主义国家兴起。德国和日本的法西斯势力控制了国家政权，与早已法西斯化的意大利一起走上了侵略扩张的道路。

尚未从经济危机中恢复的英、法、美等西方国家既无力再打一场战争，也对法西斯势力的本质和危害认识不足，因此对法西斯国家的侵略行为采取了绥靖政策；苏联除不愿为深陷经济泥淖的西方国家火中取栗外，也有自己的打算。这种状况纵容了法西斯国家的野心，英、法、苏、美四国最终被迫卷入世界大战，备尝绥靖政策酿成的苦果。

公元 单位：年	地域	国别	大事
1932	东亚	日本	5月15日，日本发生"五一五事件"，首相犬养毅被杀，日本政党内阁时代结束，急速滑向军国主义道路。
	东欧	苏联	秋，苏联爆发第二次大饥荒，乌克兰最为严重，据估计有250万到480万人饿死。
			9月23日，苏联同意伪满洲国向莫斯科、新西伯利亚等城市派驻领事官员。

从流浪汉到总理

1919年《凡尔赛条约》签订的消息传到德国后，德国民众十分愤怒，推翻凡尔赛体系，重建一个强大的德国成为很多德国人的心声。下士出身的阿道夫·希特勒就利用德国人的这种心理终结了魏玛共和国，建立起第三帝国，德国迅速走上扩军备战的道路。阿道夫·希特勒1889年生于奥地利布劳瑙，青年时代的希特勒想报考维也纳艺术学院，但并未成功。此后希特勒母亲去世，希特勒成为维也纳的流浪汉。后来，他住进了单身汉公寓，在这里他阅读了一些宣传种族主义和民族主义的小册子。1913年，他移居慕尼黑，在那里他阅读了很多政治书籍，特别研究了尼采的思想。

一战爆发后，希特勒参加了德军，德国战败投降让有着强烈沙文主义思想的希特勒痛苦不已。他认为是犹太人和共产主义者在背后的破坏使德国输掉了战争。战后希特勒偶然加入了只有几十人的德国工人党，很快凭借着出色的口才和组织能力而成为党的领袖。他把党的名称改为"民族社会主义工人党"（也有的译为"国家社会主义工人党"），即纳粹党。

1923年，法国和比利时出兵德国鲁尔，德国国内爆发了严重通货膨胀，社会矛盾尖锐，政局也出现动荡，希特勒决定趁机夺取权力。1923年11月8日晚，巴伐利亚邦政府要员在慕尼黑南郊的一个啤酒馆集会，希特勒带领600名冲锋队员冲入会场，他向天棚开了一枪，然后在戈林、赫斯等党徒的簇拥下走上讲台，希特勒高声宣布："国民革命已经开始，大厅现在已被包围，任何人不得擅离一步！如今巴伐利亚政府已经崩溃，我从现在起就是全德意志的领导者！"然而巴伐利亚地区对希特勒啤酒馆暴动有所响应的人寥寥无几，纳粹党的暴动被迅速镇压，希特勒被捕入狱。实际上希特勒只在监狱里待了八个月，在服刑期间，他向党徒口述完成了汇集他政治思想的一本书——《我的奋斗》。该书集民族主义、帝国主义、种族主义、反犹主义和反民主主义思潮于一体，成为后来纳粹党的政治纲领。

　　1929 年世界经济危机爆发后，德国经济遭受沉重打击，大量工人失业，普通民众生活陷于贫困。希特勒借机猛烈抨击德国政府，谴责《凡尔赛条约》，许诺给广大民众带来社会安定和工作机会，从而迅速获得广大德国民众的支持。1933 年，德国民众用选票把这位 20 世纪最著名的大独裁者送上了总理宝座。

强权蹂躏下的科学：李森科事件

　　法国著名生物学家巴斯德曾说："科学没有国界……"但 20 世纪的苏联生物学界却被迫在"无产阶级的科学理论"指导下，与奉行"资产阶级科学理论"的国际学术界划清界限，使缺乏基本科学素养的特落菲姆·李森科把持苏联生物学界近 30 年，给苏联的科学和农业发展带来了深重灾难。

　　李森科出身于乌克兰一个农民家庭，1925 年从基辅农业专科学校毕业，先后

大　事	国别	地域	公元 单位：年
1 月 30 日，纳粹党在德国大选中获胜，希特勒出任政府总理。	德国	中欧	1933
2 月 17 日，美国取消禁酒令。	美国	北美	
2 月 27 日，纳粹党炮制了"国会纵火案"，德国共产党被宣布为非法组织。	德国	中欧	
3 月 4 日，民主党人富兰克林·罗斯福当选总统，"罗斯福新政"开始。	美国	北美	
3 月 20 日，纳粹德国设立第一个集中营——达豪集中营。	德国	中欧	

公元 单位：年	地域	国别	大　事
1933	中欧	德国	3月23日，德国国会通过授权法案，纳粹党可以通过任何法例，而不需议会同意，纳粹党独裁统治建立。
			7月14日，德国宣布纳粹党以外的一切政党非法。
	西欧	西班牙	10月29日，西班牙保守势力建立法西斯组织长枪党。
	北美	美国	11月16日，美国与苏联建立外交关系。
1934	中欧	德国	1月26日，纳粹德国与波兰签订了为期10年的互不侵犯条约。
	北美	美国	6月6日，罗斯福签署《证券交易法》，要求所有的新股发行必须在联邦证券交易委员会注册。
	西欧	法国	7月4日，著名科学家居里夫人逝世。

在一个育种站和棉花研究所工作，主要负责豆科植物的培育。在研究所期间，他对孟德尔创立的遗传学说有所接触，但他对遗传学成果嗤之以鼻，认为都是些"胡说八道"。李森科根据自己的"春化法"试验提出，所有通常认为需要冬眠以便第二年开花结果的植物，事实上只要维持低温（但不能低于零度），就可以不间断地生长并开花结果。李森科的方法在阿塞拜疆等一些地区收到了一些实效，因此引起了瓦维洛夫、科玛佐夫等苏联生物学家的重视。但著名植物学家马克西莫夫等科学家在理论上和试验方法上都对李森科的"春化法"提出了质疑，而基层许多集体农庄也不愿采用李森科的方法。

但李森科"春化学说"受到苏联农业人民委员会的青睐，他们派出大批官员、记者、专家去李森科的试验农场参观访问，与政治权力结合的李森科逐渐成为苏联农业界的明星学者。1935年李森科在第二次全苏集体农庄突击队代表大会上，批判一些科学家对"春化学说"的批评是"阶级敌人"的破坏，他的发言得到了苏联领袖斯大林的支持，李森科由此当选为乌克兰科学院院士。李森科等人并不能真正从科学的角度对遗传学说进行有力的批驳，但他倚仗着政治权力支持，在农业科学院第四次会议上宣布遗传学说违背了受到马克思肯定的达尔文进化论，是属于唯心主义的、资产阶级的、反马克思主义的。由此，李森科将一个学术问题完全演变成了政治问题。

1937年，斯大林发表了《论党的工作

缺点和肃清托派及其他两面派的措施》，一些坚持遗传学说的学者们遭到残酷的政治迫害。到 1940 年，苏联作物栽培所已经有 18 名学者锒铛入狱，不久，瓦维洛夫也被苏联内务人民委员会秘密逮捕，三年后被迫害致死。在斯大林等苏联领导人支持下，李森科及其党徒此后控制苏联生物学界直至 1965 年，使苏联农业长期处于落后状态。根据苏联解体后的解密档案显示，在斯大林统治苏联期间，有数以百万计的各族人民死于饥荒。苏联当局对科学的粗暴干涉，让苏联承受了沉重的历史代价。

墨索里尼入侵埃塞俄比亚

　　1922 年，意大利的法西斯党领导人本尼托·墨索里尼掌握了意大利的政权，建立起了法西斯独裁统治。墨索里尼野心勃勃，一心想让意大利恢复古罗马帝国的庞大疆域，因此他积极寻求对外扩张的机会，他首先把目光投向非洲独立而落后的埃塞俄比亚。早在 19 世纪末，意大利就曾试图吞并埃塞俄比亚，但遭到失败，被迫退兵赔款。1934 年底开始，意大利在埃塞俄比亚边境上蓄意制造冲突，并于 1935 年 10 月开始大举进攻埃塞俄比亚。

　　在埃塞俄比亚战场上，埃意双方的差距一目了然，意大利军队装备了现代化武器，有着完整的空军和炮兵，而埃塞俄比亚军队尽管有 20 多万人，但装备简陋，只有一些老旧飞机，一些士兵甚至手持长矛出战。但在埃塞俄比亚皇帝海尔·塞拉西领导下，埃塞俄比亚军民却打碎了墨索

大　事	国别	地域	公元 单位：年
8 月 2 日，希特勒决定不再设总统一职，他自称元首兼总理，"元首"成为纳粹德国最高头衔。	德国	中欧	1934
9 月 19 日，苏联加入国际联盟。	苏联	东欧	
12 月 1 日，苏联领导人谢尔盖·基洛夫遇刺身亡，斯大林借此发动肃反运动，最终演变成"大清洗"。			
12 月 29 日，日本退出《华盛顿海军条约》和《伦敦海军条约》。	日本	东亚	
2 月 14 日，李森科在全苏第二次集体农庄突击队员代表大会上做题为"春化处理是增产措施"的讲话，得到斯大林的欣赏，从此开始了他对苏联植物学界的统治。	苏联	东欧	1935
4 月 14 日，英、法、意发表联合公报，组成"斯特莱沙阵线"遏制德国，意大利暂时阻止了德国吞并奥地利的企图。	意大利	南欧	
5 月 2 日，法苏两国签订了针对纳粹德国的《法苏互助条约》。	法国	西欧	

公元 单位: 年	地域	国别	大 事
1935	西欧	英国	6月18日，英国与德国签订《英德海军协定》，德国突破了《凡尔赛条约》关于德国不能拥有海军的规定。
	东欧	苏联	7月25日，共产国际"七大"在莫斯科召开，共产国际要求各国共产党实现工人阶级的统一，并建立反法西斯人民阵线。
	北美	美国	8月31日，美国国会通过《中立法》。
	东非	阿比西尼亚	10月3日，意大利入侵阿比西尼亚（今埃塞俄比亚）。
	西欧	英国	12月7日，英法与意大利拟定《霍尔·赖伐尔协定》，企图以出卖埃塞俄比亚领土换取与意大利的联合，最终协议流产，意大利倒向了纳粹德国一边。

里尼迅速取胜的梦想。意大利占领区的埃塞俄比亚民众也采取填平水井，藏起粮食等方式让意军难以在当地获得给养，这让意大利军队在战场上陷入困境。

战场上的僵局让墨索里尼恼羞成怒，他撤换了前线司令，派遣法西斯分子组成的"褐衫军"开赴非洲前线，并增派空军对埃塞俄比亚实施无差别轰炸，意军甚至公然违反禁止使用化学武器的"1925年日内瓦协议"，在军事进攻中使用芥子气。

在经过了半年多的艰苦战争后，孤立无援的埃塞俄比亚军队终于抵挡不住意大利军队的进攻，1936年5月，意大利军占领了埃塞俄比亚首都亚的斯亚贝巴，埃塞俄比亚皇帝海尔·塞拉西流亡英国。国联在意大利侵略埃塞俄比亚过程中的表现让很多国家对国联失去了信心，而意欲笼络意大利的英法两国也没有达到目的，墨索里尼对国联实施的流于表面的制裁依然十分恼怒，转而与希特勒联手，形成了"柏林—罗马轴心"，欧洲迅速滑向战争轨道。

日本二二六兵变

20世纪30年代，随着九一八事变的爆发，日本加快了扩张脚步，军部势力日益扩大，甚至逐渐控制了政府，成为日本法西斯势力的核心。日本陆军中有以少壮军人为主的皇道派和以中上层军官为主的统制派两大势力。1934年1月，受统制派支持的林铣十郎继任陆军大臣，他提拔统治派核心人物永田野山担任重要的军务局长一职，这样整个陆军部都被统制派把持。1935年，林铣十郎借人事调整之机将一批皇道派军官调离中央职位，有的甚至被调入预备役，这引起了皇道派的激烈反应，一名皇道派军官刺杀了统制派的永田野山。

永田野山被刺后，统制派控制的军部打算解除皇道派威胁，将皇道派控制的驻防东京的第一师团调到中国东北，将第一师团长柳川平助调往台湾任职。这激怒了皇道派的少壮军官们，他们决定在第一师团调走前发动政变，铲除统制派人物和元老派大臣。

1936年2月26日凌晨，安藤辉三、香田青贞等9名皇道派军官带领千余士兵发动了兵变，他们从第一师团驻地武器库中夺取了武器，此后分头去刺杀"天皇旁边的坏人"。乱兵包围了警视厅，袭击了包括首相官邸在内的诸多重臣的官邸和各政府机构，前首相斋藤实、高桥是清，陆军大将渡边锭太郎等重臣遇袭身亡，首相冈田启介和前外相牧野伸显等人侥幸逃脱。乱兵还占领了东京各大报社，发表宣言，提出了恢复天皇的绝对权力，诛杀属于统制派的"元凶逆臣"，罢免林铣十郎，任命荒木贞夫为陆军大臣等要求。

尽管皇道派军官打出了维护天皇权威的旗号，但裕仁天皇对皇道派发动兵变，杀死众多重臣的行为震怒不已，坚决主张对兵变进行武力镇压。统制派军官东条英机、梅津美治郎等人都表示了支持对兵变进行镇压，海军也表示了对镇压兵变的支持。

2月28日，军部在天皇的一再催促下决定对兵变进行镇压，军部宣布东京

大　事	国别	地域	公元
2月26日，日本爆发二二六兵变，日本多名重臣遇袭身亡，发动兵变的皇道派军官很快被镇压。	日本	东亚	1936
3月7日，德国违反《凡尔赛条约》，派军队进驻莱茵非军事区。	德国	中欧	
7月17日，西班牙驻摩洛哥军队发动叛乱，西班牙内战爆发。	西班牙	西欧	
8月24日，苏联进行肃反运动中第一次公开审判，季诺维也夫、加米涅夫等16人被指控与托洛茨基勾结，被判死刑。	苏联	东欧	

单位：年

公元 单位： 年	地域	国别	大 事
1936	中欧	德国	10 月 25 日，德国与意大利签订盟约，"柏林—罗马"轴心形成。
			11 月 25 日，德国与日本签订《反共产国际协定》，此后意大利等国也相继加入。
	东亚	中国	12 月 12 日，西安事变发生，最终蒋介石接受了"停止内战、一致抗日"的要求。
	西欧	英国	12 月 12 日，经济学家约翰·梅纳德·凯恩斯出版《就业、利息和货币通论》一书，主张国家对经济干预，引发经济学的"凯恩斯革命"，奠定了宏观经济学的理论基础。
1937	东欧	苏联	6 月 11 日，图哈切夫斯基元帅等一批军事将领因"间谍罪"被处决。
	东亚	中国	7 月 7 日，日军发动卢沟桥事变，开始全面侵华。
	东亚	中国	8 月 13 日，中国军队向驻守

戒严，从外地调集两万多军队进入东京，NHK 电台向叛军广播戒严司令部文告："现在归复原队，仍为时不晚；抵抗者全部是逆贼，射杀勿论；你们的父母兄弟在为你们成为国贼而哭泣。"军部还动用飞机向叛军撒放传单。在严寒中坚持了三天的叛军很快瓦解，士兵们纷纷回到原驻地。在政变中起领导作用的军官都被逮捕，香田青贞等 17 名领导兵变的军官被处死，皇道派被从军队核心部门清除，统制派独掌了军队大权。然而皇道派所主张的军部独裁，加快扩张等要求在统制派手上一一实现，因为统制派同样是军国主义分子，而且在二二六兵变中，文官集团损失惨重，新成立的广田弘毅政府也完全被军部势力控制，日本加速走向战争。

慕尼黑阴谋

1933 年希特勒成为德国总理后，德国很快突破《凡尔赛条约》的种种限制，开始扩军备战，1936 年，德军进入莱茵非军事区，1938 年，吞并了奥地利，此后纳粹德国把扩张的目标转向另一个邻国捷克斯洛伐克。早在纳粹党上台之初，希特勒就开始为入侵捷克斯洛伐克做准备。捷克斯洛伐克靠近德国的苏台德地区居住着 300 多万日耳曼人，纳粹党暗中在苏台德日耳曼人中间扶植纳粹分子。1938 年 4 月希特勒指使苏台德地区的纳粹分子和亲德民众提出苏台德自治和脱离捷克的要求。9 月 12 日，希特勒在纽伦堡公开发表演说，表示如果捷克政府不给苏台德日耳曼人以"公平待遇"，德国将考虑为苏台德日耳曼人"伸张正义"，造成了严重的"九月危机"。

9月13日晚，英国首相张伯伦致电希特勒，表示一定要和平解决苏台德问题。9月15日张伯伦飞赴德国会见希特勒，希特勒一面进行战争恫吓，一面向张伯伦保证苏台德地区是他"最后一次领土要求"，张伯伦决定对德国让步。9月19日，英法联合照会捷克政府，强迫捷克斯洛伐克政府以民族自决原则解决苏台德问题，捷克斯洛伐克政府被迫接受了这一要求，但希特勒并不满足。

就在捷克决定抵抗德国之时，英法两国政府已经决定出卖捷克斯洛伐克以换取"欧洲和平"。9月底，张伯伦、达拉第、墨索里尼和希特勒在慕尼黑举行会谈，9月30日，四国签订协定，把苏台德地区以及捷克和奥地利接壤的南部地区割让给德国。在四国结束会谈后，捷克斯洛伐克这个当事国的代表才被带入会场签字。愤怒的捷克总统贝奈斯曾表示拒绝该协定，但英法政府威胁捷克，宣称一旦开战，英法没有义务协防捷克，最终捷克政府表示屈服。

张伯伦返回伦敦时，向欢迎他的人群挥舞着有希特勒签字的文件，宣称他带回了"一代人的和平"，然而希特勒吞并苏台德地区后很快占领了整个捷克斯洛伐克，张伯伦的"和平"迅速破产。捷克苏台德地区的日耳曼人也为自己的选择付出了代价，二战后，捷克颁布了彻底非日耳曼化的《贝奈斯法令》，几百万日耳曼人被驱赶到了德国。这一做法长期被联邦德国政府

大　事	国别	地域	公元 单位：年
上海的日军发动反击作战，淞沪会战开始。			
12月13日，日军占领南京，此后六个星期日军进行了南京大屠杀。	中国	东亚	1937
1月26日，徐州会战开始。会战期间，中国军队取得了台儿庄大捷。			1938
3月13日，德国吞并奥地利。	奥地利	中欧	
5月4日，由流亡到后方的清华大学、北京大学、南开大学组成的西南联合大学开始上课。	中国	东亚	
6月12日，日军占领安庆，向武汉方向发动进攻，持续四个月的武汉会战开始。			
9月28日，英、法、德、意四国召开慕尼黑会议，英、法强迫捷克割让苏台德地区给德国，以换取希特勒的"和平承诺"，绥靖政策达到顶峰。	德国	中欧	

单位： 年	公元	地域	国别	大　事
	1938	中欧	德国	11月9日，德国进入"水晶之夜"，各地发生打砸犹太人住宅、店铺和教堂事件。
		西亚	土耳其	11月10日，现代土耳其的缔造者凯末尔去世。
		东南亚	越南	11月10日，汪精卫发表"艳电"，响应日本首相近卫文麿的劝降声明。此后，他在日本扶持下于南京建立伪国民政府。
	1939	东欧	捷克	3月15日，德军占领捷克斯洛伐克。
		西欧	西班牙	3月28日，佛朗哥的军队占领马德里，西班牙内战结束，佛朗哥开始军事独裁统治。
		东亚	蒙古	5月4日，日本关东军进犯蒙古，挑起诺门坎事件。在朱可夫将军指挥下，苏军重创日军。

批评，成为困扰两国关系的一个难题。

"白色方案"

1939年希特勒吞并了捷克斯洛伐克后，开始着手解决波兰问题，他曾拉拢波兰加入《反共产国际协定》，条件是把但泽划归德国，在东普鲁士和德国本土间的"波兰走廊"修建一条高速公路连接德国两部分领土，遭波兰拒绝。8月23日，德国外长里宾特洛甫前往苏联会见斯大林，当晚苏德两国签订了《德苏互不侵犯条约》，其中还附加了瓜分东欧的秘密协定，双方约定在德国进攻波兰时苏联保持中立，德国获取波兰49%的领土，其余划给苏联。

1939年9月1日凌晨4点45分，德军对波兰发动进攻，标志着第二次世界大战全面爆发。德国建立在强大空军和机械化部队基础上的"闪电战"让波军损失惨重。波兰空军仅有的500多架战机尚未起飞就被摧毁，配置在前线地区的火炮、汽车和各种辎重迅速被德军摧毁或俘获，交通和通讯设施破坏严重，部队指挥陷入混乱。在波兰一望无际的平原上，德国的机械化军团大显神威，以每天50—60公里的速度向波兰内地推进，波兰军队被分割和歼灭。到9月4日，波军"波莫瑞"军团的3个步兵师和1个骑兵旅全部被歼。9月16日，波兰政府逃往罗马尼亚，17日德军完成了对华沙的合围。

与德国签订了秘密协定的苏联因为曾与波兰签订了互不侵犯条约，因此在战争初期不便参与，在波兰政府出逃后，苏联宣称鉴于波兰政府已不存在，两国互不侵犯条约已失效，9 月 17 日苏军以保护乌克兰和白俄罗斯少数民族利益为名进驻波兰东部。9 月 18 日，苏德军队在布列斯特—李托夫斯克会师，9 月 28 日，波兰华沙守军投降。10 月 2 日，进行抵抗的最后一个城市格尼丁亚停止抵抗，10 月 6 日，波兰战事结束。

9 月 3 日，英法两国对德宣战，但英法却迟迟未在西线采取实质性军事行动。已经与苏联达成谅解的希特勒解决波兰后，很快向北欧和西欧发动进攻。

二战后的波兰恢复了独立，但苏联却割占了波兰东部的大片土地，从而形成了波兰今天的东部边界，这让不少波兰人直至今天都认为苏联是二战中的侵略者而不是解放者。

奥斯维辛集中营

在波兰南部有一个名为奥斯维辛的小镇，二战期间纳粹德国修建的最著名的集中营就在这里，这座集中营被联合国教科文组织列入世界文化遗产名录，因为它能让现代人看到现代科技与极端思想的结合将给人类社会带来怎样的惨剧。

德国纳粹党的思想体系中很重要的特色，就是极端的民族主义和种族主义。纳粹党上台后，迫害和驱逐犹太人的活动随即在全国兴起，随着纳粹德国的军事征服，其治下的犹太人越来越多，竟达到 1100 万之巨。1942 年 1 月的万湖会议上，纳粹德国制订了"犹太人问题最终解决方案"，决定将各地的犹太人赶入集中

大　事	国别	地域	公元　单位：年
8 月 23 日,《苏德互不侵犯条约》签订，两国达成瓜分波兰的秘密协定。	苏联	东欧	1939
9 月 1 日，德国入侵波兰，第二次世界大战爆发。	波兰	东欧	
9 月 3 日，英法两国对德国宣战。		西欧	
9 月 13 日，日本向长沙发动进攻，第一次长沙会战开始。此后到 1942 年 1 月，中国军队在三次长沙会战中挫败日军，引起国内外的广泛赞誉。	中国	东亚	

公元 单位：年	地域	国别	大　事
1939	东欧	波兰	9月17日，苏军越过边境侵入波兰。
			10月6日，波兰战事结束，德苏两国瓜分波兰。
	西欧	英国	10月14日，"皇家橡树"号主力战列舰在斯卡帕湾被德军潜艇击沉，德军潜艇部队成为英国大患。
	北欧	芬兰	11月30日，苏军入侵芬兰，冬季战争爆发。
1940	北欧		4月9日，德军进攻丹麦和挪威。

营，通过毒气室等方式"彻底解决"犹太人问题。奥斯维辛集中营是最大的一所集中营。犹太人并非集中营中唯一的牺牲品，纳粹治下的吉普赛人、战俘、反纳粹知识分子、抵抗组织成员、"反社会分子"、耶和华见证人和同性恋者都会被送入集中营进行有计划的"清洗"。

当一车车的"犯人"被送到奥斯维辛集中营后，首先要接受纳粹医生的"鉴定"，健壮的"犯人"会被送到"劳动营"，老幼妇孺会被送往位于比克瑙的"灭绝营"，在那里他们将会被尽快送往毒气室。当年的一个党卫军看守回忆说："当大门重重合上之后，里面传出一阵阵令人不寒而栗的惨叫声。那声音越来越大，就好像是一个恐怖合唱团，令人浑身发颤。可是突然之间，里面竟然死一般地沉寂，鸦雀无声……"历史学家的最新研究结果发现，奥斯维辛集中营杀害了120—150万人。能统计到的数字为：96万犹太人，7.5万波兰人，2.1万吉普赛人，1.5万苏军俘虏，1.5万其他民族的人。

在毒气室里的人死掉后，戴着防毒面具的纳粹分子会进来首先清洗血迹和便污，敲掉受害者的金牙，剥下纹身人的皮肤做灯罩，并剪下女人的长发编织成地毯。遇害者的脂肪会被制成"人体肥皂"……一些纳粹医生还挑选了许多被关押者进行医学试验，德国妇科专家格劳贝格就是其中的代表人物。他向集中营买了150个女人作为试验品，这些女人被放在特制的手术台上，然后用电动注射器向她们的阴道里注射一种类似水泥的材料，其后便用 X 光机进行照相。这些女人疼得在台子上翻来覆去,满身鲜血。此后她们在三四个星期内还要经历这样的手术,此后她们就会遭受各种妇科炎症的折磨,存活者会被送往毒气室。

波兰诗人勃罗涅夫斯基写道:"我的故乡,有百万坟墓。我的故乡,让战火烧尽。我的故乡,是多么不幸。我的故乡,有奥斯维辛。"

"海狮计划"

1940 年 6 月,德国征服法国后,整个西欧只剩下英国继续坚持抵抗。当种种诱降手段失败后,7 月 16 日,希特勒下达了代号为"海狮计划"的对英作战指令,企图以武力迫使英国屈服。由于英国有天然屏障英吉利海峡和强大的皇家海军,希特勒决定首先通过空军来摧毁英国的主要力量和信心,再以步兵登陆英国南部,占领英国。德国空军元帅戈林对希特勒信誓旦旦地保证,凭借空军力量足以征服英国。

空袭英国的计划被希特勒和最高统帅部定名为"鹰袭"。8 月 13 日,戈林下令开始"鹰袭"计划,1500 多架德国飞机开始了对英国的轰炸。英国空军司令道丁动用战斗机主力迎击德军,双方在长达 500 海里的战线上先后进行了五次大规模空战,在雷达的帮助下,英军总能在德国飞机到达前知道德国空军入侵的方向和规模,给德国空军造成严重损失。尽管德军并不知道英军掌握了雷达技术,但在战争中,德国人发现被称为"扇形站"的地面

大　事	国别	地域	公元 单位:年
4 月,苏军在卡廷森林地区秘密处决 2 万多名波兰战俘。	苏联	东欧	1940
4 月 27 日,在希姆莱的命令下,德军开始建设奥斯维辛集中营。	波兰		
5 月 10 日,长期对德推行绥靖政策的尼维尔·张伯伦辞去首相职务,温斯顿·丘吉尔被任命为英国首相。	英国	西欧	
5 月 10 日,德国向荷兰、比利时、法国发动军事进攻。			
6 月 14 日,德军占领巴黎。	法国		

单位： 年	公元	地域	国别	大　事
	1940	西欧	法国	6月17日，贝当为首的法国政府宣布投降，法兰西第三共和国灭亡。
			英国	6月18日，夏尔·戴高乐在伦敦发表广播讲话，宣布成立"自由法国"，号召法国人民继续抵抗纳粹。
		东欧	苏联	8月3日，苏联吞并波罗的海沿岸的拉脱维亚、立陶宛和爱沙尼亚。
		西欧	英国	8月13日，德国开始大规模空袭英国，不列颠之战开始。
		北美	墨西哥	8月13日，布尔什维克早期重要领导人，红军缔造者托洛茨基被苏联特工杀害。

指挥中心对英国空军起着关键作用。8月24日后，德军将空袭重点对准了这些"扇形站"，不列颠空战进入第二阶段，这一战术迅速奏效，英军七个雷达站有六个被毁，通讯系统濒临崩溃，四分之一的飞行员伤亡，皇家空军的战斗力遭到严重削弱。

8月26日英国皇家空军空袭柏林，希特勒恼羞成怒，下令德军统帅部对伦敦和其他的城市进行报复性轰炸，不列颠之战进入第三阶段。9月15日，英军出动19个飞行中队300多架战机迎击德军200架轰炸机和600架战斗机组成的庞大机群，最终英军击落德机56架，重伤80架，自身损失飞机26架，重伤7架。这一天是不列颠空战的转折点。10月12日，希特勒决定把"海狮计划"推迟到1941年春，实际上放弃了登陆英国的计划。

首相丘吉尔评价英国皇家空军的杰出表现时说："在人类的战争领域里，从来没有过这么少的人对这么多的人作过如此伟大的贡献。"此后德国军队开始调往东线准备进攻苏联，英国人用他们的坚韧让纳粹德国不得不面对两线作战的困境。

"巴巴罗萨计划"的破产

1940年7月，希特勒召集高级将领参加军事会议，宣布准备进攻苏联。按照希特勒的意图，德国总参谋部开始制定入侵苏联的具体方案，希特勒将其命名为"巴巴罗萨计划"。按照巴巴罗萨计划，德军准备在对英战役结束前对苏联发动突然袭击，在一个半月到两个月之内打垮苏联。

为了确保这一计划顺利实施，德国在军事、政治和外交方面进行了一系列迷惑苏联的行动。尽管斯大林已经从不同渠道得到德国可能发动进攻的情报，但他并不相信德国人会很快进攻苏联。1941 年 6 月 22 日凌晨，德军对苏联发动了全面进攻，由于斯大林始终不相信德军在结束西线战事前会进攻苏联，因此在德军偷袭下，苏联西部边境附近的部队很快瓦解，1000 多架飞机在机场被摧毁，德国人完全掌握了制空权。到 7 月，苏联西方面军已经被击溃，几个军团被包围在明斯克附近，德军顺利地渡过了第聂伯河。

德军中央集团军把主力调往乌克兰，参加了南线的基辅会战。德军在基辅战役中获得巨大成功，70 多万苏军被歼灭，德军占领了乌克兰大部分地区，但进攻莫斯科的时间表却被迫再度推迟到 10 月初。尽管如此，希特勒仍坚信德军可以在冬季到来之前拿下莫斯科。10 月 2 日，德军集结 180 万人的强大部队开始了以攻取莫斯科为目的的"台风"行动。面对德军的凶猛攻势，苏军在名将朱可夫的指挥下顽强抵抗，此时恶劣的天气让通向莫斯科的道路泥泞不堪，延缓了德军机械化部队的推进速度，同时由于斯大林得到了可靠情报，日本不会在远东发动对苏联的进攻，苏军远东部队得以西调参加莫斯科战役。

到 12 月初，在苏军顽强的抵抗和俄罗斯的严寒双重打击下，轴心国的攻势停止，苏军转入了反攻，莫斯科的各路德军纷纷败退了 100 公里到 250 公里不等，德军的"巴巴罗萨计划"最终破产。

大　事	国别	地域	公元 单位：年
8 月 20 日，中共领导的八路军在华北对日伪军发动了百团大战，给予日军沉重打击。	中国	东亚	1940
9 月 27 日，德国和意大利接受日本加入轴心国集团，柏林－罗马－东京轴心正式形成。	德国	中欧	
3 月 11 日，《租借法案》生效，美国逐渐改变了原来的"中立国"地位。	美国	北美	1941
4 月 13 日，日苏两国签署《日苏互不侵犯条约》，苏联表示尊重"满洲国"的领土完整与不可侵犯性，承认了"满洲国"的主权独立地位。	苏联	东欧	
5 月 27 日，德国主力战列舰"俾斯麦"号被英国海军击沉。		北大西洋	
6 月 22 日，德国对苏联发动突袭，苏德战争爆发。	苏联	东欧	

地域	国别	大事
北美	美国	7月24日，罗斯福总统要求日本撤出在中南半岛与中国的军队，两天后下令禁止对日本出口多项战略资源。
南亚	印度	8月7日，印度著名诗人泰戈尔去世。
北大西洋		8月13日，罗斯福和丘吉尔签署《大西洋宪章》。
东亚	日本	9月6日，日本御前会议秘密决定对美开战。
东欧	苏联	9月26日，苏军在基辅战役中惨败，65万人被俘，但再度延迟了德军进攻莫斯科的时间。
		10月2日，德军开始了进攻莫斯科的"台风"行动。

单位：年
公元
1941

偷袭珍珠港："虎虎虎"

在一战后不久召开的华盛顿会议上，美国成功地遏制了日本的扩张。日本被迫在海军比例上让步，并让出了一些一战期间在中国攫取的权益，这让日本军方对美国十分不满。1940年7月，日本趁法国战败投降之机入侵法属印度支那殖民地（今越南、老挝、柬埔寨），引起美国的强烈不满。1941年7月，美国总统罗斯福要求日军撤出印度支那和中国，随后美国对日禁运包括石油和废钢铁在内的多项战略物资，英国和荷兰政府也随后实施了对日禁运政策，而日本存储的石油只能支撑半年，日本政府决定对美开战。

日本联合舰队司令是曾担任驻美武官的山本五十六，他深知美国工业实力雄厚，他认为日本如对美作战，必须在美国进行军事动员前摧毁其主要军事力量，他决定发挥海军航空兵的作用，以航空母舰为主力长途奔袭3500多海里外的美国太平洋舰队驻地珍珠港，这个计划最终于10月中旬被军方高层批准。

11月26日，由一共搭载着414架各式轰炸机和战斗机的六艘航空母舰为主力的一支日本海军悄然离开日本，向珍珠港进发，途中舰队保持无线电静默，不久，日本潜伏在珍珠港的间谍将珍珠港内的情况提供给了日本方面。12月7日凌晨，日本海军到达了指定地点。

6点10分，在接到发动攻击的命令后，日本舰队负责第一波攻击的183架轰炸机和战斗机起飞扑向珍珠港。这是一个星期天的早晨，丝毫未意识到战争危险的美国官兵大多还在睡梦当中。7 点 53 分，飞临作战区域的第一波攻击指挥官渊田美津看到美国人毫无战争准备，判断偷袭必定成功，遂向舰队指挥官南云忠一发出无线电码"虎虎虎"，通告偷袭成功。紧接着，日军机群向毫无防备的珍珠港发动攻击，8 点 54 分，日军第二波攻击开始，太平洋舰队进一步遭到打击，此后南云认为"已达预期效果"，中止了原先策划的第三波攻击，下令舰队返航。

从战术上看，日军在珍珠港偷袭中战果辉煌，美军太平洋舰队损失惨重，8 艘战列舰、3 艘巡洋舰、3 艘驱逐舰、8 艘辅助性船只丧失了战斗能力，188 架飞机被毁，155 架飞机损坏，美军 2403 人死亡，受伤 1178 人，而日军只损失了 20 多架飞机，但日本这次偷袭却将原本孤立情绪严重的美国人推入了战争。美国国会仅有一票反对通过了对日宣战的决定，美国的参战极大地增强了反法西斯阵营的力量，战局很快发生逆转。战争结束后，日本不仅失去了所有的殖民地，还被迫把冲绳"借"给美国充当海军基地。

大　事	国别	地域	公元 单位：年
10 月 18 日，东条英机被任命为日本首相。	日本	东亚	1941
12 月 7 日，日本海空军偷袭珍珠港，重创美国太平洋舰队，太平洋战争爆发，二战达到最大规模。	美国	北太平洋	
12 月 8 日，美国国会通过对日宣战的议案。		北美	
12 月 11 日，德国和意大利对美国宣战。		中欧	

阅读十二　反法西斯战争的胜利

太平洋战争爆发后，第二次世界大战全面展开，面对共同敌人，各反法西斯国家搁置了社会制度和意识形态上的差异和对立，签署《联合国家宣言》，奠定了联合反对法西斯势力的政治基础。在与法西斯阵营的较量中，反法西斯阵营无论在道义上还是人力、物力方面都占据了绝对优势，战场局势很快向着有利于反法西斯阵营的方向发展，尽管希特勒成功地挫败了反对派的暗杀，却无法挽救纳粹德国败亡的命运。

随着战局的顺利发展，美、英、苏三国领导人在战争后期进行了几次会晤，确定了战后世界秩序与各战胜国的利益分配，并决定成立联合国来促进世界的和平与发展。随着战争走向胜利，美英与苏联间的矛盾开始显现，攻占柏林和原子弹的使用都不乏英美与苏联间的利益争夺，这给战后的国际和平蒙上了阴影。

地域	国别	大事
北美	美国	1月1日，26个国家在华盛顿签署《联合国家宣言》，国际反法西斯同盟正式建立。
东南亚	马来西亚	1月11日，日军攻占吉隆坡。
	缅甸	1月19日，日军侵入缅甸。
	菲律宾	2月22日，美军从菲律宾撤退。
	印度尼西亚	3月8日，爪哇岛上的荷兰守军向日军投降。
	缅甸	3月8日，日军攻占仰光。
东亚	日本	4月18日，从美国"大黄蜂"号航母上起飞的杜立特飞行队轰炸东京，给了日本军民极大的震撼。
南太平洋		5月4日，日美之间爆发"珊瑚海之战"，日本入侵澳大利亚的企图受挫。
中太平洋	美国	6月4日，中途岛战役爆发，日本联合舰队损失4艘航空母舰，美军开始掌握太平洋战场主动权。
南亚	印度	8月8日，甘地发起"退出印度"运动。

单位：公元 年 1942

血战斯大林格勒

德军"巴巴罗萨计划"破产后，纳粹德国被迫面对一场长期战争，这对缺乏战略资源的德国十分不利。1942年，希特勒把进攻目标对准了南线的斯大林格勒，他认为占领这座以斯大林命名的城市可严重打击苏联士气，并切断里海地区与莫斯科的联系，同时也方便德军占领高加索地区的油田。6月28日，德军第4装甲集团军和第6集团军在南线发动进攻，苏军防线接连被突破。德国空军从7月底开始对斯大林格勒进行轰炸，昔日的工业城市变成一片废墟。8月下旬，德国将领保卢斯的第6军团进抵伏尔加河，霍特的第4装甲集团军推进到斯大林格勒南郊，斯大林格勒处于德军三面包围中，不断遭到德国空军的轰炸，形势十分危急。9月，苏军丧失了城外所有据点，德军进入市区。

负责守卫斯大林格勒的苏军62集团军官兵在废墟中顽强抵抗德军，城市中每一条街道、每一栋楼房和每一家工厂都要进行激烈争夺，习惯了机械化作战的德军把这种巷战称为"老鼠战争"，经常是"占领了厨房，但还在争夺客厅"。斯大林格勒火车站在双方激烈争夺下6小时内易手14次，负责收复火车站的苏军近卫步枪师1万多人只有300余人生还。在断壁残垣之间，苏联狙击手给德军造成了重大伤亡。苏军最著名的狙击手瓦西里·扎伊采夫，一天内毙敌42名，使德国将军们深感震惊，他们调来德国狙击兵学校校长科宁斯来对付瓦西里。科宁斯实力强悍，几名苏军狙击手在与他的对决中或死或伤。瓦西里在和他的对决中表现得极为冷静，科宁斯击伤了苏军政治指导员，企图让瓦西里救治伤员从而暴露位置，但瓦西里不为所动，最终在对手探头观察情况时将其一枪毙命。

苏军与德军在斯大林格勒血战时，朱可夫和华西列夫斯基受命制订了代号为"天王星行动"的反攻计划。1942年11月19日，苏军发动强大反攻，到11月30日，完成了对33万德军的包围，到1943年2月2日，包围圈中的轴心国部队被全歼，司令官保卢斯在内的22位将军被俘。这次战役成为二战的转折点，此后苏军开始了全面反攻。

诺曼底登陆：著名的"D日"

1943年5月，美英盟军胜利结束北非战役后，两国决定于1944年5月在欧洲大陆开辟第二战场，盟军对法国北部沿海地区地形、交通状况和德军驻守情况进行勘查和分析，最终将登陆地点选择在了诺曼底。为了确保这次前所未有的大规模登陆战的成功，盟军责成因打士兵耳光而遭停职的巴顿将军建立了一个声势浩大的"虚拟军团"，用在加莱登陆等假象欺骗德军。结果，德军错误地认为巴顿主攻的方向一定是盟军的主要突击方向，因而把大量的人力物力都投入到了加莱地区。

1944年6月6日，"霸王"行动开始，这天也成了著名的"D日"（在军事术语中，D日经常用作表示作战或行动发起的那天）。盟军的3个空降师首先在午夜开

大 事	国别	地域	公元 单位：年
11月4日，阿拉曼战役结束，英军取得胜利，转入反攻。	埃及	北非	1942
11月8日，美英联军在摩洛哥和阿尔及利亚登陆，德国非洲军团陷入两面夹击。			
11月12日，美军占领瓜达尔卡纳尔岛，瓜岛争夺战开始。		南太平洋	
11月19日，苏军在斯大林格勒战役中转入反攻。	苏联	东欧	
11月19日，经济学家威廉·贝弗里奇向英国政府提交《社会保险和相关服务》，为战后英国和其他国家建设福利国家发挥了指导作用。	英国	西欧	
1月11日，中国与美、英签订新约，两国放弃了在中国的特权。	中国	东亚	1943
1月15日，日军撤离瓜达尔卡纳尔岛，美国取得瓜岛战役胜利。		南太平洋	
2月2日，苏军在斯大林格勒战役中获胜，德国精锐部队第6集团军被歼灭。	苏联	东欧	
5月13日，突尼斯的德意联军	突尼斯	北非	

公元 单位：年	地域	国别	大事
			向盟军投降，突尼斯战役结束。
1943	东欧	苏联	6月10日，共产国际宣布解散。
			7月5日，库尔斯克战役开始。
	西欧	意大利	7月10日，美英盟军在意大利西西里岛登陆。
			9月8日，意大利宣布投降，加入美英盟国一方作战。
	北非	埃及	11月22日，中、美、英三国举行开罗会议。
	西亚	伊朗	11月28日，罗斯福、丘吉尔和斯大林在德黑兰召开会议，商讨战后安排和美英开辟第二战场的问题。
1944	东欧	苏联	1月27日，苏军解除了德军对列宁格勒长达900多天的围困。
	西欧	法国	6月6日，盟军在法国诺曼底地区登陆，德军从此陷入两线作战。

始被空投到德军海岸防御部队的后方，负责切断重要的交通要道，阻止德军对海岸的增援并协助登陆部队夺取海滩。同时，在对德军阵地进行猛烈的海空火力打击后，盟军士兵乘坐登陆艇分别在五处海滩开始抢滩登陆，其中在犹他海滩、宝剑海滩和黄金海滩登陆较为顺利，但在奥马哈海滩，美军的登陆很不顺利，由于天气恶劣，用来掩护步兵登陆的32辆两栖坦克被风浪吞没了27辆。缺乏掩护的登陆步兵在德军猛烈的火力下损失惨重，两小时内美军竟没有一人能够登上西段滩头，在东段滩头仅前进9米。关键时刻，美国海军对奥马哈海滩的美军进行了猛烈的炮火支援，被困在海滩上的美军在精锐的第一师带领下发动冲锋，第二批登陆部队又提前到达，终于击溃了德军的防御。

在盟军大举登陆诺曼底时，深受盟军骗招迷惑的德军统帅部还认为这是盟军为登陆加莱进行的佯攻，直到盟军建立稳固的滩头阵地并将登陆场不断扩大的时候，德军才如梦初醒，德国西线指挥官隆美尔立即奉希特勒指令指挥五个装甲师向盟军反击，但失去了空军掩护的德国装甲部队在盟军的一再空袭之下，已丧失了反攻的能力。

诺曼底登陆成功后，德国在欧洲大陆上陷入了两面夹击之中，迅速走向了最后的崩溃。

刺杀希特勒

1942年，纳粹德国在战场上开始陷入困境后，德国陆军内部逐渐暗流汹涌，一个由中央集团军群参谋海宁·冯·崔斯考上校领导的反对希特勒的集团逐渐形成。他系统地招募对希特勒有反抗之心的军官进入中央集团军群，逐渐在军中形成了反对希特勒的组织，但并未争取到高级军官的加盟，两次对希特勒的刺杀计划也遭到失败，反抗组织一度士气低迷。

1943 年，崔斯考会见了克劳斯·冯·施陶芬伯格。施陶芬伯格是一位出身贵族的德国军官，在斯大林格勒战役后一直打定主意要刺杀希特勒，他在北非战场上身负重伤，失去了一只手和一只眼睛，但他却以惊人的毅力争取康复，最终带着残疾回到了部队。希特勒十分欣赏施陶芬伯格，任命他做了德国本土兵团的参谋长。因为能经常接触希特勒，施陶芬伯格的加盟给反抗集团带来了新的希望。不久崔斯考被调往苏联前线，施陶芬伯格负责领导这个刺杀希特勒，推翻纳粹政府并与美英和谈的任务。

1944 年 7 月 20 日，施陶芬伯格带着一个装有两枚炸弹的公文包前往有"狼穴"之称的纳粹德国欧洲大本营参加希特勒的军事会议。中午 12 时 30 分会议开始时，施陶芬伯格找借口进入凯特尔元帅办公室的洗手间将炸弹安装上定时装置，由于紧张和严重的残疾，仓促间他只完成了一个炸弹的安装，将定时装置设置为 12 分钟。当施陶芬伯格进入会议室时，会议已经开始，希特勒坐在桌子一侧的中央，一面用放大镜看桌上的地图，一面听着关于战况的报告。施陶芬伯格将装有炸弹的公文包放在了桌子下面离希特勒的腿两米远的地

大　事	国别	地域	公元 单位：年
6 月 15 日，美军对日本开始实施战略轰炸。	日本	东亚	1944
7 月 9 日，美军在塞班岛战役中获胜。		南太平洋	
7 月 18 日，东条英机内阁垮台。	日本	东亚	
7 月 20 日，德国军官施陶芬	德国	中欧	

公元 单位：年	地域	国别	大　事
			伯格刺杀希特勒失败。
1944	东欧	波兰	8月1日，华沙爆发起义。
	西欧	法国	8月24日，盟军进入巴黎，法国光复。

方，在炸弹爆炸前5分钟时他借打紧急电话为由离开了会议室。他离开后，一位上校觉得皮包碍事就把它挪到了桌脚外侧，这一不经意的举动救了希特勒的命。

12时42分，随着一声巨响，24名与会者中有4人当场死亡，会议室也被炸毁，但希特勒在桌子的保护下却只受轻伤。听到炸弹爆炸声后，施陶芬伯格看到会议室里冒出的浓烟和火舌，以为大功告成，立即赶往柏林准备联合同谋进行政变，推翻纳粹政权。然而，几个小时后，反抗者得到消息，希特勒还活着，他们的夺权行动迅速被瓦解。施陶芬伯格在被枪决后遭到焚尸扬灰，另有5000多人被处决，为纳粹德国立下赫赫战功的隆美尔和克鲁格两位元帅也受到牵连，被迫自尽。

雅尔塔会议："三巨头"的会晤

1944年盟军在诺曼底登陆后，反法西斯阵营节节胜利，在打败轴心国后重建战后世界秩序的问题提上了日程。1945年2月4日到11日，美英苏三国首脑会议在苏联克里米亚地区的雅尔塔召开，会议主要集中在战后欧洲秩序的重建和争取苏联尽快投入对日作战这两方面的问题上。尽管存在意识形态和地缘政治等方面的矛盾，但三个大国最终在雅尔塔会议上就很多问题达成一致。

雅尔塔会议达成的主要决议为：彻底消灭纳粹主义和法西斯主义，被解放的各国人民建立自己选择的民主制度；建立国际组织联合国；德国必须无条件投降，各国不得与德国单独媾和，战后德国不准拥有军队，德国要对各国战争损失予以赔偿；美英承认苏联支持下建立的波兰政府和苏联划定的苏波边界，苏联同意让波兰尽快进行全民自由选举；苏联在 90 天内对日宣战，战后将收回在日俄战争中俄国割让给日本的领土，并获得原沙俄在中国东北的特权。

雅尔塔会议上形成的一系列协议，对于盟国最终取得对德、日法西斯战争的胜利提供了可靠的保证。与凡尔赛会议直接瓜分战败国土地和领地的分赃会议相比，雅尔塔会议强调被解放国家重建时的民主化原则和对战后德国的非法西斯化，则体现了时代的进步。但三个大国扮演主角的雅尔塔会议仍体现了强烈的强权色彩，美英对苏联作出了巨大让步，因为此时德军发动的阿登反击战让美英盟军遭遇了巨大困难。在太平洋战场上，日本的顽强抵抗也让处于攻势的美军损失惨重，因此罗斯福非常"慷慨"地在东欧和东亚等地满足了斯大林的要求。

苏联与英美之间强烈的不信任感并未因雅尔塔会议上的相互妥协而消除。斯大林在会后对南斯拉夫共产党领导人铁托说：斯大林就曾告诉南斯拉夫领导人铁托，"这次战争与以往不同，谁解放的领土，谁就把自己的社会制度推行到他们的军队所到之处"。尽管身为出席会议的三巨头之一，丘吉尔却感觉到了英国地位的急剧滑落，他后来这样评价雅尔塔会议："我的一边坐着巨大的俄国熊，另一边坐着巨大的北美野牛，中间坐着的是一头可怜的英国小毛驴。"无奈之情溢于言表。

大　事	国别	地域	公元 单位：年
10 月 26 日，莱特湾海战结束，美军歼灭了日本联合舰队主力。	菲律宾	东南亚	1944
1 月 17 日，苏联红军攻占华沙。	波兰	东欧	1945
2 月 4 日，罗斯福、斯大林和丘吉尔在雅尔塔举行会议。	苏联		

地域	国别	大　事
东亚	日本	3月9日，美军用燃烧弹对东京进行大规模战略轰炸，持续多日的大火让东京四分之一城区化为灰烬。
北非	埃及	3月22日，阿拉伯国家联盟成立。
东亚	日本	4月1日，冲绳战役开始。
北美	美国	4月12日，富兰克林·罗斯福总统在任上去世，哈里·杜鲁门接任总统。
中欧	德国	4月16日，苏军发起柏林战役。
北美	美国	4月25日，联合国成立预备会议在旧金山开幕。

单位：公元年　1945

法国著名历史学家托克维尔在《论美国的民主》中曾经预言，一百年后美国和俄国将成为世界上最强大的国家。20世纪的历史发展完全验证了这位19世纪历史学家的精准预测。

联合国成立

第一次世界大战结束后，为避免再度发生战争，曾建立常设国际组织国联来维持国际和平和战后国际秩序。但国联的参加国有限，美国和苏联就长期孤立于国联之外。二战爆发后，美国总统罗斯福希望战后建立一个新的国际组织来调节国际关系，促进世界和平。美国国务院首先提出建立一个新的国际组织的计划。罗斯福最先使用"联合国"一词来表示反法西斯国家的国际组织。1942年元旦，正值反法西斯战争最艰苦的时候，美、苏、中、英等26个反法西斯国家的代表齐集华盛顿，签署了《联合国家宣言》，主要内容是保证动用本国一切军事和经济资源与轴心国及其仆从国作战，同时保证相互合作，不与敌人单独媾和。这个宣言为反法西斯国家的合作提供了一个共同纲领，也为战后联合国的建立提供了基础。

1944年8月至10月，美、苏、英、中四国代表在美国的敦巴顿橡树园举行会议，四国就未来国际组织的权力结构和运行规则进行了讨论。苏联考虑到它是当时唯一的社会主义国家，主张安理会常任理事国拥有一票否决权，并主张白俄罗斯和乌克兰这两个苏联的加盟共和国也要成为联合国成员，这些要求遭到英美的反对。

但最终四国达成协议，通过了《关于建立普遍性的国际组织的建议案》，提出将战后成立的国际组织定名为联合国，其基本文件成为"宪章"。联合国应包括大会、安理会、国际法院和秘书处等主要机构；维护和平的权力主要在安理会，大国享有安理会常任席位；大会的重要决议，由与会国三分之二多数票通过，一般决议，由简单多数通过。这样，未来联合国的基本架构和运行规则已基本形成。

1945 年 3 月 3 日，罗斯福总统代表美、英、苏、中四个发起国正式向有关国家发出召开联合国家国际组织会议邀请书，提议以敦巴顿橡树园会议建议案为基础，在美国旧金山讨论制定联合国宪章。4 月 25 日至 6 月 26 日，世界上 50 个国家的代表出席了在美国旧金山举行的联合国制宪会议，50 个国家政府和 1 个非政府组织参与了《联合国宪章》的起草。1945 年 10 月 24 日，美、苏、英、中、法五个安理会常任理事国和大部分参与会议的国家都批准了这一宪章，联合国正式宣告成立。

尽管联合国在机构设置和组织规则上仍有大国政治的痕迹，但随着越来越多的国家加入联合国，广大发展中国家的意见也越来越多地得到表达，联合国成为落后国家争取平等权益，反映诉求的重要平台。至今，联合国仍是国际上认同度最高的国际政治组织。

联合国运行至今也面临着一些争议。在上世纪 90 年代的卢旺达大屠杀和 2007 年的苏丹南部的种族屠杀中，联合国未能及时采取行动，招致了不少人的诟病。此

大 事	国别	地域	公元 单位：年
4 月 25 日，苏军与美军会师易北河。	德国	中欧	1945
4 月 28 日，墨索里尼及其情妇被意大利游击队处决。	意大利	南欧	
4 月 30 日，希特勒及妻子艾娃在地下室自杀。当晚苏军把红旗插上了德国总理府。	德国	中欧	
5 月 2 日，柏林城防司令魏特林签署投降协定，柏林战役结束。			
5 月 9 日，德国最高统帅部向盟军统帅部递交无条件投降书，欧洲战事结束。			
6 月 26 日，50 个国家的代表在旧金山签署《联合国宪章》；10 月 24 日，宪章正式生效，联合国正式成立。	美国	北美	
7 月 17 日，波茨坦会议召开。	德国	中欧	
7 月 26 日，美、中、英三国发表敦促日本投降的《波茨坦公告》。			

地域	国别	大　事
东亚	日本	8月6日，美军用原子弹轰炸广岛，这是人类首次在战争中使用核武器。
东欧	苏联	8月8日，苏联对日宣战，苏军开始进攻驻中国东北的日本关东军。
东亚	日本	8月9日，美军用原子弹轰炸了长崎。
		8月15日，日本宣布接受《波茨坦公告》，向盟国投降。
	中国	8月28日，蒋介石三次电邀后，毛泽东、周恩来、王若飞三人组成的中共谈判代表团赴重庆与国民政府进行和平谈判。
	日本	9月2日，在停靠东京湾的美舰"密苏里"号上举行了日本投降仪式，美军将领麦克阿瑟代表盟国受降。
	蒙古	10月20日，蒙古进行公决投票

单位：公元年

1945

外，大国滥用否决权和会费分担问题也困扰着联合国的发展。

原子弹的硝烟

1945年8月6日上午，3架美国B-29轰炸机飞临日本广岛上空。9点14分，其中一架飞机投下"炸弹"，这枚"炸弹"在降落伞的拖拽下缓缓降向广岛，在距地面600米的空中突然爆炸，天空中出现了另一个"太阳"。它发出的强光使很多驻足观看的广岛市民刹那间双目失明，紧接着的爆炸声震耳欲聋，广岛上空迅速升腾起一朵巨大的蘑菇云，狂风卷着热浪从爆炸中心区扑向四面八方，很多建筑顷刻化为一堆瓦砾，许多人吸入灼热的空气后，呼吸道被严重烧伤，木制建筑和家具立刻自燃，转瞬之间广岛就成了一座人间地狱。

在这次爆炸16小时后，美国总统杜鲁门发表对日讲话，警告日本政府"这就是原子弹"，如果日本政府不投降，将遭到更多"来自空中的毁灭"，世界上的人们此时才知道核武器已经用于战争，而这与美国二战中神秘的"曼哈顿工程"密切相关。

1937年，纳粹德国开始了"铀计划"，秘密进行原子弹的研制。流亡美国的爱因斯坦担心这项技术一旦被希特勒掌握，人类前景将不堪设想，他上书罗斯福总统，提出美国应抢在德国之前研制出原子弹，罗斯福总统被说服。1941年12月6日，"曼哈顿计划"秘密启动，在以著名科学家费米、奥本海默为首的一大批科研人员的努力下，1945年7月，美国进行了两次成功的核试验，这表明美国已经掌握了原子弹技术。

遭到原子弹袭击的日本并未立即投降，企图让苏联调节日本与美国间的关系，被苏联拒绝。8月8日，苏联对日宣战，向驻守中国东北的日本关东军发动进攻。8月9日11点01分，第二枚原子弹"胖子"在长崎爆炸，造成了14.8万人伤亡，好在长崎四面环山的地形对原子弹的威力有所削减。8月14日，日本天皇裕仁通过广播发表《停战诏书》，8月15日，日本政府正式宣布投降，第二次世界大战结束。

大　事	国别	地域	公元 单位：年
后宣布独立。			
10月25日，台湾光复。	中国	东亚	1945
11月20日，纽伦堡审判开始。	德国	中欧	
12月27日，22国代表在《布雷顿森林协定》上签字，正式成立国际货币基金组织和世界银行。	美国	北美	

阅读十三　两极对峙下的世界局势

第二次世界大战结束后，世界很快进入了以美国为首的资本主义阵营和以苏联为首的社会主义阵营相互对峙的冷战时代。尽管美苏两国没有直接兵戎相见，但朝鲜战争、越南战争和中东战争等局部战争，无不体现出两大阵营的明争暗斗，而古巴导弹危机更是让双方几乎走到了世界大战的边缘，但核战争的可怕前景让双方最终通过谈判化解了危机。

二战后民族解放运动的蓬勃发展也是这一时期重要的时代特征，埃及、印度等殖民地纷纷实现了独立，并拒绝参加两大阵营中的一方，推动了"不结盟运动"的发展。同样，挑战两极格局的还有戴高乐，他带领法国走出了一条既不依附于英美，也不屈服于苏联的独特之路。

单位：年 公元	地域	国别	大　事
1946	东欧	苏联	2月2日，美国驻莫斯科代办乔治·凯南向国务院发出一封长电，对苏联对内对外政策进行深入分析，主张对苏联采取"遏制"战略，这封电报对美国此后的对苏政策产生了重要影响。
	北美	美国	3月5日，丘吉尔在富尔敦发表"铁幕演说"，遭到苏联和各国左翼力量的激烈批评，被认为是"冷战"的先声。
	东亚	日本	4月29日，远东军事法庭在东京开庭。

冷战：铁幕降临

第二次世界大战结束后，苏联和美英双方的分歧和对立并没有因战争中的结盟而消除，反而因和平的到来，双方在意识形态和国家利益上的对立与矛盾逐渐凸显出来。美国新总统杜鲁门倾向于对苏联采取强硬手段。1946年2月22日，时任美国驻苏联代办的乔治·凯南向美国国务院发送了一篇长达8000字的电文。他通过在苏联工作期间的观察和分析，认为与美国意识形态相对立的苏联将成为美国最大的敌人。美国应当采取遏制政策，迫使苏联的行为更"温和"和"理智"，最后导致俄国政权的软化或垮台。这篇文章引起杜鲁门的高度重视，凯南提出的"遏制"苏联的思想成为杜鲁门政府制定对苏政策的理论基础。3月，已经卸任的英国前首相丘吉尔在美国富尔敦进行演说，提到"铁幕"已在欧洲降下，东欧广大地区正受到苏联日益增强的控制，他主张英、美结成同盟，共同制止苏联的"侵略"。

1947年，希腊政府和土耳其政府因国内外困境向英国政府求援，英国政府转而请求美国对希土两国进行帮助。3月12日，杜鲁门在国会演讲中提出：我认为支持自由人民对抗内部少数的武装行动，或外部压迫者的征服，必须成为美国的政策。杜鲁门主张在希腊和土耳其这两个靠近苏联的"前沿"地区对苏联进行遏制，并敦促国会通过了"欧洲复兴计划"（即马歇尔计划），对遭到战争严重破坏的欧洲国家进行总数达124亿美元的援助。到 20 世纪 50 年代初，欧洲国家从经济萧条、失业问题严重的困境中走出来，经济开始快速发展。同时，法国、意大利战后一度强大的共产党也逐渐被赶出政府，西方阵营的影响力得到巩固。

面对美国的遏制政策，斯大林采取了反制手段，一是把二战后东欧地区新成立的社会主义国家整合到以苏联为首的社会主义阵营中，成立了共产党和工人党情报局，以协调欧洲各国共产党的行动。二是在 1949 年 1 月，欧洲社会主义国家成立了经济互助委员会，抗衡马歇尔计划。为应对苏联的反制，1949 年 4 月 4 日，以美国为首的西方国家成立了政治、军事同盟组织——北大西洋公约组织。到 1955 年，以苏联为首的欧洲社会主义国家成立了华沙条约组织。这样，以苏联和美国为首的社会主义阵营与资本主义阵营就形成了政治、经济、军事上的全面对峙，形成了持续到 20 世纪 80 年代末的"两极格局"。

在这场社会主义国家和资本主义国家的全面竞争中，由于社会主义国家阵营普遍实行了苏联高度集中的社会管理模式，造成民众生活水平提高缓慢，民众政治权利被剥夺感与日俱增，最终导致了 20 世纪 90 代初的苏东剧变和两大阵营冷战局面的结束。

圣雄甘地

1869 年 10 月 2 日，莫罕达斯·卡拉姆昌德·甘地出生于印度一个贵族家庭，19 岁时留学英国，在伦敦大学学习法律。1891 年甘地回到印度，在孟买做律

大　事	国别	地域	公元 单位：年
6 月 24 日，中国全面内战开始。	中国	东亚	1946
10 月 1 日，纽伦堡审判结束，21 名主要战犯受到审判，18 名纳粹分子被判"战争罪"和"反人类罪"。	德国	中欧	
3 月 12 日，杜鲁门总统在国情咨文中提出美国要帮助"自由国家"抵御"极权政体"，杜鲁门主义正式出台，冷战开始。	美国	北美	1947

公元 （单位：年）	地域	国别	大　事
1947	南亚	印度	6月3日，英国政府制定的《印度独立法案》，由印度总督蒙巴顿公布，决定英属印度建立印度和巴基斯坦两个自治领，并分别独立。
	北美	美国	6月5日，国务卿马歇尔在哈佛大学演讲时，提出了援助欧洲的"马歇尔计划"。
	南亚		8月15日，印度和巴基斯坦分别独立。
	北美	美国	9月18日，根据美国国会通过的《国家安全法》，美国中央情报局成立。
	东欧	波兰	9月27日，苏、波、南、罗、匈、保、捷、法、意等九国共产党和工人党成立欧洲共产党和工人党情报局。
1948	南亚	印度	1月30日，"非暴力不合作"运动的发起者圣雄甘地被印度教极端分子刺杀。

师。1893年，他到南非处理案件，当时的南非种族歧视极为严重。一次甘地乘坐火车，购买了一等车厢车票，但列车员见他是有色人种，就要求他换到三等车厢，遭到甘地拒绝。他连同行李一起被扔下了火车。甘地在此后的20年里组织南非的印度人争取平等权利的斗争，最终迫使南非当局承诺减少对印度人的歧视。在南非期间甘地从《薄伽梵歌》、列夫·托尔斯泰和大卫·梭罗的作品中汲取灵感，他的非暴力不合作思想也逐渐形成。

1915年，甘地回到印度，当时正值一战，甘地号召印度人参加英联邦军队。他希望以印度人对英国的忠诚来换取英国同意印度战后自治。但一战后，英国反而加强了在印度的殖民统治，这使甘地的态度发生了转变。1919年，为抗议反动的"罗拉特法"，甘地号召印度民众进行"非暴力不合作运动"。在甘地的号召下，印度民众广泛地对殖民当局治下的议会、法院、学校和政府机构进行抵制，这场甘地发起的"非暴力不合作运动"很快演变成为整个印度反对英国殖民统治的斗争。

1920年，国大党正式通过了甘地的非暴力不合作计划及甘地起草的党纲，主张通过非暴力不合作，争取实现印度自治。1922年，因运动中出现了群众暴力事件，甘地宣布终止这次非暴力不合作运动，不久甘地被英国当局投入监狱。从1930年开始，甘地多次发起通过非暴力方式争取印度独立的运动，在印度获得了广泛支持，被诗人泰戈尔誉为"圣雄"。甘地多次入狱，但他始终坚持宽容和非暴力作为斗争的原则，并主张宗教和解。

1947 年，英国通过了主张印巴分治的蒙巴顿方案，印度和巴基斯坦分别获得了独立。但印巴两国随即爆发了宗教仇杀，造成几十万人死亡。甘地力图制止教派冲突，引起一些宗教极端分子的仇恨。1948 年 1 月 30 日，甘地被一名狂热的印度教徒刺杀，中弹之时，甘地还对凶手表示宽容和祝福。2007 年，联合国为纪念倡导"非暴力"思想的甘地，把他的生日 10 月 2 日定为每年的世界非暴力日。

以色列的建国和中东战争

19 世纪末犹太人赫尔茨等人认为，犹太人饱受欺凌，是因为他们没有一个国家，散居世界的犹太人应回古代故乡巴勒斯坦，建立独立的犹太国。这就是著名的"锡安主义"思想。一战期间，英国发表了《贝尔福宣言》，支持"锡安主义"。

1947 年，联合国大会通过了 181 号决议，规定当时居住在巴勒斯坦地区的犹太人和阿拉伯人分别建立两个独立国家。决议规定，把巴勒斯坦在约旦河以西地区总面积的 57% 划给占 32% 人口的犹太人，犹太人根据这个决议于 1948 年 5 月 14 日发表了建国宣言，宣布建立独立的国家以色列，并马上得到了美苏两个大国的承认。然而，阿拉伯国家对这个决议十分愤怒，在以色列建国两天后，5 月 15 日，阿拉伯国家联盟（包括埃及、叙利亚、约旦、黎巴嫩、伊拉克、沙特阿拉伯等国）集结 4 万多军队向以色列发动了进攻，第一次中东战争爆发。

大　事	国别	地域	公元	单位：年
4 月 3 日，杜鲁门签署《欧洲复兴计划》（即《马歇尔计划》）。	美国	北美		1948
4 月 7 日，世界卫生组织成立。	瑞士	西欧		
5 月 14 日，以色列根据联合国 181 号决议宣布建国。	以色列	西亚		
5 月 15 日，埃及、约旦、黎巴嫩、叙利亚、伊拉克和沙特阿拉伯等联合围攻以色列，第一次中东战争爆发。				
6 月 24 日，第一次柏林危机爆发。	德国	中欧		

地域	国别	大事
公元 单位：年		
1948 东亚	朝鲜	8月15日，大韩民国在汉城（今首尔）成立。
		9月9日，朝鲜民主主义共和国在平壤成立。
北美	美国	12月10日，联合国大会通过《世界人权宣言》。
1949 西欧	法国	4月4日，西欧国家与美国、加拿大共同签署《北大西洋公约》，北大西洋公约组织成立。
中欧	联邦德国	5月10日，原美、英、法占领区合并，建立德意志联邦共和国（西德）。
南欧	梵蒂冈	7月13日，梵蒂冈宣布一项命令，把所有信奉和讲授共产主义学说的天主教徒逐出教会。
东欧	苏联	9月23日，苏联原子弹试爆成功，成为继美国之后第二个拥有核武器的国家。

从1947年到1982年，以色列和阿拉伯国家之间先后进行了五次中东战争，以色列凭借训练有素的军队和美国的大力援助，多次击败人数众多的阿拉伯军队。第四次中东战争后，战功卓著的拉宾出任总理，他决心与埃及等阿拉伯国家实现和解，为以色列营造和平的环境。从70年代开始，拉宾等以色列领导层与埃及总统萨达特进行多次会晤，最终两国达成谅解，以色列将西奈半岛归还埃及，两国实现了和平。

以色列面临的更为棘手的问题是巴勒斯坦问题，1992年，拉宾再度当选以色列总理，他主动寻求与阿拉法特这位多年的敌人和解，有力地推动了巴以的和平进程。拉宾提出以色列政府愿意就约旦河西岸和加沙地带问题与巴勒斯坦解放组织进行谈判，提出了"以土地换和平"的方案，并对约旦、叙利亚等国的领导人发出和平倡议。经过谈判，巴以双方在美国华盛顿签署了《临时自治安排的原则宣言》，巴以和平进程就此开启。

但巴以和平之路并不平坦，巴以和平协议签署后，以色列爆发了10万民众参加的大型集会，谴责拉宾是"犹太民族的叛徒"，拉宾并未因此退缩，他向以色列民众解释自己的想法："我是个军人，还曾是国防部长。相信我，几万名示威者的喊叫，远不如一个战死儿子母亲的眼泪给我的震撼，我是一个经历过浴血战斗的人，所以我要寻找和平的出路，这是一个转机，虽然它同时也是一个危机……"两年后，拉宾被一名青年犹太民族主义者刺杀，但他开启的中东和平进程则在国际社会的关注下继续艰难前行。

朝鲜战争

第二次世界大战结束后，根据苏联和美国达成的协定，两国以北纬38°线为界分别占领了朝鲜半岛的北方和南方。冷战开始后不久，大韩民国和朝鲜民主主义共和国先后在汉城和平壤成立，朝鲜半岛陷入分裂。

朝鲜民主主义共和国首相金日成并不甘心朝鲜就此长期分裂，他多次求助斯大林，请求苏联帮助朝鲜实现统一，但均遭斯大林拒绝。1950年1月，斯大林转变了态度。根据近年来学者对苏联档案的研究，斯大林想趁机在朝鲜获得不冻港以取代即将归还中国的旅顺和大连。此后，苏联给予朝鲜大量军事援助，朝鲜人民军的实力迅速增强。6月25日，朝鲜战争爆发，人民军迅速推进，攻占汉城并向南推进。

美国方面对朝鲜战争立即作出了强硬反应。在美国推动下，联合国通过决议，谴责朝鲜为和平破坏者，以美军为主的"联合国军"于9月15日在仁川登陆，朝鲜人民军腹背受敌，战局迅速逆转。在不到一个月的时间里，"联合国军"占领平壤，并不顾中国的一再警告，继续向中朝边境推进，美国第七舰队还开入台湾海峡。面对严峻的国际形势，中国领导人毛泽东力排众议，决定组织中国人民志愿军，出兵朝鲜。在残酷的长津湖之战中，志愿军第九兵团在零下40℃的低温中向美国海军陆战队第一师发动猛攻，他们能使用的武器

大　事	国别	地域	公元 单位：年
10月1日，中华人民共和国建立，定都北京。	中国	东亚	1949
1月21日，作家乔治·奥威尔逝世，他的《动物庄园》和《1984》被誉为反极权主义的经典之作。	英国	西欧	1950
2月14日，《中苏友好同盟互助条约》签订，两国结成同盟。	苏联	东欧	
6月25日，朝鲜战争爆发。		东亚	
6月29日，美国第七舰队驶入台湾海峡。	中国		
7月7日，联合国安理会通过84号决议，决定派遣"联合国军"支援韩国。	美国	北美	
9月15日，麦克阿瑟指挥的"联合国军"登陆仁川，朝鲜战局迅速逆转。	韩国	东亚	
10月19日，"联合国军"占领平壤，中国人民志愿军入朝作战。	朝鲜		
11月20日，印度总理尼赫鲁宣布以麦克马洪线为印藏边界，不接受中国地图上的边界，中印边界纠纷由此开始。	印度	南亚	
9月8日，48个国家与日本签订《旧金山和约》，正式结束太平洋战争。	美国	北美	1951

公元 单位：年	地域	国别	大 事
1952	北美	美国	2月18日，土耳其和希腊加入北大西洋公约组织。
	北非	埃及	7月23日，纳赛尔为首的自由军官组织发动政变，纳赛尔实际掌握了权力。
1953	北美	美国	1月20日，艾森豪威尔就任美国第34任总统。
	东欧	苏联	3月5日，斯大林去世。
	加勒比海	古巴	7月26日，菲德尔·卡斯特罗领导的古巴革命爆发。
	东亚	朝鲜	7月27日，朝鲜战争停战协定在板门店签署，朝鲜战争结束。
1954	北非	埃及	2月25日，纳赛尔成为埃及总理。
	东南亚	越南	5月7日，越共军队在莫边府战役中获胜。
	北美	美国	5月17日，美国最高法院宣布废除黑白分校制度。
			5月24日，晶体管计算机在美国国际商用机器公司（IBM）诞生。
	东亚	中国	6月28日，中国与印度两国总理发表联合声明，提出了"互相尊重领土主权，互不侵犯，互不干涉内政，平等互利，和平共处"五项原则。
	中欧	联邦德国	10月2日，联邦德国加入北约组织。

只有步枪、冲锋枪和手榴弹，一些战士甚至在进攻开始前就已经冻死在了雪地上。冲锋号吹响后，饱受冻饿折磨的志愿军战士立即从雪地中跳起，向美军发起冲击。装备简陋的志愿军表现出的战斗精神让美军惊叹不已。在志愿军的不断攻击下，美国军队最终向南方败退。

经过三年战争，双方重新回到38°线附近。1953年7月27日，交战双方签订了《朝鲜停战协定》。20世纪末，东欧剧变和苏联解体后，全球范围内的冷战结束，但在朝鲜半岛却依然能感到浓重的冷战氛围。

爱因斯坦与相对论

1879年，阿尔伯特·爱因斯坦出生在德国的乌尔姆。进入学校后，他在自然科学方面表现出色，12岁到16岁他就自学了几何学和微积分。爱因斯坦很喜欢阅读科普类书籍，并关注当时的科学研究动态。1896年，爱因斯坦进入苏黎世的联邦理工学院学习物理学。毕业后不久，他在一位大学同学父亲的协助下得到了一份伯尔尼瑞士专利局技术员的工作，在工作之余，爱因斯坦仍然进行科学研究。

1905年，爱因斯坦提出了光量子假说，解决了光电效用问题，为量子论做出了重大贡献。他向苏黎世大学提交的论文《分子大小的新测定法》使他获得了博士学位。在同年9月发表的《论动体的电动力学》一文中，爱因斯坦第一次提出了狭义相对论的基本思想，他认为，光速在所有惯性参考系中不变，它是物体运动的最大速度。由于相对论效应，运动物体的长度会变短，运动物体的时间膨胀。爱因斯坦的研究成就让人们对他刮目相看，1908年，伯尔尼大学将他聘为编外讲师。1909年，爱因斯坦离开了专利局，来到苏黎世大学担任理论物理学副教授。1914年，他回到了阔别已久的德国，担任了柏林大学教授兼皇家物理研究所所长。

1916年，爱因斯坦发表长文《广义相对论的基础》。在这篇文章中，爱因斯坦首先把以前适用于惯性系的相对论称为狭义相对论，并进一步表述了广义相对性原理。广义相对论认为，由于有物质的存在，空间和时间会发生弯曲，而引力场实际上是一个弯曲的时空。爱因斯坦的广义相对论科学地解释了水星近日点运动，而他依据相对论做出的"引力场使光线偏转""强引力场中光谱向红端移动"等针对宇宙现象进行的解释，都被后来科学家们的观测所证实。1921年，爱因斯坦因在量子论上的贡献获得了诺贝尔物理学奖。

爱因斯坦不仅是一个成就卓越的科学家，而且是一个世界闻名的和平主义者，在一战中他坚决反战，因而被很多沙文主义者所仇视。1933年纳粹党上台后，爱因斯坦被迫流亡美国。出于对纳粹德国制造原子弹的担心，他曾力促罗斯福总统制造原子弹，但当听到原子弹在广岛和长崎爆炸时，他痛心不已。

1955年4月，爱因斯坦病逝于美国普林斯顿，谦虚的爱因斯坦去世前立下遗嘱，要求不发讣告，不举行葬礼。他把自己的脑供给医学研究，身体火葬。他曾

大　事	国别	地域	公元 单位：年
11月1日，阿尔及利亚独立战争开始。	法属阿尔及利亚	北非	1954
4月18日，万隆会议召开，这是第一次没有西方大国参加的国际会议，会上确定了指导国际关系的十项原则。	印度尼西亚	东南亚	1955
4月18日，相对论的创立者阿尔伯特·爱因斯坦辞世。	美国	北美	
5月14日，以苏联为首的东欧社会主义国家签署《华沙公约》，华约组织成立。	波兰	东欧	
7月18日，世界上第一个迪士尼公园在加利福尼亚对外开放。	美国	北美	
8月27日，第一版《吉尼斯世界纪录大全》出版，很快风靡世界。	英国	西欧	
12月1日，在阿拉巴马州蒙哥马利市，黑人妇女罗莎·帕克斯拒绝为白人男子让座，被驱逐下公交车。马丁·路德·金发动该市的黑人抵制公交车，美国黑人民权运动开始。	美国	北美	
2月25日，赫鲁晓夫在苏共二十大上作了《关于个人崇拜及其后果》的秘密报告，轰动世界。	苏联	东欧	1956
7月26日，埃及政府宣布将苏伊士运河公司收归国有，公司财产全部转交埃及。	埃及	北非	
6月28日，波兹南事件发生。	波兰	东欧	

公元 单位：年	地域	国别	大事
1956	东欧	匈牙利	10月23日，匈牙利十月事件发生。
	北非	埃及	10月29日，英法联合以色列对埃及发动苏伊士运河战争（第二次中东战争）。
	东亚	日本	12月18日，日本加入联合国。
1957	北美	美国	1月5日，艾森豪威尔在国情咨文中提出，要给中东国家以经济和军事援助，以帮助这些国家摆脱"国际共产主义控制的任何国家的武装侵略"。这被称为"艾森豪威尔主义"。
	南欧	意大利	3月25日，《欧洲经济共同体条约》在罗马签订，欧洲共同体成立。
	东欧	苏联	6月22日，苏共党内爆发激烈斗争，马林科夫、莫洛托夫、卡冈诺维奇等人被定为"反党集团"。
	北美	美国	9月25日，小石城事件发生，艾森豪威尔动用美国101空降师强行护送黑人学生入学，撕开了南方种族隔离制度的缺口。
1958	西欧	法国	11月5日，法兰西第五共和国成立。
	中欧	联邦德国	11月27日，苏联单方面向英美法三国发出照会，要求它们6个月内撤出西柏林的驻军，被三国拒绝，酿成第二次柏林危机。

说过："我自己不过是自然的一个极微小的部分。"

越南的泥潭

第二次世界大战前，越南是法国印度支那殖民地的一部分。二战期间，越南被日本占领，日本投降后，胡志明领导下的越南共产党建立了自己的政权，挫败了法国恢复殖民统治的企图。根据1954年日内瓦会议达成的协议，以北纬17°线为界，越共领导下的越南民主共和国控制着北部，南部由原法国殖民者扶持的保大皇帝控制。1955年，吴庭艳在南越发动政变，建立了越南共和国。

1959年，越共中央委员会确定了武力统一越南的方针，越共领导的游击队很快控制了南越大部分乡村地区，并得到了苏联与中国的支持。美国政府认为，越共领导的统一战争是"共产主义的扩张"，美国肯尼迪政府决定对此加以遏制，从此开始介入越南战争。

1964年8月4日，美国声称军舰"马多克斯"号在公海上遭到北越攻击，美国以此为借口，开始对北越海军基地进行轰炸，这就是"北部湾事件"。得到国会授权后，美国约翰逊总统大规模向越南增兵，到1966年8月，美军在越南的总人数达到42.9万人。越共武装也多次发动对美军基地的袭击。1965年11月，美军与北越主力部队爆发了第一次正面冲突，经过三天激战，北越军队伤亡1037人，美军阵亡234人。此后越共武装主要采用游击战术，避免和美军正面冲突。越共军队利用浓密的热带丛林，采用游击战和消耗战的办法与美军周旋，使美国逐渐陷入长期战争的泥潭中。

美国国内民众对旷日持久的越战日益不满，反战运动不断高涨。1970 年 5 月，为了抗议俄亥俄州民兵开枪打死四名参与抗议越战的学生与美国入侵柬埔寨，美国历史上第一次全国学生总罢课爆发，十几万名学生涌入华盛顿进行抗议。同时美国深陷越战的时候，苏联在军事实力上有了很大增长，并进行咄咄逼人的扩张，给美国的全球战略造成严重威胁。在内外交困的情况下，美国政府决定从越南抽身。1973 年 1 月 27 日，美国与越南南北各方力量在巴黎正式签订了《关于在越南结束战争、恢复和平的协定》。随后两个月内，美军全部撤出越南。1975 年，北越发动了强大攻势，很快击溃了南越政权，1976 年越南南北方统一，越南战争结束。

古巴导弹危机

自 1947 年杜鲁门政府开始对苏联实行"遏制"政策以来，两国从战时的合作走向对抗，国际上形成了以美国为首的西方阵营和以苏联为首的社会主义阵营相对峙的两极格局。尽管美苏两国在政治、经济和文化等诸多领域彼此对抗，慑于世界大战和核战争的严重后果，双方都尽力避免两国间发生直接的军事冲突，但 1962 年的古巴导弹危机却险些使两个超级大国走向战争。

1961 年，取得政权不久的古巴革命领袖菲德尔·卡斯特罗在"猪湾事件"中挫

大 事	国别	地域	公元 单位：年
12 月 8 日，美国发射世界上第一颗通信卫星，把美国总统的《圣诞节祝辞》录音带到太空，试验了卫星通信的可能性。	美国	北美	1958
1 月 1 日，古巴独裁者巴蒂斯塔逃亡国外，菲德尔·卡斯特罗率部进入哈瓦那，实际掌握了权力。	古巴	加勒比海	1959
7 月 24 日，赫鲁晓夫和美国副总统尼克松就社会主义制度和资本主义制度的优劣进行"厨房辩论"。	苏联	东欧	
3 月 6 日，美国宣布派遣 3500 名士兵援助南越政权，美国开始直接武力介入越南。	美国	北美	1960
7 月 19 日，日本首相池田勇人提出"国民收入倍增计划"，日本进入经济快速发展时期。	日本	东亚	
12 月 1 日，运载有动物、昆虫和植物的苏联卫星进入地球轨道。	苏联	东欧	
1 月 3 日，美国与古巴断绝外交关系。	美国	北美	1961
1 月 20 日，民主党人约翰·肯尼迪就任美国总统，他是美国史上唯一一位信仰天主教的总统。			

	地域	国别	大　事
1961	东欧	苏联	4月12日，苏联载人航天计划成功，尤里·加加林成为进入太空的第一人。
	加勒比海	古巴	4月17日，猪湾事件发生，最终美国颠覆古巴革命政权的计划失败，古巴倒向苏联。
	东南亚	越南	5月14日，美国派遣100名特种部队军人进入南越，"特种战争"开始。
	东亚	韩国	5月16日，朴正熙发动军事政变，推翻李承晚政权，建立独裁统治。在他统治韩国的近二十年间韩国经济快速发展，创造了"汉江奇迹"。
	南部非洲	南非	5月31日，南非退出英联邦，建立南非共和国。
	中欧	民主德国	8月15日，东德开始修建柏林墙。
	北极	苏联	10月30日，苏联制造的氢弹在北冰洋新地岛试爆，成为人类史上威力最大的一颗炸弹。
	东欧		10月31日，斯大林尸体被移出列宁墓。
1962	北美	美国	2月7日，美国开始对古巴进行贸易禁运。
			2月20日，美国首次进行了载人航天飞行。
	加勒比海	古巴	10月14日，古巴发生导弹危机。经过两周较量，美国承诺不入侵古巴，苏联撤出在古巴

败了美国颠覆古巴革命政权的图谋，宣布古巴将选择社会主义道路，古巴与苏联的关系迅速接近，苏联在政治、经济和外交等方面给予古巴大力的支持，并答应向古巴提供军事援助。

1962年5月，苏联开始在古巴秘密布置可以装载核弹头的中程弹道导弹，但苏联在古巴的行动不久就被美国侦察机发现。10月，美国政府通过U-2侦察机拍摄的照片掌握了苏联在古巴布置导弹的确凿证据。美国军方对苏联的行为反应尤其强烈，曾经指挥空军轰炸日本的柯蒂斯·李梅将军要求空袭古巴，他说："红狗在挖美国的后院，我们必须惩罚他们。"但肯尼迪决定首先进行封港，并召集各大报纸的主编，让他们避免过早报道此事。美国的军队很快进入警戒状态，并派出200多艘船舰对古巴进行封锁，肯尼迪发表了电视讲话，宣布美国从10月24日起对古巴进行封锁，美国的行动得到了英、法、西德和美洲各国的支持。

苏联领导人赫鲁晓夫面对危机，最初态度强硬，美国通知苏联美军将封锁古巴的照会被苏联作为不可接受文件退回给了美国驻苏使馆，苏联政府向各国政府和人民发出呼吁："强烈抗议美国侵略古巴和别国的行径，坚决谴责这些行动并阻止美国政府发动核战争。"

同时，赫鲁晓夫拒绝接受对古巴的封锁，苏联反而加快了在古巴的导弹基地建设，一时间两国关系剑拔弩张。10月27日，美国海军发现一艘苏联核潜艇，并投下了深水炸弹，苏军舰长已下令发射核弹进行反击，并获得政委的同意，只因大副的坚决抵制才避免了核战争的发生。而同日美国的两架飞机被苏制导弹和防空炮击落，肯尼迪也保持了克制，没有像人们担心的那样进行报复，而是继续与苏联进行谈判。

在美国的强大压力下，赫鲁晓夫决定让步，双方在秘密外交谈判中达成了协议，苏联撤回布置在古巴的导弹，美国保证不再对古巴采取任何入侵行动，并秘密撤回布置在土耳其的战略导弹。在经历了短暂的核战争危险之后，国际社会回到了和平的轨道。

大　事	国别	地域	公元 单位：年
的导弹。			
10 月 20 日，中印两国发生边境冲突，中国军队在击败印度军队后撤至麦克马洪线以北。	中国	东亚	1962
11 月 20 日，美国解除对古巴的封锁。	美国	北美	
雷切尔·卡尔逊发表《寂静的春天》，引发人们对环境保护的关注。			
5 月 25 日，非洲统一组织（非洲联盟的前身）成立。	埃塞俄比亚	东非	1963
8 月 5 日，美、英、苏三国在莫斯科签订《部分禁止核试验条约》。	苏联	东欧	

阅读十四　从对峙走向缓和

尽管二战后的世界出现了社会制度和意识形态相对立的两大阵营，但全球化进程并未因此停滞。人权和环境问题成为跨越国界的政治问题。美国和南非的种族隔离制度长期受到国际舆论的谴责，1972 年奥运会期间发生在慕尼黑的恐怖袭击事件让人们给予中东问题更多关注，而苏联的核电站事故的灾难性影响则远远超出了国界。

20 世纪 80 年代末 90 年代初，东欧剧变，苏联解体，两极格局随之结束。尽管冷战结束后出现了海湾战争这样的局部冲突，但和平与发展已经成为难以逆转的时代潮流。

单位： 公元 年	地域	国别	大　事
1963	北美	美国	8月28日，马丁·路德·金在华盛顿林肯纪念堂发表"我有一个梦想"的演讲，黑人民权运动达到高潮。 11月22日，肯尼迪总统遇刺身亡。
1964	南部非洲	南非	6月12日，黑人政治家纳尔逊·曼德拉被判处终身监禁。
	北美	美国	7月2日，约翰逊总统签署国会通过的《民权法案》，规定禁止种族、民族、信仰和性别等方面的歧视。
	东亚	日本	10月1日，世界首条高速铁路，东京至大阪的新干线铁路通车。
	东欧	苏联	10月14日，苏联发生政变，赫鲁晓夫下台，勃列日涅夫成为苏共领导人。
	东亚	中国	10月16日，中国第一次成功试爆原子弹。
1965	北美	美国	6月3日，美国宇航员爱德华·怀特进行了人类第一次太空行走。
	东南亚	新加坡	8月9日，新加坡从马来西亚联邦独立，建立新加坡共和国。
1966	东亚	中国	5月16日，中共中央政治局通过《五一六通知》，"文化大

我有一个梦想：美国民权运动

南北战争后，美国在全国范围内废除了黑人奴隶制，但美国社会的种族歧视现象依然严重，美国南部尤其明显。内战后不久，南方各州相继颁布了歧视和限制黑人的法令，形成了种族隔离制度，很多生活的基本设施，如学校、医院、饭馆，甚至公交汽车，都实行严格的种族隔离制，这种隔离制度一直持续到二战之后。北部各州尽管没有从法律上确立种族隔离制度，但对黑人的排斥和歧视依然长期存在。

第二次世界大战爆发后，被法西斯势力所崇尚的种族主义思想在人们心中变得臭名昭著。大战中，上百万美国黑人被征召入伍，与白人士兵并肩作战。一位当年的黑人士兵回忆："军官们只关心你的表现，并不在乎你的肤色。"这些黑人士兵回到美国后已难以忍受种族歧视和种族隔离的现实，很多人成为黑人民权运动的骨干。

1955年，阿拉巴马州的黑人妇女罗莎·帕克斯因拒绝将公交车上白人区的座位让出而被警察逮捕，由此引发了长达一年多的蒙哥马利市黑人抵制公共汽车事件。最终，蒙哥马利市被迫取消了公共汽车上的种族隔离制度。这一事件被人们看作是战后美国民权运动的开端，领导这场运动的黑人牧师马丁·路德·金由此崭露头角，逐渐成为民权运动的领导者和代表人物。

马丁·路德·金深受基督教观念和印度"圣雄"甘地非暴力不合作思想的影响，始终主张通过和平与温和的方式推动联邦政府和各州政府通过改革，废除种族隔离制度，给有色人种平等的公民权利。金在一生中多次遭遇白人种族主义者的威胁和暗杀，但他始终坚持非暴力的斗争方式。他这样阐述自己的非暴力观念："如果你被人殴打，请不要还手。如果别人被欺负，请不要为他打抱不平，只为被压迫的人祈祷……此时此刻，我们一定要保持冷静与睿智，不要放纵情感。无论如何，我们决不能施暴。"

1963 年，金和其他几位民权运动领袖组织了口号为"为了自由和工作，向华盛顿进军"的活动。8 月 28 日，金在林肯纪念堂前向参加运动的群众和各界人士发表了名为"我有一个梦想"的演讲，将民权运动推向高潮，这篇演说也成为人类历史上影响最大的演说之一。

航天英雄加加林与阿姆斯特朗

20 世纪 50 年代，美苏双方在陆地、海洋和空中进行军备竞赛的同时，也开始把目光投向遥远的太空。苏联在冷战前就一直非常重视火箭技术的研究，在火箭技术专家齐奥尔科夫斯基和科罗廖夫等人的努力下，苏联的火箭和导弹技术一直处于领先地位。1957 年苏联成功地用多级火箭发射了第一颗人造卫星，此后在科罗廖夫的全力推动下，苏联航天部门一直努力实现载人航天的目标。从 1960 年 3 月起，苏联宇航局开始招募宇航员，有 20 多人接受了训练，最终尤里·加加林被选为首位进入太空的宇航员。加加林被选中的原因是他驾驶过雅克 -18、米格 -15、米格 -17、米格 -21、伊尔 -14 等机型的飞机，

大 事	国别	地域	公元 单位：年
革命"开始。			
6 月 5 日，第三次中东战争爆发（六日战争）。		西亚	1967
6 月 17 日，中国成功爆炸氢弹，成为世界上第四个拥有氢弹的国家。	中国	东亚	
7 月 1 日，欧洲经济共同体、欧洲煤钢共同体和欧洲原子能共同体的理事会及其执行机构合并，组成欧洲共同体。	比利时	西欧	
8 月 8 日，印度尼西亚、马来西亚、新加坡、菲律宾、泰国五国外长在曼谷发表《曼谷宣言》，东南亚国家联盟（东盟）正式成立。	泰国	东南亚	
1 月 5 日，杜布切克当选捷共第一书记，"布拉格之春"运动开始。	捷克斯洛伐克	东欧	1968
4 月 4 日，美国黑人民权运动领袖马丁·路德·金被暗杀。	美国	北美	
8 月 21 日，苏军进入布拉格，"布拉格之春"被扼杀。	捷克斯洛伐克	东欧	
8 月 24 日，法国氢弹试爆成功，成为第五个拥有氢弹的国家。	法国	南太平洋	
3 月 2 日，中苏两国在珍宝岛爆发军事冲突。	中国	东亚	1969
7 月 21 日，阿姆斯特朗走出阿波罗 11 号登月舱，成为首	美国	北美	

公元 单位：年	地域	国别	大事
			个踏上月球之人。
1969	北非	利比亚	9月1日，穆阿迈尔·卡扎菲上校发动政变推翻利比亚伊德里斯王朝。
	西欧	英国	12月18日，英国废止死刑。
1970	东亚	中国	4月24日，中国成功发射首颗人造卫星"东方红一号"。 10月13日，中国与加拿大政府签署声明，建立邦交关系。
	东欧	苏联	11月27日，亚历山大·索尔仁尼琴获诺贝尔文学奖，他的《古拉格群岛》揭露了苏联劳动营制度的残酷，在国内外引起巨大反响。
1971	西亚	伊朗	2月2日，18个国家在伊朗签署《湿地公约》，这是为了保护湿地而签署的全球性政府间保护公约。
	东欧	苏联	4月19日，苏联发射人类第一个空间站"礼炮一号"。
	东亚	中国	7月9日，美国国家安全事务助理基辛格秘密访华，与周恩来总理进行了会谈。 10月25日，联合国大会2758号决议通过，承认中华人民共和国为中国唯一合法代表，并驱逐"中华民国"代表。
	西欧	英国	10月28日，英国下院通过了加入欧共体的决议。

头脑清醒，技术全面，他的各种测验和考试成绩几乎都是优秀。

1961年4月12日莫斯科时间上午9时零7分，加加林乘坐东方1号宇宙飞船从拜克努尔发射场起航，在最大高度为301公里的轨道上绕地球一周，历时1小时48分钟，于上午10时55分安全返回，降落在萨拉托夫州斯梅洛夫卡村地区，完成了世界上首次载人宇宙飞行，实现了人类进入太空的愿望。

苏联在人造卫星和载人航天领域的捷足先登让美国有了落后的危机感。加加林飞上太空的第二天，不少美国国会议员们在与白宫科学委员会的会谈中表示希望立刻进行一项太空计划，以使美国在与苏联的太空竞赛中迎头赶上。美国总统肯尼迪和副总统约翰逊开始策划登月计划，这个计划以古希腊神话中的太阳神阿波罗命名，称为阿波罗计划。1961年5月，阿波罗计划开始运行，这一工程历时11年，耗资255亿美元，有2万多家企业、200多所大学和80多个科研机构参与这一浩大工程，并在1969年实现了人类的登月之梦。

1969年7月16日，载着三名宇航员的阿波罗11号飞船从位于佛罗里达州的肯尼迪航天中心起飞。7月20日，"鹰号"登月舱从飞船上分离，宇航员阿姆斯特朗和奥尔德林操作"鹰号"推进器成功地降落到月球表面。过了一会，休斯顿控制中心传来了阿姆斯特朗的声音："休斯顿，这里是静海基地。'鹰'着陆成功。"原本鸦雀无声的控制中心顿时一片欢腾。

7月21日，世界标准时间2时56

分，阿姆斯特朗扶着登月舱的扶梯首先踏上了月球的土地。他说："这是我个人的一小步，但却是全人类的一大步。"另一位宇航员奥尔德林不久也踏上月球，两人在月球表面活动了两个半小时，钻探取得了月芯标本，拍摄了照片，采集了一些月表岩石标本，安放了一些科学实验组件，并将一面美国国旗插到了月球表面。全世界有4.5亿人通过电视转播看到了这一壮举。7月24日，阿波罗11号成功地返回地球，受到了英雄般的欢迎。

慕尼黑惨案

每四年一届的夏季奥运会是当今世界规模最大的体育盛会，而每当奥运会举办时，主办方都会将大量的人力物力投入奥运安保方面，这样做的原因之一就是1972年的慕尼黑奥运会上，安保工作的疏忽让奥林匹克运动付出了血的代价。

1972年，第20届奥运会在联邦德国城市慕尼黑举行，为了去除人们对德国的军国主义印象，联邦德国政府力图营造一个宽松、自由的奥运会氛围，负责安全工作的人员并不住在奥运村，也不随身携带武器，尽管奥运村有2米高的铁栅栏保护，但却无专人看守，这就给奥运村的安全埋下了隐患。

9月5日凌晨4点半左右，8名隶属于"巴勒斯坦解放组织"的"黑九月"组织的恐怖分子带着装有AK47步枪和手榴弹的帆布包潜入了奥运村，他们没有遇到任何检查。恐怖分子用准备好的钥匙打开了以

大　事	国别	地域	公元 单位：年
11月15日，英特尔公司向全世界公布4004微处理器。这一天成为微处理器的诞生纪念日。	美国	北美	1971
12月3日，第三次印巴战争开始，东巴基斯坦被印度占领，后来成立了孟加拉国。		南亚	
罗尔斯《正义论》出版，被认为是20世纪最重要的政治学著作。	美国	北美	
2月21日，美国总统尼克松访华，美中双方发表《中美联合公报》。	中国	东亚	1972
5月26日，美苏两国在莫斯科签署《关于限制反弹道导弹系统条约》和《关于限制进攻性战略武器的某些措施的临时协定》。	苏联	东欧	
6月5日，联合国人类环境会议在斯德哥尔摩举行。会议通过《联合国人类环境会议宣言》和《行动计划》，这是第一次世界环保大会。	瑞典	北欧	
6月17日，尼克松总统竞选班子首席安全顾问詹姆斯·麦科德等5人潜入位于华盛顿水门大厦的民主党全国委员会办公室安装窃听设备，并偷拍文件，当场被捕。此事成为美国著名的政治丑闻，后来尼克松被迫辞职，这就是"水门事件"。	美国	北美	

地域	国别	大　事
中欧	德国	9月5日，在慕尼黑举办奥运会期间发生恐怖袭击事件，11位以色列运动员被杀害。
东亚	中国	9月29日，周恩来与来访的日本首相田中角荣签订《中日联合声明》，两国建立大使级外交关系。
西欧	法国	11月16日，联合国教科文组织通过了《保护世界文化和自然遗产公约》。
北美	美国	12月19日，阿波罗17号返回地球，阿波罗计划宣告结束。
		5月17日，美参议院专门小组开始水门事件听证会。
大洋洲	澳大利亚	7月20日，悉尼歌剧院落成。
西亚		10月6日，第四次中东战争爆发（赎罪日战争）。
西欧	法国	12月，苏联作家索尔仁尼琴描写苏联劳改营制度的纪实性作品《古拉格群岛》第一卷在巴黎出版，在西方引起轰动。
东亚	中国	1月19日，中国海军收复被南越侵占的西沙群岛。
东欧	苏联	2月12日，苏联将持不同政见者索尔仁尼琴驱逐出境。
		6月18日，朱可夫元帅逝世，他在苏联卫国战争中功勋卓著，是一位英雄式人物。
北美	美国	8月8日，尼克松总统因水门

单位：年 公元

1972

1973

1974

色列队运动员所在的公寓房门，很快控制了毫无防备的以色列运动员，两名抵抗劫持的运动员被当场打死。

以色列代表团被劫持的消息震惊了世界，劫持了人质的"黑九月"分子发表声明，要求以色列政府释放234名关押在以色列的巴勒斯坦囚犯和两名关押在联邦德国的囚犯，以色列政府拒绝了恐怖分子的要求。奥组委立即决定暂停当天的奥运会比赛，并与恐怖分子进行谈判，最终奥组委为保证人质的安全，同意让恐怖分子乘飞机前往埃及支付巨额赎金。但这次劫持人质事件让联邦德国方面感到颜面尽失，联邦德国警方决定采取武力解救人质的方案，不让恐怖分子离开德国。

联邦德国警方决定利用恐怖分子在机场搭乘客机的时机发动奇袭，解救人质。恐怖分子与警方展开了长达一个多小时的枪战，激战中，9名以色列人质被全部枪杀，5名恐怖分子被打死，3名被俘，1名警员当场殉职，两名警员重伤，不久死去。

这次惨案是奥林匹克历史上最严重的流血事件，奥运会为此停赛一天，悼念受害的以色列运动员。以色列对"巴勒斯坦解放组织"进行了残酷的报复，成百上千的巴勒斯坦人因此丧命。以色列还派遣特工组织"摩萨德"对以色列认为的11名慕尼黑惨案的策划者们展开代号为"上帝的复仇"的暗杀行动，并成功杀死了其中的9人，但以色列并未由此得到自身的安全。这次悲剧发生后，重大赛事的安保工作引起人们的极度重视。这次事件也让各国人民认识到了恐怖主义的危害，原本很多国家对巴解组织持同情态度，但这次恐怖袭击却让巴解组织失去了很多人的同情，把恐怖主义行径作为表达政治主张的手段遭到人们的普遍唾弃。

苏联入侵阿富汗

阿富汗地处亚洲中南部，是连接南亚、中东和苏联中亚地区的战略枢纽，从沙俄到苏联政府都把控制阿富汗作为南下印度洋战略的重要一环。1973 年，阿富汗的巴拉克查依王朝被推翻，阿富汗共和国建立，苏联借机对阿富汗在政治、经济、军事等领域进行全面渗透。1978 年，亲苏的人民民主党军官在苏联策动下发动政变，夺取政权，与苏联开始"全面合作"。然而一年后，新上任的总统又在一次政变中被杀，新上台的总理哈菲佐拉·阿明欲采取诸多措施摆脱苏联控制。苏联领导人勃列日涅夫决定对阿富汗进行武力干涉。

1979 年 12 月 7 日，苏联军事顾问要求阿富汗军队把坦克和其他关键装备进行拆卸维修，苏联暗中切断首都喀布尔与外界的联系。12 月 25 日开始，苏军精锐部队进入阿富汗，控制了首都喀布尔周围的战略要地。12 月 27 日，700 名苏联情报机关克格勃人员和特种部队阿尔法小组身着阿富汗部队制服，占领了政府和军事机关以及媒体大楼，并袭击了阿富汗王宫，阿明一家 24 口人被打死。12 月 28 日，苏军大部队越过苏阿边境，对阿富汗全国进行占领。

拥有各种现代化装备的苏军很快占领

大 事	国别	地域	公元 单位：年
事件宣布辞职，杰拉德·福特继任总统。			1974
4 月 17 日，红色高棉军队攻陷金边，开始统治全国，造成 200 多万人非正常死亡，占全国人口的四分之一左右。	柬埔寨	东南亚	1975
9 月 16 日，黎巴嫩内战爆发。	黎巴嫩	西亚	
11 月 20 日，西班牙独裁者佛朗哥去世，胡安·卡洛斯就任国王，西班牙由独裁制度转向立宪制度。	西班牙	西欧	
7 月 2 日，南北越南宣布统一。	越南	东南亚	1976
7 月 28 日，唐山大地震，24.2 万人死亡，重伤 16.4 万人。	中国	东亚	
9 月 9 日，毛泽东逝世。			
10 月 6 日，"四人帮"被逮捕并隔离审查，"文化大革命"结束。			
9 月 7 日，美国与巴拿马政府签订《巴拿马运河条约》，美国同意到 20 世纪末把巴拿马运河的主权交还巴拿马政府。	美国	北美	1977
11 月 19 日，埃及总统萨达特成为首位访问以色列的阿拉伯国家领导人。	以色列	西亚	
12 月 4 日，博卡萨加冕中非帝国皇帝，他是 20 世纪最为臭名昭著的暴君之一。	中非帝国	中非	

公元 单位：年	地域	国别	大事
1978	东亚	中国	2月18日，中国共产党召开十一届三中全会，确定了改革开放的政策。
	东南亚	越南	6月29日，越南加入经济互助委员会，不久中国宣布暂停援助越南。
	东亚	中国	8月12日，《中日和平友好条约》在北京签订。
	北美	美国	9月17日，埃及和以色列签署《戴维营协定》，推动阿拉伯国家与以色列由对抗转向对话。12月15日，中美政府联合发布《中美建交联合公报》。
1979	东亚	中国	1月1日，中美两国正式建交。
	东南亚	柬埔寨	1月7日，越南军队攻占金边，红色高棉政权逃往山区。
	西亚	伊朗	2月11日，伊朗发生伊斯兰革命，巴列维王朝结束，霍梅尼建立政教合一的伊斯兰共和国。
	东南亚	越南	2月17日，中越战争爆发，中国军队攻占越南谅山等地，对越南进行军事打击后撤回国境。
	西欧	英国	3月28日，在新的大选中保守党人撒切尔夫人获胜，成为英国首任女性首相，英国开始了撒切尔时代。
	中欧	奥地利	6月18日，美国总统卡特与苏联领导人勃列日涅夫签订

了阿富汗的各处战略要地和主要城市，但他们也遭到了阿富汗人的激烈反抗，十几支游击队在喀布尔郊区、坎大哈、赫拉特和各个山区展开了反抗苏联入侵的武装斗争。苏联对阿富汗的入侵在国际上遭到强烈谴责。1981年1月的联合国第六届特别会议通过了《要求外国军队无条件和全部撤出阿富汗》的决议。

面对阿富汗人的不断抵抗和国际上的强烈谴责，1987年上任不久的苏共总书记戈尔巴乔夫决定从阿富汗撤军。1988年苏军开始撤离阿富汗，到1989年2月苏军完全撤出阿富汗。苏联对阿富汗的入侵给阿富汗人民带来了深重灾难，十年战争中，大约100万人死于战火，600万人被迫逃离家园，沦为难民。此后塔利班等伊斯兰极端势力在阿富汗崛起，阿富汗逐渐沦为军阀混战和恐怖分子的培训基地。而苏联也付出了沉重代价，伤亡近5万人，耗资200多亿美元，国内经济进一步恶化，社会危机加剧。

切尔诺贝利惨案

20世纪60年代，苏联在与美国进行"核竞赛"的同时，为了树立和平利用核能的形象，解决乌克兰、白俄罗斯地区的供电问题，决定在乌克兰建立一座苏联最大的核电站。1970年，苏联开始建设切尔诺贝利核电站，到1983年，四座苏式石墨1000型反应堆已经建成并投入发电。1986年4月26日，切尔诺贝利核电站的4号发电机组发生爆炸，核反应堆全部被炸毁，大量放射性物质进入大气，核电站也陷入熊熊大火之中。当地消防员迅速赶到现场救火，然而他们并不知道这是一场核爆炸，在 2—3 万伦琴的高强度辐射下，消防员们在救火过程中出现了头晕和呕吐的现象。28 名参加救火的消防员只有 16 人活到了 20 年之后，当班指挥员普拉维克中尉两周后不治身亡。由于反应堆中存有 800 多吨石墨，消防队员、军人、直升机飞行员、核电专家与工人共同努力，用了 10 天时间才将大火扑灭。

这次爆炸事故发生后，苏联领导人未能认识到事件的严重性，核电站附近的居民甚至还参加了"五一"庆典。4 月 27 日，在事故发生 36 小时后，苏联政府才开始疏散当地居民，十几万当地居民被迫离开家乡。为了防止残留在反应堆中的放射物渗入地下污染水源，苏联政府动用大量人力物力，在发生事故的 4 号反应炉外用钢筋混凝土修建了一个巨大的"石棺"，试图将其彻底封闭。

然而这次爆炸导致的灾难却并未随着"石棺"的封闭而结束。爆炸不仅给乌克兰造成了严重的辐射污染，还广泛影响到整个欧洲，辐射尘甚至飘到了位于欧洲西海岸的英法两国。面对严重的核污染，欧洲很多国家进行强制的食品限制，联邦德国禁止食用两周内的牛奶。在德国、奥地利、意大利、瑞典、芬兰、立陶宛和波兰的某些地区，野味（包括野猪、鹿等）、野生蘑菇、浆果，以及从湖里打捞的食用鱼类的辐射量长期超过欧盟规定的辐射量安全标准的 10 倍以上。

在这次事故中损失最为惨重的无疑是

大　事	国别	地域	公元 单位：年
《限制进攻性战略武器条约》，美苏第一次限制远程导弹和轰炸机数量。			
7 月 16 日，萨达姆·侯赛因成为伊拉克总统，并开始对阿拉伯复兴党展开大清洗。	伊拉克	西亚	1979
9 月 1 日，先驱者 11 号飞越土星。	美国	北美	
10 月 26 日，韩国总统朴正熙被韩国中央情报部首长金载圭枪杀身亡。	韩国	东亚	
11 月 4 日，伊朗人质危机爆发，66 名美国驻伊朗大使馆外交官及美国公民遭挟持。	伊朗	西亚	
12 月 18 日，联合国通过了《消除对妇女一切形式歧视公约》。	美国	北美	
12 月 27 日，苏联入侵阿富汗，阿富汗战争爆发。	阿富汗	中亚	
6 月 1 日，美国有线电视新闻网（CNN）开播。	美国	北美	1980
8 月 31 日，团结工会在格但斯克列宁造船厂建立。	波兰	东欧	
9 月 22 日，伊拉克和伊朗之间爆发了两伊战争。		西亚	
1 月 20 日，共和党人罗纳德·里根就任美国总统。	美国	北美	1981
4 月 12 日，美国发射第一架可重复使用的航天飞机"哥伦			

公元 单位：年	地域	国别	大　事
			比亚"号。
			4月24日，国际商用机器公司（IBM）推出首台个人电脑。
1981	西亚	伊拉克	6月7日，以色列空军炸毁了伊拉克在建的核反应堆。
	北美	美国	6月28日，F-117首次试验升空，开始了隐形飞机的发展史。
	北非	埃及	10月6日，埃及总统萨达特在阅兵式上被刺杀。
1982	南大西洋		4月2日，阿根廷出兵占领与英国有争议的马尔维纳斯群岛（福克兰群岛），引发了马岛战争。
	西亚	黎巴嫩	6月6日，以色列出兵进入黎巴嫩，打击其境内的巴勒斯坦解放组织，第五次中东战争爆发。
	东欧	苏联	11月10日，苏联领导人勃列日涅夫逝世，安德罗波夫接任苏共总书记。
1983	北美	美国	3月23日，里根总统提出"星球大战"计划。
	东亚	中国	9月5日，中、日、英、美石油公司在北京签署合作勘探开发中国南海石油的合同。
1984	东欧	苏联	2月9日，安德罗波夫去世，此后契尔年科接任苏共总书记。
	北美	美国	7月28日，第23届奥运会在洛杉矶举行，中华人民共和国首次派代表团参加奥运会。

苏联，核事故周围30公里的地区被划为隔离区。据乌克兰卫生部长说，有240多万乌克兰人受到核爆炸导致的辐射尘的影响，其中有40多万儿童。同样遭受严重污染的白俄罗斯受灾区在事故后20年间居民癌症、白内障和心血管疾病发病率都有明显上升。

切尔诺贝利核电站事故以惨烈的后果，让各国在核能开发上更为谨慎。这次事故也严重影响了乌克兰人与苏联政府及俄罗斯联邦的关系，很多乌克兰人认为苏联政府将核电站建在乌克兰是因为当地人的性命对俄罗斯人来说无足轻重。切尔诺贝利问题与农业集体化及30年代大饥荒等历史遗留问题一起，成为至今困扰俄罗斯和乌克兰两国的历史阴影。

南非的种族和解之路

1948年，代表布尔人（荷兰移民后裔）利益的南非国民党在大选中获胜，新政府上台后，颁布了一系列法律来确立和强化种族隔离制度。这些法律规定，所有人口要按照种族登记，禁止不同种族间的通婚，禁止不同种族的人混用公共设施，为黑人、印度人和其他非白人种族建立单独的大学，城市及一些区域禁止黑人居住。

南非政府的种族隔离政策引起了国内黑人的反抗。20世纪50年代，部族贵族出身的曼德拉成为南非黑人民族政党——南非非洲人国民大会（简称非国大）的领导人。但南非政府对民族解放运动进行了残酷镇压。1960年，南非警察在沙佩韦尔向5000多名游行的群众开枪，造成70

多人死亡，200 多人受伤的惨剧。1962 年，曼德拉被捕，开始了他长达 28 年的铁窗生涯。

南非政府对种族隔离制度的顽固坚持在国际上受到越来越多的反对和谴责，1960 年，联合国通过了第一个制裁南非的法案，并在 1974 年终止了南非的联合国会员资格。进入 80 年代，国际社会对南非的制裁不断加强，1985 年，联合国安理会通过了谴责南非种族隔离制度的决议，美国和欧共体也加入了制裁南非的行列。到 1988 年，与南非保持外交关系的国家仅剩下 22 个，南非在政治和经济上都陷入孤立。

面对来自国内外的双重压力，南非政府开始调整政策。1984 年，南非政府开始与狱中的曼德拉进行"严肃对话"。1989 年，坚持种族隔离制度的总统博塔被迫下台，新上台的德克勒克政府开始加快南非民主化进程。1990 年，德克勒克政府宣布承认非国大、共产党等组织为合法组织，非国大领袖曼德拉也被政府释放。此后，非国大、国民党和祖鲁人部族力量进行了多次谈判，最终在 1994 年进行了南非历史上第一次不分种族的全国大选。非国大获得了超过 60% 的选票，曼德拉成为南非历史上第一位黑人总统。曼德拉为南非种族和解做出了杰出贡献。1993 年，曼德拉和德克勒克共同获得诺贝尔和平奖。

对于南非的种族和解，很多学者认为温和的曼德拉和开明的德克勒克起到了决定性作用；也有的学者认为，南非的种族和解是一条渐进之路，德克勒克的前任博

大 事	国别	地域	公元（单位：年）
12 月 3 日，博帕尔市一家美资工厂发生氰化物泄漏，造成 2.5 万人直接致死，55 万人间接致死。	印度	南亚	1984
12 月 19 日，中国国务院总理赵紫阳与英国首相玛格丽特·撒切尔代表两国政府，在北京正式签订关于香港问题的《中英联合声明》。	中国	东亚	
3 月 10 日，契尔年科去世，次日戈尔巴乔夫当选苏共总书记。	苏联	东欧	1985
8 月 10 日，中国第一个南极考察站——长城站在南极乔治岛建成。		南极	
9 月 22 日，美、日、英、法和联邦德国五国签订《广场协定》，以联合干预外汇市场，解决美国巨额贸易赤字问题。	美国	北美	
1 月 28 日，美国航天飞机"挑战者"号升空后 73 秒爆炸坠毁，造成人类航天史上的巨大灾难。			1986
3 月 21 日，中国宣布暂停大气层核试验。	中国	东亚	
4 月 26 日，苏联乌克兰境内的切尔诺贝利核电站发生爆炸，造成人类历史上最为严重的核泄漏事故。	苏联	东欧	
9 月 15 日，美国与其他 25 个	加拿大	北美	1987

公元 单位：年	地域	国别	大 事
			国家签订《蒙特利尔破坏臭氧层物质管制议定书》，限制臭氧消耗物质的排放。
1987	西亚	巴勒斯坦	12 月 8 日，巴解组织发动抵抗运动。
1988	东欧	苏联	6 月 28 日，苏共召开以政治改革为主要议题的第十九次全国代表会议，总书记戈尔巴乔夫提出了建设"人道的、民主的社会主义"的主张。
	西亚		8 月 20 日，两伊战争结束。
	东南亚	缅甸	9 月 24 日，昂山素季创立全国民主同盟。
	东亚	中国	9 月 29 日，中国进行了中子弹试验，成为继美国、法国、苏联之后第四个拥有中子弹的国家。
	北非	阿尔及利亚	11 月 15 日，在阿尔及尔举行的巴勒斯坦全国委员会第 19 次特别会议通过《独立宣言》，宣布在巴勒斯坦土地上建立首都为耶路撒冷的巴勒斯坦国。
1989	北美	美国	1 月 20 日，共和党人乔治·布什就任美国总统。
	东欧	匈牙利	1 月 21 日，匈牙利共产党放弃宪法中保障的唯一领导党地位。
	中亚	阿富汗	2 月 15 日，苏军撤出阿富汗，阿富汗战争结束。
	西欧	英国	3 月 7 日，因伊朗领导人霍梅

塔时代已经开始了种族之间的和解与对话，而德克勒克只是延续了这一过程。

海湾战争：冷战后的硝烟

1990 年 8 月 2 日，野心勃勃的伊拉克领导人萨达姆·侯赛因悍然命令伊拉克军占领科威特，宣布将科威特合并为伊拉克"第十九个省"，酿成严重的"海湾危机"。科威特遭入侵数小时后，联合国安理会召开会议，通过了谴责伊拉克侵略行为的 660 号决议，要求伊拉克军撤出科威特，阿拉伯联盟各国也谴责伊拉克并要求其撤军。伊拉克入侵科威特的当天上午 8 时，美国召开紧急会议，中情局局长向总统老布什报告说，大批伊拉克军队集结在南部边界，有可能入侵沙特。正在美国访问的英国前首相撒切尔夫人在会见老布什的时候抓住他的肩膀说："如果是罗纳德·里根，他知道现在该怎么做，我们必须干点什么。"老布什坚定地点了点头："好，我们是要做点什么。"

为防止伊拉克进一步入侵沙特，美国很快宣布实行"沙漠盾牌"计划。8 月 7 日，美军进驻沙特，以艾森豪威尔号和独立号两艘航母为核心的两支美军舰队驶入波斯湾，很快布置在附近的美军达到了 50 万人，有 34 个国家加入了美国组织的反伊拉克联盟。11 月 29 日，联合国安理会通过第 678 号决议，授权"以一切必要手段执行第 660 号决议"。

萨达姆面对强大的外部压力，表现得自信满满，他宣称"要让美国大兵在血海里洗澡"。美国国务卿贝克也对战局忧心忡忡，他在日记中写道："我站在白宫的窗前，目光越过华盛顿的波托马克河，注视着河对面的阿灵顿国家公墓。也许过不了多久，又将有一大批美国青年，躺在那座山坡上。"苏联的军事专家们认为，美国会最终获胜，但面对拥有苏式装备的伊拉克军，美军会付出惨重损失。然而战争过程却几乎让所有人大吃一惊。

　　1991 年 1 月 17 日，美军为首的多国部队开始了"沙漠风暴"行动，对伊拉克的空袭开始，美军发射的第一批精确制导导弹，精准地落在了萨达姆的总统府屋顶上。此后的 38 天，全世界的人们每天几乎都看到相似的画面，日复一日的轰炸、火光和废墟。伊军的地面防线成为摆设，装甲部队成为美军导弹的靶子。伊拉克曾经向沙特和以色列发射飞毛腿导弹，希望将以色列引入战争，引起阿拉伯国家的同仇敌忾，但以色列并未上当。

　　1991 年 2 月 24 日，美军开始了陆上的"沙漠军刀"行动，一支海军陆战队深入伊拉克，经历 38 天轰炸的伊军士气低落，成千上万的逃兵向美军投降。2 月 26 日，伊拉克从科威特撤军。2 月 27 日，布什宣布科威特被解放，28 日凌晨，多国部队宣布停止进攻，海湾战争基本结束。

　　海湾战争在军事史上具有划时代意义。著名军事家杜黑在 20 世纪初提出的空军决胜理论在科技高度发展的 20 世纪末变成了现实。美国为首的多国部队对伊拉克侵略行为的制止得到了国际社会的广泛支持。但也有不少学者指出，美国等西方国家对海湾危机的干预更多的是试图控

大　事	国别	地域	公元 单位：年
尼判处《撒旦诗篇》的作者英国公民拉什迪死刑，英国与伊朗断绝外交关系。			
7 月 14 日，法国举行盛大庆典，纪念大革命胜利 200 周年。	法国	西欧	1989
9 月 11 日，匈牙利开放与奥地利的边境，大量东德公民取道匈牙利逃往西德，东欧各国政局动荡加剧。	匈牙利	东欧	
10 月 25 日，苏联外交部发言人格拉西莫夫在《早安美国》节目中提出"辛纳屈主义"，表示苏联不干涉东欧国家走自己的路。	美国	北美	
11 月 9 日，柏林墙倒塌。	民主德国	中欧	
11 月 17 日，布拉格出现大规模学生示威，要求捷克结束一党专政，"天鹅绒革命"开始。	捷克斯洛伐克	东欧	
12 月 3 日，匹兹堡大学的一位医学专家为一位患者进行了世界首例心脏、肝脏和肾脏多器官移植手术。	美国	北美	
12 月 20 日，美国出兵巴拿马。	巴拿马	中美洲	
12 月 24 日，罗马尼亚领导人齐奥塞斯库被判处死刑并立即执行。	罗马尼亚	东欧	
12 月 29 日，著名反对派人士、作家哈维尔当选总统。	捷克斯洛伐克	东欧	
2 月 2 日，南非总统德克勒克宣布废除对反种族隔离政策政	南非	南部非洲	1990

公元 单位：年	地域	国别	大　事
1990			党的禁令。
			2月11日，著名民权斗士曼德拉获释。
	东欧	立陶宛	3月11日，立陶宛宣布脱离苏联。
	北美	美国	4月24日，哈勃望远镜由发现号航天飞机送入太空。
	南部非洲	南非	5月2日，非洲人国民大会主席曼德拉与南非总统德克勒克展开历史性会谈。
	北美	美国	6月1日，苏联总统戈尔巴乔夫与美国总统乔治·布什在华盛顿举行高峰会，象征冷战结束。
	西亚	科威特	8月2日，伊拉克军队占领科威特。
	东欧	苏联	9月12日，东德、西德以及苏、英、美、法四强在莫斯科达成协议，为两德统一扫清障碍。
	中欧	德国	10月3日，东德并入联邦德国，德国实现统一。
	北美	美国	11月11日，联合国安理会发表678号公报，要求伊拉克在1991年1月15日前撤出科威特。
	西欧	英国	11月22日，撒切尔夫人辞去首相职务，约翰·梅杰接任。
1991	西亚	伊拉克	1月17日，美国为首的多国部队发起"沙漠风暴"行动，对伊拉克展开空袭，海湾战争

制那里的石油资源。

东欧剧变与苏联解体

二战后，东欧社会主义国家普遍采用了苏联斯大林时代高度集中的管理体制。这种体制在东欧国家重工业发展上起了重要作用，但其弱点是，社会农产品和生活用品十分缺乏。同时，由于权力高度集中，东欧各国领导层官僚化和裙带现象十分严重。罗马尼亚领导人齐奥塞斯库的亲属充斥着罗马尼亚高层，儿子被指定为他的继承人。苏联领导人勃列日涅夫的儿子和女儿动用大笔公款给自己修建别墅，其女婿邱尔巴诺夫贪污公款达20多亿卢布，这种丑陋现象极大地恶化了共产党和工人党与民众的关系。

波兰是第一个发生剧变的国家，早在80年代初，因对政府大幅提高肉类价格不满，许多城市发生了工人罢工，形成了以瓦文萨为首的团结工会。在1989年6月4日的全国大选中，团结工会击败波兰统一工人党上台执政，从而引发了多米诺骨牌效应。此后，捷克斯洛伐克、匈牙利、民主德国、罗马尼亚、阿尔巴尼亚、保加利亚等社会主义国家的共产党和工人党在几乎不到一年的时间里纷纷失去政权，民主德国并入联邦德国，而南斯拉夫则陷入了严重的分裂和内战之中。随着东欧各国政治制度的巨变，以苏联为首的社会主义阵营也走向瓦解。1989年12月3日，美苏领导人在马耳他举行的高峰会议上宣布冷战结束。

东欧剧变加快了苏联内部的变化。

1989 年，苏联首次实行了人民代表大会代表的差额选举制度，有 20% 的非共产党人士当选为代表，比戈尔巴乔夫更为激进的叶利钦和著名的不同政见者萨哈罗夫都成功当选。1991 年 6 月，叶利钦宣布退出苏共，并成功当选为俄罗斯联邦总统。当选总统后的叶利钦采取一系列措施在俄联邦国家机关推行"非党化"措施，苏共逐渐失去了对国家政权的控制。

　　眼见戈尔巴乔夫的改革让苏共中央日益大权旁落，1991 年 8 月 19 日，副总统亚纳耶夫为首的一些官员发动"八一九"政变，企图终止戈尔巴乔夫的改革，挽救苏共地位，但并未得到民众的支持，军队也在叶利钦的呼吁下纷纷倒戈，最终政变仅三天时间就瓦解了。

　　"八一九"事变后，叶利钦实际上掌握了俄罗斯境内的军政大权，戈尔巴乔夫已被架空。1991 年 12 月 25 日晚，戈尔巴乔夫宣布辞去苏联总统职务，苏联带有镰刀和锤子图案的国旗缓缓降下，一面俄罗斯的红、蓝、白三色旗在克里姆林宫上空升起。世界上第一个社会主义国家苏联不再存在。

大　事	国别	地域
爆发。		
2 月 25 日，华约成员国在布拉格签署协定，宣布华约所有军事机构全部解散。	捷克斯洛伐克	东欧
2 月 26 日，萨达姆·侯赛因宣布从科威特撤军。	伊拉克	西亚
5 月 29 日，鲍里斯·叶利钦当选俄罗斯首任总统。	苏联	东欧
8 月 19 日，苏联发生"八一九"事件。	苏联	东欧
8 月 24 日，俄罗斯联邦宣布脱离苏联独立。	俄罗斯	东欧
9 月 14 日，象征种族和解的南非和平协议签署。	南非	南部非洲
9 月 17 日，爱沙尼亚、拉脱维亚、立陶宛、马绍尔群岛等国家加入联合国。同日，第 46 届联合国大会一致通过韩国和朝鲜同时加入联合国。	美国	北美
12 月 21 日，苏联 11 个加盟共和国的领导人在阿拉木图签署《阿拉木图宣言》，成立独立国家联合体。	哈萨克斯坦	中亚

公元 单位：年 1991